VOS
SECRETS
SEXUELS

QUAND LES GARDER,
QUAND ET COMMENT LES RÉVÉLER

MARTY KLEIN

VOS SECRETS SEXUELS

QUAND LES GARDER, QUAND ET COMMENT LES RÉVÉLER

Préface de LOUISE-ANDRÉE SAULNIER

Traduit de l'anglais par MICHEL CHEVRIER

ÉDITEUR

Données de catalogage avant publication (Canada)

Klein, Marty

Vos secrets sexuels
Traduction de: Your sexual secrets.
Comprend des réf. bibliogr.

ISBN 2-920340-63-8

1. Morale sexuelle.   2. Sexualité (Psychologie).
3. Secret.   4. Intimité.   I. Titre.

HQ32. K6314 1992   306.7   C92-096932-1

© 1988 Marty Klein, pour l'édition originale. Titre original: Your Sexual Secrets,
E.P. Dutton, New York, 1988
© GUY SAINT-JEAN ÉDITEUR INC. 1992, pour l'édition en langue française
Dépôt légal: 3e trimestre 1992
Bibliothèques Nationales du Québec et du Canada
ISBN: 2-920340-63-8

Traduit de l'anglais par Michel Chevrier
Graphisme: Interscript Inc.
Typographie: Interscript Inc.
Couverture: Francine André

DIFFUSION

FRANCE

Quorum-Magnard Diffusion
5, Boul. Marcel Pourtout
92500 Rueil Malmaison
France
(1) 47.49.59.99

BELGIQUE

Diffusion Vander s.a.
321 Avenue des Volontaires
B-1150 Bruxelles, Belgique
(2) 762.98.04

SUISSE

Transat s.a.
Rte des Jeunes, 4 ter
Case postale 125
1211 Genève 26, Suisse
342.77.40

AMÉRIQUE

Diffusion Prologue Inc.
1650, boul. Lionel-Bertrand
Boisbriand (Québec) Canada
J7H 1N7
(514) 434-0306

GUY SAINT-JEAN ÉDITEUR INC.
674, Place Publique, bureau 200B
LAVAL (Québec) Canada H7X 1G1
(514) 689-6402

Imprimé et relié au Canada

PRÉFACE

Que devrait-on faire de nos secrets sexuels?

D'aucuns prétendent qu'ils n'ont rien à cacher, étalent leur vie sur la place publique et risquent de se faire lapider. D'autres jouent les mystérieux, se cachent dans des « jardins secrets » et étouffent sous les ronces des mensonges. Aucune de ces options n'est souhaitable. La gestion de nos secrets sexuels, vous l'avez deviné, est une affaire d'équilibre, lequel se loge entre des antipodes d'eaux troubles. Une théorie facile à énoncer, difficile à mettre en action.

Nous sommes si souvent déroutés dans notre poursuite du bien-être intérieur. Composer avec les embûches qui ralentissent notre démarche vers le bonheur exige des connaissances et le courage de l'honnêteté. Personne n'est jamais entré dans mon bureau, par exemple, en disant: « je garde des secrets sexuels et cela cause du tort à mon estime personnelle et mes relations avec autrui ». Pourtant, très souvent, le malaise prend sa source dans la dissimulation. Plus nous cachons des choses, plus nous nous isolons de nous-mêmes. La peur d'être découvert inhibe l'expression de soi particulièrement lors de relations intimes et amoureuses. Si vous êtes sexuellement insatisfait(e), la dynamique entourant les secrets sexuels vous concerne peut-être.

Si Marty Klein n'avait pas écrit **Vos secrets sexuels** il aurait fallu que je le fasse moi-même. Si j'ai encouragé la traduction de ce livre, c'est que je crois en ses vertus thérapeutiques. Je caresse l'espoir qu'avec cette lecture, beaucoup amorceront un monologue intérieur curatif qui débouchera sur des décisions porteuses de libération.

Ne vous laissez pas distraire par des affirmations qui vous semblent typiquement américaines. Quand Marty Klein critique les médias, n'allez pas croire que, malgré certaines souplesses récentes, le Québec soit si différent de ses voisins du sud.

Nous sommes peut-être plus ouverts mais nous avançons très lentement, aux prises nous aussi avec un lourd héritage antihédoniste.

Le plaisir de ce livre se trouve dans la qualité des exemples. Les expériences et les mots de gens qui se sont battus contre leurs secrets illustrent combien les mécanismes de défense que nous mettons en œuvre pour nous protéger peuvent au contraire nous emprisonner.

Ceux qui s'interrogent tant sur le mode de fonctionnement des sexologues, trouveront dans les interventions du thérapeute-auteur une illustration de la qualité d'intervention que vous êtes en droit d'attendre lorsque vous consultez un ou une professionnel(le) de la santé psychologique et sexuelle. Ces derniers qui, à maintes occasions, ont pu constater l'étendue des dégâts affectifs causés par la dérobade, trouveront dans **Vos secrets sexuels** un outil de soutien à leur action thérapeutique.

Certains livres ont un potentiel déclencheur sur notre comportement et notre façon de voir et vivre notre vie. Celui-ci pourrait bien être de ceux-là.

Louise-Andrée Saulnier, sexologue.

REMERCIEMENTS

Je tiens à remercier ici certaines des personnes qui comptent le plus dans ma vie.

Je veux tout d'abord exprimer ma gratitude au Docteur Sol Gordon, auteur, éducateur et philosophe qui m'a fait l'honneur de son attention. Ses livres, l'institut qu'il dirige et son engagement politique ont influencé profondément notre monde et mon travail.

Nous avons peu l'occasion de rencontrer des gens dont l'exemple peut nous inspirer. J'ai eu la grande chance d'en connaître un, l'éducateur, auteur et médecin Michael Carrera. Si sa qualité et son authenticité ont pu déteindre sur moi, je n'en serai que plus heureux.

Je tiens à remercier mes amis les docteurs Hal Zina Bennett, Jack Morin, Diane Morrissette et l'infirmière diplômée Carol Wells pour leur contribution à cet ouvrage.

Je remercie mes mentors de Santa Barbara, Rose Pierce et Ted Berkman pour leur remarquable disponibilité et leur soutien vis-à-vis mon travail.

Comme thérapeute et spécialiste des sciences humaines, une bonne part de mon efficacité repose sur l'apport d'autres personnes. Je me dois de mentionner, à ce titre: Lonnie Barbach, Mary Calderone, Dorothy Dinnerstein, Waren Farrell, Eleanor Hamilton, Helen Singer Kaplan, Sheldon Kopp, Kristin Luker, Alice Miller, C. Wright Mills et Bernie Zilbergeld. Mes collègues de la American Society of Journalists & Authors, la Society for the Scientific Study of Sex, et la California Association of Marriage & Family Therapists continuent de nourrir mes idées et de m'enseigner.

Merci à mon agent Michael Larsen et à mon éditeur qui m'ont fourni une aide inestimable.

Merci enfin à mes patients qui continuent à m'étonner et à me former. Ils m'aident à approfondir mon respect de la race humaine.

Ce livre est dédié à mes parents qui m'ont appris
que je pouvais faire tout ce que je voulais,
et à ma femme qui rend tout possible.

AVANT-PROPOS

Je vous invite à lire ce livre comme s'il avait été écrit expressément pour vous: car il l'a été.

Ce livre traite de sentiments parmi les plus puissants: *l'inquiétude* que vous éprouvez face à votre performance sexuelle, les formes de votre corps, votre capacité de plaire à un partenaire; la *culpabilité* que vous ressentez vis-à-vis de ce que vous pensez, ressentez et désirez sexuellement; et toutes les autres émotions qui sont engendrées par les sentiments.

Même si ce livre vous est adressé personnellement, le langage n'arrive pas toujours à traduire cette intention. Aussi, en lisant les exemples de cas donnés, glissez-y mentalement des détails qui vous sont plus appropriés. Ajustez les personnages à votre vécu. Visualisez d'autres expériences qui ont un sens pour vous.

Gardez toujours à l'esprit que le mot « partenaire » a un sens plus large que partenaire sexuel. En effet, cette notion réfère à celle de « relation », et touche toute personne qui est près de vous, que ce soit un ami intime, vos enfants ou vos parents. Les secrets sexuels que nous leur cachons peuvent se révéler tout aussi importants que ceux que nous cachons à nos amants/maîtresses ou à nos conjoints.

En lisant les histoires de cas, n'oubliez pas non plus, le contexte dans lequel les personnes décrites se sont découvertes elles-mêmes. Il faut parfois des mois de thérapie hebdomadaire pour faire une seule percée. N'allez pas vous imaginer qu'en lisant ces quelques « moments choisis », vous avez tout vu. Ce serait de la magie et la thérapie n'en est pas.

LES SECRETS SEXUELS À L'ÈRE DU SIDA

Dans un livre comme celui-ci, nous nous devons d'attirer votre attention sur le fait que certains secrets sexuels peuvent être une question de vie ou de mort. Notre monde souffre actuellement de la terrible épidémie du SIDA. La maladie se répand principalement par l'utilisation de seringues souillées, par les transfusions de sang, au cours du processus de la naissance et par les contacts sexuels intimes.

Il est monstrueux et irresponsable de transmettre sciemment cette maladie à une autre personne. Si vous vous abstenez d'informer un partenaire potentiel que vous êtes séropositif, vous lui laissez entendre que vous ne le mettrez pas à risque. Un comportement aussi trompeur devrait être considéré comme un mensonge et ne saurait être pardonné.

Certains individus cachent souvent des informations sur leur passé parce qu'ils seraient considérés comme à risque plus élevé que la normale. Ils gardent donc le silence parce qu'ils craignent que la vérité ne fasse fuir d'éventuels partenaires sexuels.

Cette attitude est égoïste, lâche et immorale. Elle vient en complète contradiction avec la base même de la sexualité, qui est le fondement de la vie. Parce que le SIDA est encore et toujours fatal, le droit de prendre une décision éclairée et d'évaluer les risques est absolument crucial. Si vous ne divulguez pas une information aussi fondamentale, vous privez un partenaire éventuel de ce droit.

La crise du SIDA aura fondamentalement modifié notre façon d'envisager la sexualité. J'attends avec impatience le jour où elle sera terminée.

TABLE DES MATIÈRES

Tout au long de cet ouvrage, les génériques masculins sont utilisés, sans aucune discrimination et uniquement pour alléger le texte.

PREMIÈRE PARTIE

ANATOMIE D'UN SECRET SEXUEL

Les secrets sexuels ne sont pas que des mensonges que nous racontons pour éviter d'être punis. Ils sont l'inévitable résultat de la manière dont les enfants sont instruits de la sexualité.

En effet, ce que nous apprenons surtout de la sexualité relève peu des faits ou des termes techniques, mais plutôt de son sens profond qui est véhiculé par notre éducation. La plupart d'entre nous sommes dressés à mal intégrer notre sexualité. Nous apprenons à croire que notre curiosité et nos questions sur la sexualité sont malsaines. Ce qui nous pousse, évidemment, à cacher nos pensées, sentiments et comportements sexuels.

Ce livre remet en question les idées que vous vous faites sur la sexualité. Il veut vous aider à *vivre* votre sexualité comme un tout. Une fois que vous aurez compris cela, vous serez alors en mesure de décider comment vous traiterez certaines questions spécifiques. C'est ainsi que vous pourrez décider de garder des secrets ou de les partager.

Ce livre offre des bases de réflexion à des questions telles que: Qu'est-ce qu'une sexualité saine? Qu'est-ce qu'une relation saine? Vous pourrez aussi, dans cette première partie du livre, commencer à voir quels types de comportements sous-tendent vos relations. Il arrive fréquemment que ceux qui sont le plus touchés par ces types de comportements en sont aussi les plus ignorants. Ce livre éclaire ces questions et permet une meilleure compréhension de la sexualité. Vous saurez alors effectuer des choix plus conscients.

Bien des personnes se plaignent des frustrations qu'elles vivent dans leur relation, et elles s'en désespèrent. Rarement prennent-elles le contrôle de leur destin par l'analyse, la discussion ou la provocation de changements dans les règles qui régissent leur relation et qui sont à la source de leurs frustrations.

Si vous avez l'intention de vivre des relations plus heureuses et une sexualité plus gratifiante, continuez cette lecture. Si vous vous sentez sur la défensive ou êtes hésitant, détendez-vous. La page que vous lisez est peut-être la bonne.

1 QUE SONT LES SECRETS SEXUELS?

*« La dissimulation ne fait pas que compliquer la compréhension,
elle favorise l'incompréhension. »*
Professeur Dean Barnlund

Notre monde favorise les secrets sexuels. Ces secrets ne nous protègent pas et n'améliorent pas nos vies comme on serait tenté de le croire. Bien au contraire; car ils ne font qu'handicaper votre véritable identité sexuelle en la maintenant cachée, ignorée, niée ou dénaturée.

C'est ainsi que, par exemple, des jeunes filles se punissent elles-mêmes pour avoir eu des pensées érotiques sur leur père ou leur grand frère. Que des garçons cachent furtivement les traces de leurs éjaculations nocturnes. Que hommes et femmes dénient désespérément leur désir de se masturber. Tout le monde se sent coupable.

Y a-t-il quelque part un enfant de huit ans qui ne cache pas des secrets sexuels à sa mère ou à son père? Est-il possible de trouver un adulte de trente-huit ans qui ne cache pas des secrets sexuels à un conjoint, un amant, une maîtresse ou un ami intime?

Parce que les bases des comportements adultes sont établies dès l'enfance, ces deux questions n'en constituent pratiquement qu'une seule. L'apprentissage sexuel en particulier commence dès la naissance.

Comment en arrivons-nous à développer des secrets sur notre vie sexuelle? Quand cela se produit-il et pourquoi? Que sont au juste les secrets sexuels?

LES SECRETS SEXUELS

Le secret sexuel va au-delà du simple mensonge. La plupart de mes clients s'accordent d'ailleurs avec la définition qui suit: *Dès que vous étouffez de l'information sur votre sexualité, vous gardez un secret sexuel. Il en va de même lorsque vous laissez quelqu'un qui vous est cher, croire de fausses informations ou des suppositions inexactes sur votre sexualité, peu importe la source de ces idées erronées.*

Beaucoup de gens entretiennent le mystère et refusent de faire face à leur vécu sexuel. L'«amnésie sélective» leur permet d'oublier des événements traumatisants qu'ils ont vécus, tel l'inceste. Tout comme le corps perd conscience quand la douleur physique le submerge, l'esprit se protège lui-même en réprimant une douleur émotionnelle trop forte.

À un niveau moindre, on va jusqu'à se mentir à soi-même quand nos sentiments véritables nous sont tellement inacceptables que nous les camouflons derrière d'autres sentiments. Ainsi, beaucoup d'hommes ne peuvent admettre qu'ils ont peur de la forte sexualité des femmes. La critique constante est une des façons dont ils expriment cette peur. Ils vont, ainsi, sans cesse trouver à redire sur la manière dont leurs femmes tiennent maison, dépensent l'argent du ménage, manquent d'humour ou poursuivent une carrière. Paradoxalement, le fait de garder des secrets accroît cette peur et intensifie le conflit intérieur.

Chaque relation comporte des attentes tacites sur la communication, la confiance et le rapprochement qui aident à définir la vie intime du couple en question. Supposons par exemple que vous ayez subi une vasectomie. Le fait de ne pas le mentionner à une partenaire d'une nuit n'est pas grave; celui de ne pas le dire à sa fiancée, cependant, est une autre affaire. En vous taisant et en lui laissant croire que vous êtes fertile, vous préparez le terrain pour de graves problèmes.

À l'intérieur d'une relation, la confiance peut être émoussée aussi bien par un désaccord honnête que par une manipulation malhonnête. Chacun a sa petite histoire sexuelle à laquelle s'ajoutent des émotions et des croyances. Savez-vous reconnaître avec votre partenaire que ce sont là des facteurs importants de votre relation?

Si votre définition d'une « information pertinente » a déjà différé avec celle de quelqu'un d'autre, c'est peut-être qu'on vous a déjà dit (ou que vous-même avez dit) des choses comme: « Comment as-tu pu ne rien me dire? » ou « Comment as-tu pu croire que ce que j'ignorais ne pouvait pas me faire de mal? » ou encore « Non, je ne comprends pas que le sujet ne soit jamais venu sur le tapis ».

De telles remarques traduisent de la colère et de l'humiliation. C'est ce qu'on éprouve quand on ne sait plus à quoi s'en tenir ou comment évaluer notre relation de couple. Cela ébranle notre perception de la réalité. Vous ne savez plus à quoi vous attendre.

Tentez de répondre à cette question: Quelles sont vos attentes non exprimées vis-à-vis la communication qui doit exister avec votre partenaire, sur les points suivants:

- les sujets que vous ne devez pas évoquer entre vous;
- les aspects de votre relation que vous ne devez parler avec personne d'autre;
- la manière de résoudre les désaccords;
- la manière d'exprimer l'affection entre vous;
- la manière d'obtenir l'attention l'un de l'autre;
- la meilleure manière d'exprimer les critiques;
- la manière dont chacun de vous se comporte quand il se sent incompris.

TYPES DE SECRETS SEXUELS

Dans notre culture, tous les aspects imaginables de la sexualité sont matière à secret. Les secrets sexuels courants comprennent les orgasmes feints, les relations extra-conjugales, les fantasmes homosexuels et l'expérience d'abus sexuels à l'enfance.

L'an dernier, certains de mes étudiants tentèrent de trouver un sujet relatif à la sexualité, qui n'était caché par personne. Prenez un instant et essayez d'en imaginer un. Nous avons eu autant de difficultés que vous, et, finalement, nous avons cru en trouver un qui était susceptible de répondre à cette définition: le plaisir qu'on retire du sexe lui-même. (Comme le disait un de mes oncles: « De toutes mes relations, ce sont les sexuelles que je préfère. ») Et pourtant, même ce simple aveu peut être maintenu secret.

On entend dire, par exemple, que les femmes ne retirent pas vraiment de plaisir sexuel. Ou bien, qu'elles préfèrent l'intimité, et qu'elles se servent de la sexualité pour se trouver des maris et les manipuler. J'ai ainsi aidé beaucoup de femmes à réviser leur perception de la sexualité; elles craignaient d'être « hyper-sexuées » parce qu'elles avaient tout simplement une forte et saine inclinaison sexuelle. J'ai aussi travaillé avec beaucoup d'hommes qui remettaient en question la « valeur morale » de leurs femmes ou de leurs petites amies parce que celles-ci démontraient leur satisfaction sexuelle.

Ces opinions fausses sont répandues et incitent beaucoup de femmes à cacher leur intérêt pour la sexualité à leurs amis — des hommes, en général —, à l'homme ou à la femme avec qui elles sont intimes ou même à elles-mêmes. Nous voyons donc que prétendre aimer la sexualité peut correspondre à un secret sexuel.

Parmi mes étudiants, certains suggérèrent que le simple fait d'admettre avoir une vie sexuelle n'est en aucun cas tabou. Nous avons dû admettre bien vite l'évidence; bien des personnes, y compris des adolescents, des adultes célibataires ou veufs, des prêtres et des gens âgés cachent aussi cette réalité.

De plus, les dirigeants de la plupart des maisons de retraite signalent que les enfants adultes de leurs résidents espèrent que leurs parents ne s'adonnent à aucune activité sexuelle.

Nous avons dû éliminer aussi beaucoup d'autres sujets: «Je suis vierge», «Je hais les homosexuels», «J'aime mon corps», «Je veux devenir enceinte», «Tu m'excites sexuellement». Toutes ces acceptions étaient sujettes au secret. Mes étudiants durent admettre leur incapacité à identifier un seul aspect de la sexualité ne faisant pas l'objet de dissimulation envers soi ou envers les autres.

L'exercice fut quand même utile, car il nous a permis d'identifier un certain nombre de thèmes. C'est ainsi que les secrets sexuels dont nous traiterons dans ce livre se regroupent autour des catégories suivantes:

• l'excitation et la réaction sexuelles;
• les peurs et les fantasmes;
• le passé;
• la tromperie délibérée.

POURQUOI GARDER DES SECRETS?

Pourquoi tant de gens gardent-ils des secrets sexuels? Il est possible d'identifier bien des causes. En y regardant de plus près, nous constatons que certaines explications, même parmi les plus évidentes, s'avèrent insuffisantes ou inadéquates. Nous allons en examiner quelques-unes.

Première explication: il est «naturel» de garder notre vie sexuelle secrète.

La société occidentale renie pratiquement chaque facette d'une expression sexuelle «naturelle». Notre culture réprime sévèrement des comportements tels la douceur chez l'homme, l'assurance chez la femme, les attouchements sensuels non génitaux, et le plaisir masturbatoire libre de sentiment de culpabilité; cette approche de la vie sexuelle est associée à des comportements non naturels.

Et pourtant, d'autres cultures considèrent que ces manifestations de la sexualité sont des plus naturelles.

À la lumière d'autres normes, il nous faut reconnaître que nos modes d'expression sexuelle ne sont pas plus « naturels » ou si « naturels » que cela. Bien des cultures tribales sont beaucoup plus permissives que la nôtre. Aujourd'hui, les enfants et parents des familles scandinaves reconnaissent l'existence des comportements sexuels et en discutent ouvertement. Ils considèrent les secrets et le rejet de la sexualité comme rétrogrades (le taux de grossesse est notamment beaucoup plus bas chez les adolescentes de ces pays, qu'aux États-Unis et au Canada).

Ces sociétés se distinguent de celle d'Inis Beag, une île d'Irlande décrite par l'anthropologue John C. Messenger comme l'endroit où l'érotisme est le plus réprimé sur la terre. Les mariages y sont « arrangés » et les relations sexuelles prémaritales impossibles. Les adultes ne se baignent jamais entre le cou et les genoux. L'allaitement y est considéré comme un acte complaisant; il est donc rare. La sexualité n'est réservée qu'à la procréation: les hommes se croient affaiblis par la perte de leur sperme et les femmes perçoivent les relations sexuelles comme une tâche déplaisante.

Ces cultures particulières ne partagent pas notre point de vue sur les secrets sexuels. En fait, les normes très différentes de ces sociétés disent éloquemment que l'idée de « naturel » ne peut expliquer tous les comportements sexuels. Une sexualité « naturelle »? Malheureusement, aucun d'entre nous ne peut définir avec exactitude ce que cette expression recouvre.

Deuxième explication: la sexualité humaine est laide, mauvaise ou destructrice; elle devrait rester cachée.

Au siècle dernier, nos ancêtres étaient obsédés par le pouvoir destructif du sexe et voyaient ses dangers partout. Ils allaient jusqu'à couvrir de tissu les pattes de leurs meubles de peur que les hommes n'y voient des jambes de femmes et ne deviennent sexuellement excités. C'est aussi la raison pour laquelle ils qualifièrent les poitrines et les cuisses de poulet de viandes « blanche » et « brune ».

Cela peut sembler risible; pourtant, bien des personnes réprouvent l'éducation sexuelle moderne et partagent fondamentalement la même attitude. Ils imaginent qu'en ne contrôlant pas sévèrement la sexualité des adolescents, ceux-ci lui deviendront soumis et seront irrémédiablement pervertis. Cette peur les incite à bannir de leur bibliothèque locale des livres comme *Le journal d'Anne Frank*, *La couleur pourpre* et *L'attrape-cœurs*. Ils sont convaincus, en dépit des exemples de l'Allemagne nazie et de l'Union soviétique, que le silence peut les protéger.

La Bible sert souvent de justification à leurs préjugés. Pourtant, il est permis de se demander à quelle Bible ils réfèrent. De celle qui célèbre la création de nos corps par Dieu? De celle du très sensuel *Cantique des Cantiques?* Ou de celle qui parle d'amour passionné entre un mari et sa femme? Certaines personnes se servent de la Bible comme d'autres de l'astrologie: elles y voient une justification à des croyances et des sentiments qui les sécurisent.

La peur de la sexualité les amène à présumer que la sexualité est mauvaise et que les secrets sont nécessaires. Pourtant, bien au contraire, de telles croyances sont destructives et spirituellement stériles. Il est beaucoup plus sain et évolutif de confronter et d'abandonner sa peur sexuelle.

Troisième explication: nos partenaires ne pourraient pas intégrer nos secrets à leur vie.

Beaucoup de gens croient, à tort ou à raison, que leurs partenaires sont incapables de composer avec leur honnêteté sexuelle. Ils croient préférable de ne rien révéler, et ce faisant, perpétuent l'illusion que cette attitude protège leurs partenaires. Cette explication s'appuie d'habitude sur de « bonnes » raisons, telles que:

- « Toute femme qui a vécu ce que j'ai vécu est une traînée et aucun homme ne veut d'une telle femme ».
- « Son ego est trop fragile. »
- « Cela lui rappellerait son premier mariage. »

- « Cela la détruirait si elle savait. »
- « S'il savait que mon père m'a fait ça, il le tuerait. »

Il y a quelque chose d'étrange là-dedans. La plupart des gens pensent être en mesure d'accepter une vérité sur la sexualité de *leur* partenaire. Et pourtant, nous croyons *nos* partenaires incapables de faire face aux mêmes vérités *nous* concernant.

Tout le monde n'est quand même pas aux prises avec un partenaire moins ouvert! Dans bien des cas, ce que nous identifions comme un manque de flexibilité de la part de notre partenaire reflète davantage notre propre manque que le leur. Ces jugements ont tendance à tenir bon et à s'incruster, même si les faits démontrent le contraire.

Croyez-vous que votre partenaire est absolument incapable d'accepter votre vérité? Avez-vous vérifié la chose récemment? Êtes-vous sûr de ne pas vous tromper? Laisseriez-vous votre partenaire se montrer plus tolérant que vous ne l'imaginez? Votre relation changera-t-elle si vous découvrez que votre partenaire *peut* intégrer votre secret à sa réalité? Pouvez-vous accepter une réponse positive?

UNE EXPLICATION ALTERNATIVE

Bien des personnes exagèrent les défauts de leur partenaire pour justifier leur incapacité à être honnête. Supposons un instant que les gens gardent des secrets pour se protéger. De quoi? Des conséquences négatives de la sexualité que nous avons appris à craindre, depuis que nous sommes enfants.

On enseigne à la plupart des enfants américains que leur sexualité est *répréhensible*. C'est peut-être votre cas, si vous avez grandi dans une famille où l'on ne parlait jamais de sexualité ou dans laquelle on en parlait avec mépris. Certaines personnes se souviennent à quels moments précis elles ont appris que la sexualité était dangereuse: elles revoient mentalement la première fois où on leur a dit que leurs pensées sexuelles était anormales ou les punitions qu'elles ont reçues pour s'être masturbées.

Voici en quelles circonstances nous avons été amené, au fur et à mesure de notre croissance, à considérer la sexualité comme négative.

Nous sommes punis pour avoir simplement exprimé notre sexualité. Vous a-t-on surpris, enfant, en train de vous masturber ou de jouer avec les parties génitales d'un ami ou d'une amie (ce qu'on appelle «jouer au docteur»)?

Nos parents, nos enseignants ou d'autres adultes affirment ouvertement que la sexualité est mauvaise. Par exemple, quand ma voisine Marie n'était qu'une petite fille, l'une de ses tantes lui disait fréquemment: «Les garçons ne veulent qu'une chose de toi, mettre la main dans tes petites culottes». Marie ne comprenait pas bien la raison pour laquelle ils voulaient faire cela; pourtant, elle m'a confié: «Le ton de voix de ma tante me laissait clairement comprendre que c'était là une chose horrible».

Vous avez peut-être déjà entendu ce type de remarque, qui laisse entendre qu'une fille qui tire du plaisir de «la chose» est une «traînée». «Je ne savais pas non plus ce que cela voulait dire, me dit Marie, mais il était clair que c'était mal».

Nous observons les comportements de nos parents l'un envers l'autre. Si les manifestations d'affection sont absentes, si l'un des parents repousse toujours la main de l'autre, s'il critique les allusions ou gestes sexuels de l'autre, l'enfant qui vit près d'eux et les observe apprend qu'il n'est pas convenable de partager la sexualité avec les autres.

Nous le savons si nos parents sont mal à l'aise face à nos organes génitaux: ils leur donnent de drôles de noms, refusent de les toucher ou de les laver et nous dissuadent de poser des questions sur elles. Pourtant, nous recevons une approbation parentale pour le reste de notre corps. Nous sentons à quel point leur attitude diffère, selon qu'ils sont face à nous ou face à notre corps sexué.

Nous remarquons la manière dont l'éducation sexuelle est menée. La plupart des écoles n'en offrent même pas dans leur programme. Celles qui le font confient cette tâche aux professeurs qui possèdent le moins d'ancienneté ou à ceux qui n'ont souvent reçu aucune formation spécifique.

Même quand le cours est, en principe, obligatoire, les écoles qui offrent dans leur programme des cours sur la sexualité doivent obtenir la permission des parents pour le faire. La question ne se pose évidemment pas pour le cours de mathématiques ou le cours d'histoire. Il en découle que les enfants perçoivent l'information sur le sexe comme dangereuse.

La plupart des parents et des dirigeants scolaires forment une «union sacrée»; les enfants se voient privés d'une information pourtant essentielle pour faire des choix sexuels sains et mener des vies équilibrées. Les enfants sont assez intelligents pour comprendre cela; ils ne sont cependant pas toujours assez développés pour comprendre pourquoi. Ils concluent évidemment que la sexualité est mauvaise. Ils apprennent à se servir de ce pouvoir malfaisant pour exprimer leur colère envers les adultes — au détriment de tout le monde.

Nous pratiquons des religions qui sont antisexuelles. La plupart des religions considèrent la masturbation et les fantasmes comme des péchés. Cela signifie que pratiquement 100 % des enfants élevés dans ces religions sont étiquetés comme mauvais et se sentent coupables.

Nous sommes bombardés par des divertissements et une publicité abondante qui sont, au fond, antisexuels. Les médias exploitent et dénaturent notre curiosité et notre intérêt sexuels; il suffit de regarder un téléroman ou une annonce de bière pour le constater. En même temps, ces médias omettent de nous dépeindre la sexualité telle qu'elle est vraiment. Ils pourraient le faire en nous présentant, par exemple, des commerciaux parlant de l'utilisation des condoms ou en traitant de méthodes appropriées de contrôle des naissances dans leur programmation.

Quand la sexualité est abordée sérieusement dans les médias, c'est, le plus souvent, parce qu'elle présente une relation avec des problèmes comme le SIDA ou la grossesse chez les adolescentes. La sexualité est rarement présentée comme un objet de célébration, un outil pouvant améliorer les relations des couples ou humaniser les milieux médicaux, par un toucher chaleureux et vivifiant, par exemple.

Tout bien considéré, tout ce que nous apprenons sur la sexualité durant l'enfance est immanquablement destructif.

LE BESOIN IMPÉRIEUX DE DISSIMULER

Comme nous l'avons remarqué, la sexualité est reliée à la honte, la culpabilité, la peur et l'anxiété. Les enfants apprennent que le sexe est le plus souvent destructif, et appliquent ce jugement à leur propre sexualité. Ce moralisme simpliste va de pair avec leur sens logique rudimentaire; ils se disent: « Le sexe est mauvais. Je suis sexuel. Donc, je suis mauvais. » C'est ainsi que la sexualité devient la cible du châtiment, du rejet et l'expression de l'inadaptation personnelle d'un individu.

La personnalité de l'enfant rejeté par ses parents à cause de questions sexuelles se voit modifiée profondément. Comme enfants, nous sommes conscients que notre simple survie dépend des soins et de la bonne volonté de nos parents. Aux yeux des enfants, la désapprobation de leurs parents représente un abandon et donc, la mort. (Cet héritage infantile est une des raisons pour lesquelles les Américains ont une telle phobie du rejet.)

Comme les petits de toutes les autres espèces, les enfants humains ne sont programmés que pour une seule fin: survivre. S'ils estiment qu'il leur faut cacher cette chose problématique appelée sexe pour assurer leur survie, ils le feront. Voilà d'où provient ce besoin « impérieux de dissimuler », *la croyance qui veut que, pour survivre, nous devons cacher nos pensées, nos sentiments et nos comportements sexuels.* Il est sage de posséder cette capacité d'adaptation pour survivre dans un milieu inexplicablement hostile.

Cette croyance peut être consciente ou non. À l'âge adulte, cette croyance assure une survie d'ordre psychologique plutôt que physique, mais cela n'enlève rien à l'importance accordée à ce besoin.

C'est ainsi que longtemps avant la puberté, les jeunes développent des secrets sexuels. Freud croyait que la période de l'enfance comprise entre six et onze ans environ en était une de « latence ». Pour prendre leurs distances avec leurs tendances incestueuses et agressives, les enfants, croyait-il, « sublimaient » leur énergie sexuelle en transférant celle-ci à des travaux scolaires ou à des tâches diverses.

Des recherches récentes ont affiné cette notion. La volumineuse étude interculturelle de Juliette et Ronald Goldman démontre que les enfants *continuent* de manifester leur intérêt durant cette période et développent des concepts et un vocabulaire sexuels. Toutefois, ayant appris les règles du monde des adultes, ayant peur d'être découverts, ils le font le plus possible en marge de ceux-ci.

Cela provoque un énorme conflit intérieur. Les enfants continuent à assimiler les valeurs adultes qui leur promettent la survie, bien qu'elles entrent en contradiction avec la sagesse que leur corps et leur cœur leur révèlent. Ne vous a-t-on jamais enseigné ces comportements?:

- « Une femme « bien » ne s'asseoit jamais les jambes écartées. »
- « Un « vrai » homme ne pleure jamais. »
- « Rappelle-toi que les garçons ne désirent obtenir qu'une chose des filles. »
- « Si une fille te laisse la toucher, ce n'est pas une fille « bien ». »
- « Quand elles disent non, c'est qu'elles veulent dire oui. »
- « Il faut que tu cèdes ou bien il te quittera pour une autre. »

L'esprit schématique de l'enfant ne voit le monde qu'en noir et blanc. Nous avons tendance à accorder trop de crédibilité aux leçons reçues durant l'enfance. Il n'est pas surprenant que les secrets continuent à se développer durant l'adolescence. De plus en plus conscients d'eux-mêmes, les adolescents développent un autre type de comportement: ils se cachent des choses à eux-mêmes.

Par exemple, beaucoup de jeunes femmes refusent d'emporter des condoms ou un diaphragme quand elles vont à un rendez-vous, incapables qu'elles sont d'admettre qu'elles envisagent avoir des relations sexuelles. Plus tard, durant la soirée, poussées par la passion du moment ou se sentant obligées de le faire, elles acceptent de faire l'amour sans protection. Comme l'éducatrice Carol Cassell le fait remarquer dans *Swept Away*, elles rationaliseront ensuite l'événement en considérant que c'est une chose *qui leur est arrivée* plutôt qu'une chose qu'elles ont provoquée.

L'inventaire des secrets d'un individu continue à s'allonger durant la période de maturité sexuelle. L'impérieux besoin de garder des secrets continue de faire son œuvre même si l'intimité est établie; que ce soit dans des relations d'amour ou d'amitié. La logique qui sous-tend la nécessité du secret est simple: « Si cela est en rapport avec ma sexualité, ce n'est probablement pas correct. »

Peu importe que le comportement soit raisonnable ou agréable. Ainsi, il peut être formidable d'avoir plusieurs orgasmes. Mais cela peut aussi entrer en contradiction avec l'image qu'une femme entretient d'elle-même: celle d'une « dame » réservée qui se contrôle, et qui, bien sûr, ne devient jamais plus passionnée que son partenaire. J'ai rencontré beaucoup de femmes qui trouvaient nécessaire de cacher — ou même de réprimer — cet aspect excitant de leur sexualité.

Tout cela résulte du sentiment profond qu'on éprouve d'être *mauvais*. Puisque nous ne pouvons nous accepter nous-même, nous ne pouvons pas davantage imaginer qu'un autre puisse nous accepter. Voilà pourquoi la plupart des gens disent: « Oui, je pourrais probablement accepter de vivre avec les secrets sexuels de mon partenaire mais je crois que mon partenaire ne pourrait pas recevoir les miens. »

Nous essayons toujours de survivre et répétons aussi ce que nous faisions enfants. La plupart d'entre nous croyons inconsciemment que nous *devons* garder des secrets sexuels. Nous sommes comme ces vieux soldats japonais un peu perdus qui, dans les îles du Pacifique, font toujours la Seconde Guerre Mondiale.

Parce qu'il apparaît « impérieux » de garder le secret, nous observons un silence inutile. Dans l'enfance, notre survie psychologique dépend de lui; lorsque nous vieillissons, nous n'arrivons plus à nous en libérer. Comme adultes évoluant dans un monde aussi profondément antisexuel, pourquoi le ferions-nous?

Dans le chapitre qui suit, vous verrez comment les secrets sexuels vous affectent, que ce soit dans votre propre individualité ou au niveau de vos relations. Cela vous permettra de nourrir votre réflexion et de vous préparer aux choix présentés dans la troisième partie du livre.

2 Les conséquences des secrets sexuels

« *Il se sentait différent, seul, incapable de toucher qui que ce soit. Alors, il acheta un livre intitulé* **Comment étreindre** *et, une fois chez lui, se rendit compte que ce n'était que le tome 9 de l'encyclopédie.* »

Mort Sahl

Vous savez maintenant ce que sont les secrets sexuels et comment nous apprenons à les garder. Voyons quels effets ils ont sur nous. Ce chapitre traite de quatre problèmes associés au maintien du secret:

- les secrets peuvent nous isoler de ceux que nous aimons;
- les secrets peuvent abaisser notre estime de soi;
- les secrets peuvent alimenter les problèmes sexuels;
- les secrets empêchent nos blessures émotionnelles de se cicatriser.

Les expériences et les témoignages de gens qui se sont battus contre leurs secrets viendront illustrer ces points.

L'ISOLEMENT

Nous l'avons vu, il est très humain et compréhensible de cacher des secrets sexuels à un partenaire. Cela se produit parfois si automatiquement que nous ne sommes même pas conscients de notre comportement. Toutefois, cela ne veut pas dire que c'est là une attitude sans conséquence.

À force de garder le silence, nous nous isolons de nos partenaires. Les secrets nous empêchent d'être connus tels que nous sommes vraiment. Plus nous dérobons la vérité, plus nous nous isolons; en effet, la peur d'être découverts inhibe l'expression de soi, en particulier pendant l'amour.

Le secret provoque aussi l'isolement parce qu'il empêche la guérison des expériences sexuelles traumatisantes du passé. Cela est important; une famille américaine sur cinq a connu une forme ou une autre d'abus ou de violence sexuels. Parce que la plupart des victimes se taisent à jamais, la plupart de ces crimes restent cachés.

Finalement, le secret donne à croire que la pratique sexuelle est une activité dangereuse; n'est-ce pas dans ce domaine que vos sentiments intimes risquent le plus d'être découverts? Ordinairement, le plaisir et l'intimité reliés à l'activité sexuelle vous invitent à vous détendre et à vous abandonner chaque fois que vous faites l'amour. Si vous gardez des secrets, il faut que vous soyez sans cesse sur vos gardes et évitiez qu'une certaine forme d'expression sexuelle ne vous trahisse, que ce soit un manque de désir ou un besoin d'« excitants sexuels » inhabituels.

Quand vous gardez des secrets sexuels, même votre partenaire sexuel devient un ennemi. La personne la plus proche de vous devient la plus menaçante; ne risque-t-elle pas effectivement de découvrir votre secret? Le repli émotionnel devient la seule solution sensée. Il est inévitable que vous éprouviez alors des sentiments d'isolement et d'aliénation.

Une enseignante vécut exactement ce piège de l'isolement. Denise, une grande femme qui jouait nerveusement avec ses cheveux frisés, entra en thérapie frustrée et pessimiste.

« Pour moi, dit-elle, le sexe n'a rien d'emballant et il semble que je ne puisse rien faire pour changer cela. Je veux de moins en moins de relations sexuelles. J'ai beau me dire que ce n'est pas juste pour Samuel, je considère que son étroitesse d'esprit m'empêche d'être moi-même. S'il était différent, je pourrais lui demander de me stimuler oralement et d'éprouver davantage de plaisir. Mais j'ai peur qu'il ne l'accepte pas si je lui en parle. Alors je ne dis rien. »

Elle s'arrêta et reprit. « Parfois, c'est facile. Parfois, cependant, même en essayant de me retenir, je deviens furieuse. C'est particulièrement difficile quand le sexe est ennuyant et que Samuel me demande ce qui ne va pas. Je ne réponds rien et je me sens à un million de kilomètres de lui. Pouvez-vous m'aider à retirer davantage de plaisir sexuel?, me demanda-t-elle. Je me sens si seule. »

En parlant avec elle, j'ai pu constater que toute forme de conflit la mettait mal à l'aise. Dans leur mariage, elle mettait une grande énergie à faire avorter tout sujet de querelle potentiel.

« Surtout quand il s'agit de sexualité, me dit-elle avec tristesse quand je soulevai la question. Puisque ce sont mes demandes qui provoqueraient des querelles, c'est à moi de ne rien troubler. Je le fais souvent en taisant mes désirs. »

Au cours des rencontres, j'ai pu observer que Denise ne s'autocritiquait pas. Elle se sentait en droit de se comporter ainsi à cause de son « sacrifice » et considérait que son manque de franchise contribuait à l'harmonie de leur couple. Même basée sur de bonnes intentions, sa stratégie ne marchait pas. Son secret et son repli émotionnel ne résolvaient pas le problème – ils y contribuaient.

Après environ deux mois de thérapie, Denise commença à manifester le sentiment de colère accumulé en elle depuis des années. Je lui suggérai alors de me rencontrer avec son mari. Leur première rencontre avec moi commença amicalement mais quand Samuel exprima que Denise « n'était pas toujours là » quand ils faisaient l'amour, elle explosa.

« Je ne suis pas là parce que je n'obtiens pas ce que je veux, cria-t-elle. S'il fallait que tu te caches tout le temps, toi aussi tu aurais du mal à être affectueux et passionné. »

Le chat était sorti du sac. Denise s'arrêta un instant, haussa les épaules puis déballa toute l'histoire. Samuel n'en revenait pas. Il ne s'était pas rendu compte que Denise se sacrifiait et qu'elle vivait cette situation. Jamais il ne lui avait demandé ça.

Samuel confia à Denise qu'il préférait la voir jouir par pénétration plutôt qu'en étant stimulée oralement. « Je me sens plus viril ainsi, dit-il. Mais jamais je ne m'étais rendu compte que ça pouvait être aussi important pour toi. Je veux seulement me sentir proche de toi quand nous faisons l'amour. »

Le diagramme suivant montre comme l'isolement provoqué par la dissimulation se renforce lui-même avec le temps:

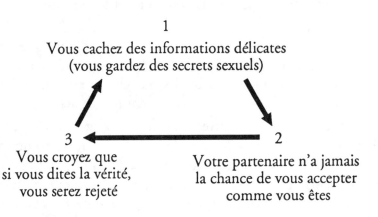

1
Vous cachez des informations délicates
(vous gardez des secrets sexuels)

3
Vous croyez que
si vous dites la vérité,
vous serez rejeté

2
Votre partenaire n'a jamais
la chance de vous accepter
comme vous êtes

1. Le fait de cacher des informations délicates...

2. ...empêche votre partenaire de vous démontrer son amour et son acceptation et cela...

3. ...perpétue la croyance qui veut que la vérité provoque un rejet, ce qui vous amène à...

1. ...cacher des informations délicates.

Dans ce cercle vicieux classique, le sentiment d'isolement se régénère, au lieu de disparaître avec le temps. Voilà pourquoi il est malsain de garder des secrets sexuels: cela vous éloigne de la personne dont vous souhaitez pourtant être proche et vous empêche de revenir en arrière.

LA BAISSE DE L'ESTIME DE SOI

La faible estime de soi est un effet secondaire et connexe du secret.

Imaginez que vous apprenez que le partenaire de votre meilleure amie ne lui a jamais dit: «Je te connais et je t'aime exactement comme tu es.» Vous seriez triste pour tous les deux. Et pourtant, voilà ce que garantit le silence: un partenaire ignorant de votre véritable moi et privé de la chance de vous accepter tel que vous êtes.

Dans la plupart des relations, les partenaires ont tendance à s'ouvrir l'un à l'autre, à communiquer ce qu'ils sont intérieurement, à peu près au même niveau. Quand vous hésitez à révéler une information sur vous-même, vous incitez votre partenaire à se montrer réticent à son tour. Si vous gardez des secrets, il vous est beaucoup plus difficile de découvrir tout ce que votre sexualité possède en commun avec les autres; cela s'avère exact surtout dans les domaines où vous gardez des secrets. En un mot, vos secrets font qu'il vous devient plus difficile de vous savoir « normal ».

Finalement, la culpabilité suscitée par les secrets sexuels entraîne une baisse de l'estime de soi. En cachant une information précieuse à quelqu'un qui vous est important, vous brisez une règle tacite présente dans la plupart des relations («Nous ne nous cachons rien d'important.»). La dissimulation et le silence nous rappellent notre enfance, époque à laquelle nous nous cachions furtivement pour faire des mauvais coups. Quiconque garde des secrets se sent parfois redevenir ce « mauvais garçon » ou « mauvaise fille ».

Prenez conscience de l'isolement que vous perpétuez en gardant vos secrets. Vous pouvez voir comment la baisse de l'estime de soi s'ajuste parfaitement à notre modèle:

1
Vous cachez des informations délicates
(vous gardez des secrets sexuels)

3   2
Vous croyez   Votre partenaire n'a jamais
qu'en disant   la chance de vous accepter
la vérité,   tel que vous êtes,
vous serez rejeté   d'où baisse de l'estime de soi

1. En cachant des informations délicates...

2. ...vous empêchez votre partenaire de vous démontrer son amour et son acceptation. Cela abaisse votre estime de vous-même et...

3. ... perpétue la croyance que la révélation de la vérité provoque un rejet, ce qui abaisse votre estime de vous-même et vous amène à...

1. ... cacher des informations délicates.

Vous savez probablement que des relations intimes authentiques demandent implicitement que l'on prenne des risques. Malheureusement, l'isolement et le manque d'estime de soi rendent cela difficile. Si vous gardez des secrets, vous avez peur du rejet. La « performance » en elle-même devient plus importante que le partage des joies de l'intimité, ce qui compromet l'échange véritable. Votre envie d'ouvrir de nouvelles avenues de communication diminue (une démarche pourtant merveilleuse) et votre relation peut même en être altérée.

Si l'on observe le cas de Denise (ce comportement est peut-être le vôtre), nous voyons que l'isolement et le manque d'estime d'elle-même l'amenèrent petit à petit à éprouver de pénibles sentiments de colère, de frustration et de désappointement. Si vous percevez votre partenaire comme un juge, vous pouvez facilement vous sentir trahi par lui. En fait, en nous attendant à être jugés par les autres, nous les encourageons à le faire. Nos doutes deviennent alors justifiés.

Parce que de tels sentiments mettent en péril notre capacité de garder des secrets, nous nous mettons à exprimer ceux-ci indirectement. Nous les extériorisons alors en brimant les autres, en cherchant à gagner davantage d'argent, en trouvant des sources de valorisation, en ayant des comportements auto-destructifs tels l'alcoolisme, la pratique d'un passe-temps dangereux, etc. Dans ma toute première relation, je me souviens avoir critiqué sans répit au lieu d'exprimer mes secrets.

Ces sentiments et ces comportements empêchent une haute estime de soi. Pourtant, les relations où les partenaires sont bien dans leur peau fonctionnent mieux. Raison de plus pour comprendre que le secret rend l'intimité si difficile.

LES PROBLÈMES SEXUELS

Personne n'est jamais entré dans mon bureau en disant: « Je cache des secrets sexuels et cela cause du tort à ma relation. »

Par contre, j'ai remarqué que les secrets constituent un facteur prévisible d'une vaste gamme de problèmes sexuels. Le fait de cacher qui nous sommes, ce que nous voulons, comment nous nous sentons ou ce qui nous est arrivé dans le passé nous empêche de mettre en place la détente, la confiance et l'enthousiasme requis pour vivre une sexualité enrichissante.

Si vous êtes sexuellement insatisfait, demandez-vous si vous ne cachez pas un ou plusieurs secrets sexuels. Vous sentez-vous mal à l'aise avec votre sexualité parce que?:

*   cela risque de vous rendre plus vulnérable et peut-être vous pousser à trahir vos secrets;
*   c'est l'activité où votre partenaire recherche habituellement l'intimité, la spontanéité et l'enthousiasme;
*   le caractère intime du sexe vous pousse à être plus critique envers vous-même.

Contrairement à ce que la plupart des gens croient, une belle expérience sexuelle exige très peu d'éléments: elle requiert détente, ouverture des sens, acceptation de soi et de l'autre.

Par ailleurs, les secrets sexuels vous contraignent à cacher votre corps, à vous inquiéter de votre performance, à craindre que votre partenaire ne s'ennuie, à espérer que vous ne serez ni découvert, ni rejeté. Une fois toutes ces inquiétudes passées en revue, la relation sexuelle est finie et vous cumulez une autre expérience décevante.

On retrouve plusieurs formes de difficultés sexuelles. Il y a les dysfonctions, comme les problèmes d'érection et d'orgasme; le manque ou l'excès de désir; les problèmes reliés à une mauvaise santé et enfin, le manque de jouissance. Chacun de ces problèmes peut être provoqué, maintenu ou accru par les secrets sexuels. Voici quelques exemples:

Le premier concerne Anne, une danseuse de vingt-neuf ans, présentant beaucoup d'assurance sur scène mais qui, en privé, se montrait très gênée avec son ami de cœur.

GRIEF: manque d'orgasmes en compagnie de partenaires.

SECRET: préférences, « excitants » sexuels particuliers et réaction sexuelle.

PEUR: être mal jugée, rebuter son partenaire.

« Quand je suis seule, me dit Anne, j'ai de fabuleux orgasmes. Je sais exactement quoi faire et je prends tout mon temps. Mais jamais je ne dirai à Jeff que je me masturbe. Il penserait qu'il ne me satisfait pas. Il se sent déjà frustré parce que je n'orgasme pas avec lui. »

Comme Anne avait peur des mots, je lui suggérai de se servir de ses mains ou de son corps pour communiquer avec Jeff.

« Pour lui montrer quoi faire?, me demanda-t-elle. Non, ça m'intimide trop. D'ailleurs, s'il savait quelles sortes d'attouchements j'aime, il penserait que je suis bizarre. Croyez-moi, quand je fais ça toute seule à la maison, je ne suis pas très distinguée. »

« Mais j'aimerais bien qu'il découvre ce qu'il faut faire. Enfin, une partie de moi aimerait ça. Une autre partie ne le veut pas parce que lorsque j'ai un orgasme, je gémis, je transpire beaucoup et je ne sais pas comment il réagirait à cela. J'espère que vous ne me forcerez pas à lui en parler, ajouta-t-elle calmement. Je ne veux vraiment pas risquer de le perdre. »

Anne savait comment obtenir des orgasmes. Mais elle se sentait malheureuse à l'idée de partager l'information avec son ami. Les relations sexuelles étaient devenues problématiques et la distance se maintenait entre eux. Vous pouvez facilement imaginer qu'Anne éprouvait de plus en plus de colère. Petit à petit, sa colère, sa frustration et son pessimisme étaient parvenus à réduire considérablement son appétit sexuel.

Comme la plupart des personnes, Anne n'avait pas délibérément décidé de cacher les informations qu'elle détenait; elle se sentait plutôt *forcée* de le faire. Cette obligation se basait sur le fantasme de la réaction de son ami, un fantasme qui la concernait davantage que son ami. Elle espérait que sa dissimulation empêcherait Jeff de la juger et de la quitter. Paradoxalement, c'est précisément ce qui les éloignait l'un de l'autre.

Quand elle commença à me consulter, Anne ne pouvait entrevoir que Jeff puisse accepter sa sexualité véritable. À une certaine étape de sa relation avec Jeff, elle s'était simplement résignée à demeurer insatisfaite. Mais après douze semaines d'une thérapie parfois orageuse, Anne ne se considérait plus comme une mauvaise personne. Elle décida de partager son secret.

Qu'en résulta-t-il? « Jeff était ravi, me dit Anne en souriant. Il m'a dit qu'il était d'accord pour essayer ce que j'aime. Et, croyez-le ou non, il m'a dit qu'il ne pouvait pas comprendre de quoi j'avais si peur et pourquoi j'étais si surprise de sa réaction! »

À l'instar de bien des gens, Jeff était beaucoup moins fermé au secret d'Anne qu'elle ne le craignait. Ses suppositions erronées provenaient du fait qu'elle projetait le jugement négatif qu'elle portait sur elle-même (« Ma sexualité est mauvaise. ») sur lui, (« Il croit que ma sexualité est mauvaise. »). Voilà comment son secret entretenait un problème sexuel aussi douloureux qu'inutile.

Une personne peut aussi garder le secret sur un événement de sa vie passée. Je me doutai tout de suite que ça pouvait être le cas de Jeanne, une mère de trois enfants, quand elle entama notre première rencontre en manifestant beaucoup d'inquiétude sur la confidentialité de celle-ci.

GRIEF: manque de désir.

SECRET: grossesse antérieure.

PEUR: grossesse non désirée; peur d'être considérée comme une « traînée ».

« Je ne comprends pas pourquoi mes pulsions sexuelles sont si faibles », me dit Jeanne lors de notre première rencontre. Elle aimait son mari, un bel homme chaleureux et prévenant. En me racontant son histoire sexuelle, Jeanne hésitait fréquemment et se couvrait régulièrement le visage d'une main. J'avais le sentiment qu'elle me cachait quelque chose. Quand je vis que mes encouragements discrets ne donnaient aucun résultat, je lui fis part de ce que je croyais. En me regardant, elle soupira, puis me raconta tout.

« Je n'ai jamais rien confié à mon mari de ce qui concerne ma grossesse et mon avortement, me dit-elle. C'est arrivé avant que je le rencontre et j'ai cru que ça n'avait pas d'importance. » Je la regardai en l'encourageant du regard, mais en ne disant rien. « D'accord, il serait plus honnête de dire que j'ai peur de sa réaction. »

Elle haussa les épaules. « Au début, je ne voulais pas qu'il pense que j'avais été une femme facile dans ma jeunesse. À la longue, il m'est devenu impossible de lui parler. D'abord, le sujet n'est jamais venu sur le tapis; et puis, personne ne va dire comme ça à quelqu'un: «Ah! oui, au fait, il y a six ans, je suis tombée enceinte et j'ai subi un avortement ».

Contrairement au concept populaire de « frigidité », le manque de désir apparaît souvent chez les êtres sexuellement actifs mais pour qui la sexualité est devenue dangereuse ou douloureuse. Jeanne *voulait* éprouver plus de désir, mais sa peur d'être découverte et jugée l'empêchait de considérer la sexualité comme une chose agréable.

Je soupçonnais que sa peur ne se bornait pas à cela. Craignait-elle, comme beaucoup de femmes qui ont déjà eu des grossesses involontaires, d'en vivre une autre?

« Oui, dit Jeanne. J'essaie de ne pas y penser mais de temps à autre, je me surprends à penser pendant que nous faisons l'amour: « Qu'arriverait-il si ça se reproduisait? ». »

La sexualité présentait donc pour Jeanne un autre danger. Et parce qu'elle s'était engagée sur la voie du silence, Jeanne ne pouvait pas compter sur l'aide d'Henri pour partager son fardeau émotionnel.

Je dis à Jeanne qu'aussi longtemps que la sexualité lui rappellerait son secret, elle serait incapable de se détendre et de s'exprimer sexuellement.

« Je crois que je comprends ça, dit-elle. Et je sais bien qu'Henri en aura tôt ou tard assez du sempiternel refrain: « Non, chéri, pas ce soir! ». »

J'acquiesçai. « Il faudra bien qu'un jour vous vous décidiez à agir, dis-je, même si cela ne consiste qu'à réinterpréter votre secret comme une partie acceptable de votre passé. »

La réponse de Jeanne fut sinistre. « Pour l'instant, je préfère ne pas penser au futur », dit-elle calmement. Jeanne me consulta huit fois environ. Elle décida alors de ne pas partager son secret avec son mari. C'est sans surprise que je vis que son intérêt pour les relations sexuelles avait alors complètement disparu.

Certaines histoires connaissent un dénouement malheureux.

L'exemple suivant a aussi trait au manque de désir. Dans ce cas, cependant, Michel se cachait un secret à lui-même. C'était compréhensible: la reconnaissance de ses véritables sentiments mettait sa relation en péril. Toutefois, son ignorance lui coûtait cher et annihilait toutes ses propensions vers la sexualité.

GRIEF: manque de désir.

Secret: il ne veut pas d'enfants.

PEUR: conflit domestique.

Michel faisait partie du type d'hommes que tous les gens aiment dès qu'ils le rencontrent; ce fut le cas pour moi. C'était un homme séduisant, d'une élégance classique et discrète. Nous bavardâmes un peu, puis son visage souriant s'assombrit.

« Je me sens « mélangé » parce que la sexualité m'intéresse de moins en moins. Quand nous sortions ensemble, Catherine et moi, nous avions l'habitude de faire l'amour tout le temps et j'aimais beaucoup ça. Nous avions les mêmes goûts sexuels, comme le sexe oral par exemple. Même aujourd'hui; nous n'avons qu'un petit désaccord. Elle désire plus que moi avoir un enfant. »

« Voilà un indice intéressant », me souviens-je avoir pensé. Je lui demandai de me donner plus de détails. « En fait, me dit Michel, elle désire avoir un enfant maintenant mais moi je n'en veux pas. Dans trois ou quatre ans peut-être, mais pas maintenant, pas au moment où nos carrières exigent tant de nous et où nous avons tant de plaisir à voyager ensemble. »

Je lui demandai s'ils avaient beaucoup discuté de ce sujet. « Oh! oui, beaucoup!, me dit Michel en branlant la tête. Les choses s'envenimaient souvent. Catherine devenait déprimée en disant qu'elle vieillissait et que bientôt, elle ne pourrait plus avoir un enfant. Je ne peux tout simplement pas supporter son désappointement et ses larmes. Alors, nous n'en parlons presque plus. »

« Mais ce n'est pas parce qu'on évite de parler d'une question qu'elle est résolue », dis-je.

Michel acquiesça. « Je sais que la question n'est pas résolue, répliqua-t-il. C'est un gros nuage noir au-dessus de notre vie sexuelle. Presque chaque fois que nous faisons l'amour, elle me regarde et semble me dire: « Encore cette fois je pourrais devenir enceinte ». »

« Vous avez l'air fâché... », observai-je.

« Oui, un peu, me dit Michel en essayant de garder sa contenance. Parfois, je suis en colère. Pourquoi faut-il qu'elle saccage ainsi notre vie sexuelle? Par ailleurs, je me sens coupable de ne pas lui donner ce qu'elle désire tant. »

Je demandai à Michel de regarder ses mains. À sa grande surprise, il vit que ses poings étaient complètement serrés. Peut-être était-il plus en colère qu'il ne s'en rendait compte. Il le nia mais sembla songeur.

« Parfois, j'ai même peur qu'elle oublie de prendre ses pilules, me dit-il. D'une manière ou d'une autre, j'imagine que la chose m'occupe l'esprit plus que je ne le voudrais. » Il s'arrêta. « Mais quel est le rapport avec le fait de ne pas vouloir faire l'amour ? »

Je savais que ça ne donnerait rien de confronter Michel à une vérité qu'il essayait si fort d'éviter. Alors, durant plusieurs semaines, nous procédâmes lentement. Un jour, la « question du bébé », comme il l'appelait, revint sur le tapis.

« Pourquoi ne peut-elle pas encore attendre un an ou deux ? », demanda-t-il.

« Vous savez, répondis-je, je peux vous imaginer disant la même chose chaque année pendant les dix prochaines années. »

« Si mon humeur actuelle était permanente, ce serait vrai », m'accorda-t-il.

« Mais n'est-ce pas déjà vrai ? », demandai-je.

« Ce le serait si Catherine ne m'amenait pas à me sentir mal », répondit-il. Je le regardai et vis son expression changer soudainement.

« Croyez-vous, me demanda-t-il, que je ne veux pas d'enfants *du tout* ? » Je ne dis rien. « Lui ai-je donc menti ? », demanda Michel.

« Peut-être pas tant à elle, lui suggérai-je doucement, qu'à vous-même. »

Bien sûr, cette prise de conscience de ne pas vouloir d'enfants ne résolut pas tout de suite les problèmes conjugaux de Michel. En réalité, ceux-ci s'aggravèrent pendant un certain temps. Mais en reconnaissant la vérité, Michel put se sentir beaucoup mieux, « comme si je pouvais de nouveau respirer » me dit-il; et il commença à retrouver son appétit sexuel. Ils furent alors, lui et Catherine, capables de parler de l'avenir d'une manière plus productive et adulte.

L'histoire de Michel démontre un principe important: lorsque les conséquences de l'honnêteté font peur, la vie sexuelle perd souvent son attrait. D'autres formes d'intimité deviennent aussi difficiles d'accès. Beaucoup de ceux qui gardent des secrets ont peur que leur relation ne s'écroule subitement. Au lieu de cela, ils la perdent par étapes, petit à petit.

L'histoire suivante démontre comment le secret peut provoquer le besoin de contrôler de très près les interactions sexuelles. Joseph, garde de sécurité, eut beaucoup de difficulté à vivre une sexualité satisfaisante, à cause de cette dynamique.

GRIEF: manque fréquent d'érection.

SECRET: fantasmes vifs et « anormaux ».

PEUR: perte de contrôle, peur de choquer la partenaire.

« Un de mes fantasmes préférés pendant que je fais l'amour, me dit Joseph lors de notre deuxième rencontre, est d'imaginer que je suis avec quelqu'un d'autre. Parfois, j'imagine que je force quelqu'un à faire l'amour avec moi ou qu'il y a une autre fille avec nous. Ou bien encore que quelqu'un nous regarde ou nous écoute derrière la fenêtre. »

Joseph s'arrêta en me regardant; je crois qu'il cherchait à voir si j'étais dégoûté ou choqué. Je n'étais de toute évidence ni l'un, ni l'autre. Je ne sais s'il était content ou désappointé.

« En réalité, beaucoup d'idées me traversent la tête quand je fais l'amour, mais elles ne sont pas très normales, vous voyez ce que je veux dire? Ajoutez en plus l'impuissance, tout ça rend la sexualité problématique. Mentalement, je file à mille kilomètres à l'heure, mais au lit, je suis un gros zéro. »

« J'imagine que vous n'avez pas partagé ces fantasmes avec vos partenaires », dis-je. « Bien sûr que non », répondit-il. Mais au lieu de parler de ses pensées, n'aurait-il pas pu échanger sur les préoccupations que lui causaient ses pensées? « Non, jamais je n'oserais parler de ça à mes amies, dit-il. Elles prendraient vite la poudre d'escampette, ne croyez-vous pas? »

Joseph avait si peur de sa propre sexualité qu'il s'empêchait inconsciemment d'avoir une érection. Le sexe devait être une activité contrôlée avec soin. Sinon, on pourrait découvrir le « véritable » Joseph, sexuellement si vilain.

Joseph avait besoin de savoir que ses fantasmes étaient très courants. Lors de nos rencontres, nous parlâmes de la pertinence éventuelle de joindre un groupe d'hommes, de parler à des amis ou de lire des livres de croissance personnelle comme *Male Sexuality* de Bernie Zilbergeld, *Report on Male Sexuality* de Shere Hite ou *The Intimate Male* de Levine et Barbach.

Je souhaitais que Joseph réalise qu'il était « normal ». Alors, il pourrait décider s'il voulait ou non partager ses fantasmes et parler de ses expériences avec une partenaire. Peu importe son choix ultérieur, Joseph verrait qu'il était « normal », pourrait retrouver son calme et redeviendrait confiant vis-à-vis la sexualité. Ce serait une étape décisive pour qu'il puisse avoir des érections fiables. En toute fin d'étape, Joseph saurait qu'il est possible d'ajouter une nouvelle dimension à sa relation avec une femme: « quelqu'un avec qui je me sens bien pour parler. »

C'est dans ces termes que Joseph me décrivit la « partenaire idéale », à la fin de sa thérapie. Il la cherchait maintenant et je crois bien qu'il la trouvera un jour.

Le prochain cas traite de la masturbation. C'est un cas que je trouve particulièrement tragique. Pourtant, c'est une situation que je rencontre souvent, bien qu'elle génère beaucoup de souffrance inutile.

GRIEF: éjaculation précoce.

SECRET: masturbation.

PEUR: faire sentir à sa partenaire qu'elle n'est pas à la hauteur; être jugé comme une personne *qui manque de maturité*.

Robert était un pompier à la retraite; il avait de grosses mains calleuses et une moustache noire très fournie. Son meilleur ami avait suivi une thérapie conjugale avec moi l'année précédente. « Il vous a chaudement recommandé, dit-il. Mais, pour être honnête avec vous, les psychiatres me laissent sceptique. Autant vous le dire tout de suite. » « Lorsque j'étais adolescent, je me masturbais. Nous le faisions tous, non?, commença-t-il. Un jour, la grand-mère d'un de mes amis le surprit à se masturber et l'a presque tué. »

J'ai entendu cette histoire des centaines de fois, racontée tant par des hommes que par des femmes. Je ne sais pas pourquoi mais, ce jour-là, je me rappelai cette phrase de Truman Capote: « Le grand avantage de se masturber, c'est qu'on n'a pas besoin de s'habiller pour le faire. »

La voix de Robert me ramena à son histoire. « La grand-mère de Marcel lui avait dit qu'il attraperait d'horribles boutons et que son pénis tomberait. Marcel me raconta cela et nous en rîmes pendant des mois. Mais quand nous eûmes de l'acné un an plus tard, nous fûmes pétrifiés. Nous essayâmes de renoncer à nous masturber, mais en vain. Comment arrêter de faire quelque chose qui donne des sensations aussi agréables? »

« Eh! bien, je suis maintenant marié, poursuivit-il. J'aime ma femme et nous avons une vie sexuelle satisfaisante. Pourtant, une ou deux fois par semaine j'aime me retrouver tout seul et me masturber en cachette. Cela me rappelle le temps où j'étais enfant; je fais ça dans la salle de bains en prétextant faire autre chose. Mais je ne prends pas mon temps. Je fais ça aussi vite que possible. »

L'explication donnée par Robert pour justifier les raisons pour lesquelles il devait se taire n'avait rien d'inhabituel. « Je sais que si ma femme découvrait ça, elle se sentirait mal et croirait qu'elle ne me satisfait pas. Ce serait comme si je lui étais infidèle. Alors je ne dis rien. »

Robert était affligé d'un double fardeau. D'un côté, sans le vouloir, il s'était entraîné à jouir rapidement quand il se masturbait. Maintenant, cela se produisait aussi lorsqu'il faisait l'amour avec sa femme. D'un autre côté, sa culpabilité l'empêchait de se détendre et de tirer plaisir de l'activité sexuelle. Cette anxiété l'amenait aussi à éjaculer rapidement.

Bien sûr, en gardant son secret, Robert empêchait sa femme d'accepter qu'il se masturbe. Il demeurait coupable et ne se permettait pas de réapprendre à faire l'amour d'une manière plus détendue. L'anxiété était un résultat inévitable de son secret — elle ne provenait pas de la masturbation comme telle mais bien plutôt du mystère qui l'entourait.

Robert ne s'était pas encore libéré de ses peurs sur la masturbation et demeurait, métaphoriquement, prisonnier de son enfance. Il demeurait tributaire du lourd message reçu et gravé, lui faisant croire que sa sexualité était mauvaise. Pour améliorer son fonctionnement sexuel, Robert devait tout d'abord renverser cet héritage du passé et accepter qu'il était normal.

Robert pouvait accomplir cela avec ou sans l'aide de sa femme. Il était beaucoup plus important pour lui d'accepter son secret que de le partager avec sa femme.

LES ANCIENNES BLESSURES ÉMOTIONNELLES

Des millions de gens ont été traumatisés par l'inceste, l'abus sexuel, le viol ou l'agression sexuelle perpétrée dans des rendez-vous galants. À une époque encore toute récente, notre manque d'information nous avait amené à sous-estimer la fréquence et l'impact de tels événements. Dans bien des cas, nous avons même mis le blâme de tels événements sur les victimes. On peut donc comprendre que la plupart des gens se soient sentis obligés de garder secrets de tels événements.

Ces expériences traumatisantes entraînent presque toujours le secret. L'agresseur dit « Ne dis rien à ta mère », « Ne dis rien à la police » ou encore « Si tu le dis à mes amis, je nierai tout ». Devenues des adultes, la plupart des victimes continuent à protéger leur secret. Il s'agit d'une répétition terrible et douloureuse de l'agression originelle. Bien que cette fois, ironiquement, ce soit la victime elle-même qui la commette.

Pour que la confiance et l'intimité s'épanouissent dans une relation, ces expériences sexuelles traumatisantes doivent être d'une manière ou d'une autre résolues. Cela s'avère difficile, même dans les meilleures circonstances. La loi du silence qu'on s'impose rend la chose encore plus difficile.

Ce maintien du secret nous empêche de partager l'énergie «guérissante» des êtres qui nous sont chers. Même si certains partenaires veulent oublier leur propre douleur en blâmant la victime ou en ne croyant pas son histoire, la plupart se montrent d'un grand soutien. Ce que vous dissimulez vous prive de la chance d'être accepté pour ce que vous êtes vraiment. Votre secret contribue à perpétuer la croyance voulant que *vous* soyez dans votre tort, bien que vous ayez été traumatisé.

La croyance que le secret doit être préservé force les gens à vivre dans leur passé et à se comporter en victimes encore contraintes. En s'exprimant clairement et en décidant de *choisir* sa manière de vivre, on peut abandonner son rôle de victime une fois pour toutes.

C'est ce qu'illustre bien l'histoire de Thérèse, une femme dont le corps refusait tout échange sexuel. Elle était presque en larmes quand elle vint me consulter au sujet de son problème. «Nous vivons une union heureuse, mon mari et moi, dit cette jeune femme, sauf pour une chose: chaque fois que nous essayons de faire l'amour, mon vagin se contracte et se ferme complètement.»

«Au début, Guy était patient, mais peu à peu nous sommes tous les deux devenus irritables et nous avons eu beaucoup de querelles. La plupart des médecins m'ont donné des conseils simples, par exemple, de boire un verre de vin avant d'aller au lit, que cela me détendrait. Mais ça n'a rien donné.»

En fin de compte, un médecin l'envoya me consulter pour une thérapie sexuelle. Il l'avait examinée et n'avait découvert chez elle aucun problème d'ordre physique. Soupçonnant que le problème de Thérèse provenait d'une très mauvaise expérience sexuelle vécue dans son passé, je lui laissai sous-entendre doucement que c'était là une chose assez courante. Elle changea rapidement le sujet de la conversation. Je la laissai faire sans passer aucun commentaire.

Vers la fin de notre rencontre, pourtant, elle ramena le sujet sur le tapis. «Je n'en ai jamais parlé à personne, j'avais si honte, dit-elle. Je ne pouvais sûrement pas en parler à Guy, j'avais peur qu'il ne veuille tuer mon père. Je considérais qu'il me fallait vivre avec ça.» La vérité éclatait: Thérèse avait été abusée sexuellement par son père quand elle était jeune fille.

Je demandai à Thérèse de revenir une autre fois cette semaine-là. Quand elle revint, nous parlâmes de son passé familial et de l'abus sexuel de son père. Je lui suggérai d'intégrer un groupe de femmes qui, elles aussi, avaient été abusées sexuellement durant leur enfance. Elle accepta de revenir me voir après sa première rencontre avec le groupe.

La semaine suivante, elle me raconta la rencontre, surprise que tant d'autres femmes aient vécu une situation semblable à la sienne. Encouragée, elle continua à venir me voir et à suivre ses réunions. «Ces gens m'ont permis de me sentir normale et acceptée pour la première fois depuis des années», me dit-elle un jour.

Un mois plus tard environ, elle me dit que plusieurs des femmes qu'elle rencontrait l'encourageaient à tout raconter à son mari. «Elles disent que je vais me sentir moins seule, que ça va nous rapprocher. Qu'est-ce que vous en pensez?», me demanda-t-elle.

Nous en discutâmes durant plusieurs rencontres hebdomadaires. Finalement, elle prit sa décision. «Je sais que vous croyez que mon problème sexuel est lié à ce qui est arrivé entre mon père et moi. Si c'est vrai, dit-elle avec fermeté, et si je veux que mon mariage aille bien, il faut que je cesse de me taire.»

Thérèse avait peur mais elle trouva néanmoins le courage de parler à son mari.

La semaine suivante, quand elle vint me voir, elle était sur le point d'éclater. «Cela s'est passé exactement comme je le craignais, dit-elle en pleurant. Il a beaucoup crié et dit des choses insensées. Il voulait sur le champ aller tuer mon père.»

À ce moment-là, je demandai à Thérèse de la rencontrer avec son mari. Même si de toute évidence ils s'aimaient, la rencontre à trois donna lieu à beaucoup d'accusations et de larmes. Durant des semaines, nous échangeâmes des coups de téléphone, à des heures même très tardives. Mais, avec le temps, la force de leur amour l'emporta. Guy commença à accepter ce qui était arrivé autrefois. Cela permit à Thérèse de l'accepter elle-même.

«J'ai décidé de ne pas confronter mon père, me dit Thérèse lors d'une de nos rencontres. Je suis maintenant libérée de tout ça.» À la fin de la rencontre, je fus d'accord avec elle. C'est alors que je leur expliquai une série d'exercices à faire chez eux. Peu à peu, les relations sexuelles devinrent plus faciles entre eux et, au bout de quelques semaines, Thérèse et Guy pouvaient faire l'amour avec plaisir.

Le cas de Thérèse est un exemple vivant de la manière dont le secret peut garder les gens prisonniers de leur passé. Quand elle put finalement parler de son traumatisme, Thérèse fut à même d'établir une séparation entre son passé dangereux et son présent sécuritaire. Ses spasmes vaginaux disparurent peu après; elle n'avait plus besoin de se protéger d'une invasion indésirable.

PETIT APERÇU

Les secrets sexuels peuvent-ils donner plus de piquant aux expériences sexuelles? Certains sexologues croient que les passions les plus vives s'enflamment quand on enfreint les règles. Ils prétendent que le silence permet cette excitation quand les gens brisent les tabous sociaux ou les conventions d'une relation. Nous aborderons cette théorie dans le prochain chapitre et regarderons d'autres «bénéfices» psychologiques du secret. Les secrets sexuels peuvent représenter une expression

indirecte de notre colère, nous procurer un sentiment de puis-
sance. On peut les considérer comme un trésor personnel,
n'appartenant qu'à nous.

3 LA VALEUR DES SECRETS SEXUELS

« D'aucuns l'appelleront Passion-Maîtresse,
c'est la faim de se savoir approuvé. »
Mark Twain

Quand je demande aux gens pourquoi ils gardent des secrets sexuels, les réponses les plus fréquentes gravitent autour de la peur: la peur d'être rejetés, punis ou de causer du tort à une relation importante.

Ce sont des raisons *conscientes* pour lesquelles les gens préservent leurs secrets. Au niveau inconscient, les personnes gardent leurs secrets pour se mettre à l'abri de leurs peurs de l'intimité, peurs qui datent de leur enfance. Dans ce chapitre, nous verrons comment celles-ci confèrent au silence son importance et sa valeur. Mon but est ici de vous rendre plus conscient de vos processus inconscients.

Dans les relations personnelles, le secret sexuel représente un échange. En vous permettant de vous sentir moins fragile devant le jugement et le rejet, le secret peut contribuer à réduire le trouble émotionnel que vous éprouvez face à l'intimité et vous permettre de créer et de maintenir des relations. Mais, comme nous l'avons vu dans le chapitre 2, cette position de retrait peut aussi limiter la profondeur d'une relation et la satisfaction qui en découle. Voilà le prix à payer pour cette fragile paix de l'esprit.

Ce n'est pas que nous nous leurrions sur les «vraies» raisons de notre silence. Comme c'est le cas pour de nombreuses victimes d'accidents graves, il est parfois important que nous réprimions et oublions certaines expériences douloureuses. Cela fait partie de notre héritage humain. Pour se protéger d'un événement trop intense, l'esprit emmagasine parfois l'information qui le concerne dans l'inconscient.

N'ayez aucune honte de vivre des processus inconscients et ne percevez pas ces pages comme une critique. Ce chapitre, comme tout cet ouvrage a été conçu pour vous aider à vous comprendre, à vous estimer et à vous aimer.

POURQUOI AVONS-NOUS PEUR DES RELATIONS?

À un certain niveau, nous avons tous peur d'entrer en relation avec les autres. L'apprentissage des relations débute dans l'enfance; les besoins y sont encore élémentaires et nous requérons alors principalement d'être gardés au chaud et au sec, d'être bien nourris. Quand ces besoins sont satisfaits, notre expérience des relations nous inspire confiance. Par ailleurs, quand nos besoins ne sont pas satisfaits, nous apprenons que les relations — c'est-à-dire la dépendance aux autres — sont une erreur.

Aussi longtemps que nos besoins fondamentaux sont raisonnablement satisfaits, nous pouvons accepter de vivre avec nos frustrations. Comme le dit le psychologue D. W. Winnicott, les parents n'ont pas à être «parfaits». Il leur suffit seulement d'être «d'assez bons» parents nourriciers. Les enfants qui sont en relation avec d'«assez bons» parents intègrent une attitude positive face à l'intimité. Ils présument qu'ils peuvent développer des relations généralement satisfaisantes et que, si des heurts sont inévitables, ils sont généralement de courte durée.

Malheureusement, l'innocence caractéristique de l'esprit de l'enfant et l'inexpérience des parents semblent se liguer pour empêcher chez l'enfant le développement de cette sécurité émotive. Le cerveau encore immature de l'enfant ne saurait faire face adéquatement à l'irritabilité, l'insécurité ou les désappointements quotidiens exprimés par les parents dans le train-train normal de la vie. Les enfants ne sont pas assez développés pour imaginer que leur propre frustration résulte peut-être du manque d'affection d'un des parents plutôt que de leurs propres inaptitudes.

Tel est le conflit terrible que les êtres vivent dans la tendre enfance: celui d'être égocentriques et exigeants alors qu'ils dépendent si entièrement de la bonne volonté des autres. Cette dépendance est bien réelle; si les parents nourriciers négligent trop l'enfant, celui-ci, en réalité, mourra.

En ce sens, les jeunes enfants ne vivent les situations que selon un ou deux schémas possibles. Un événement donné peut, ou bien contribuer à la satisfaction de l'enfant, ou bien le menacer de destruction totale. Ce besoin de satisfaction immédiate est tout ce que l'esprit non développé du jeune enfant peut comprendre. Si vous avez déjà essayé d'encourager un bébé à cesser de pleurer tandis que vous préparez son biberon, vous savez cela.

Les jeunes enfants vivent la menace de leur propre destruction de trois manières: 1. «Je vais être anéanti», 2. «Je vais mourir étouffé», 3. «je vais être abandonné». Nous traînons cet héritage avec nous durant toute notre vie. Cet héritage fait non seulement du tort à nos relations ultérieures: il les caractérise et les détermine en partie.

Nous nous engageons donc dans les relations adultes, confrontés inconsciemment à la peur d'être détruits. Cette peur dépasse celle d'être rejetés ou blessés; elle est bel et bien la peur d'être détruits.

COMMENT LE SECRET CRÉE L'ILLUSION DE LA SÉCURITÉ

En dépit de nos peurs, nous ressentons le besoin d'être en contact avec les autres. L'animal humain a besoin de parler, de créer des liens avec les autres, de les toucher et de les caresser. Sans ces contacts, nous tombons physiquement et émotionnellement malades.

C'est là tout le dilemme humain: nous avons besoin de maintenir des contacts avec les autres et simultanément, nous devons nous protéger de la menace d'annihilation que nous percevons. Comment faire cela sans repousser ceux qui nous sont proches, sans détruire les relations magiques nécessaires à notre survie?

La plupart des gens règlent ce problème existentiel en bâtissant leurs relations intimes d'une manière spéciale. Ils choisissent de se présenter aux autres de telle façon que cela n'entrave pas leur besoin d'intimité lorsque celle-ci leur apparaît essentielle, mais qui leur permette aussi de nier ou de détruire l'intimité dès que cela s'avère nécessaire.

Pour entretenir de telles relations, vous devez vous comporter de façon particulière. Il vous faut d'abord éviter d'être assez vrai pour qu'une autre personne puisse vous connaître vraiment, vous coincer et possiblement vous détruire. Il vous faut aussi inventer un « faux moi » — l'image forgée d'une personne plutôt que celle d'une personne véritable, « en chair et en os » — et vous en servir pour être en relation avec l'autre.

Les secrets sexuels permettent de faire cela. Ils vous permettent de mettre de l'avant la personne que votre partenaire croit reconnaître en vous. Il est facile de se justifier en opérant ainsi, puisqu'il existe un accord culturel tacite selon lequel les gens ne peuvent être confrontés aux sentiments sexuels, aux pensées et aux comportements des uns et des autres.

N'oubliez pas que cette stratégie entretient l'illusion de vous *sentir* en sécurité. Vous n'obtenez ainsi ni l'intimité, ni l'acceptation véritable de l'autre. Vous vous sentez à l'abri de toute attaque, mais cela, au prix d'une fausse intimité.

DES EXEMPLES PRÉCIS

Voici quatre manières dont le secret nous permet d'éprouver une plus grande sécurité et réduit la peur que nous avons d'être détruits lorsque nous sommes en relation avec les autres. Ces manières nous permettent de:

1. s'emparer du pouvoir;

2. créer des distances;

3. masquer ses sentiments;

4. satisfaire aux exigences des scénarios inconscients de notre enfance.

Ces catégories sont interreliées. Servez-vous-en pour mesurer la valeur que vous accordez à la dissimulation.

S'emparer du pouvoir

En dissimulant, vous pouvez prendre le pouvoir dans la relation et influencer diverses facettes de l'intimité telles que le niveau de confiance et d'attention envers l'autre, le degré de satisfaction sexuelle et de coopération.

Les secrets permettent, à leur manière, de contrôler l'information. Vous pouvez décider ce que votre partenaire saura de vous et de votre relation. En gardant le contrôle de ce que vous révélez et cachez, vous projetez un passé différent et, en ce sens, vous contrôlez l'orientation du présent.

Vous pouvez également garder le secret en créant et en protégeant un trésor personnel, un événement particulier, une expérience, un sentiment ou un objet que vous êtes seul à contrôler. Ce trésor peut être si personnel que personne d'autre ne sait qu'il existe. En voici des exemples: une aventure sexuelle avec une célébrité, un tatouage à l'intérieur de votre cuisse, le goût du travestissement lors d'un voyage d'affaires.

Finalement, ces secrets peuvent donner l'illusion que les relations sont plus rassurantes qu'elles ne le sont en réalité en vous donnant le pouvoir d'empêcher des liens sexuels qui peuvent sembler dangereux ou pervers.

Une conceptrice de logiciel me consulta et son histoire illustre bien cette situation. Bien qu'elle ait beaucoup de difficulté à jouir avec son ami Daniel, Francine refusait de lui dire quels attouchements l'excitaient le plus. «Il me semble qu'il devrait déjà le savoir, insista-t-elle. D'ailleurs, ça manque tellement de romantisme de dire à quelqu'un: «Un peu plus à gauche. Un peu plus fort. Plus lentement maintenant.» L'idée me refroidit complètement.»

Francine était très frustrée; elle percevait la sexualité qu'elle vivait avec Daniel comme incomplète. Pourtant, à la maison, elle ne faisait les exercices que je lui avais recommandés qu'une fois sur deux. Elle arriva quelquefois en retard à nos rencontres et partit même une fois avant la fin pour un dîner en ville. Quand je l'interrogeais sur un tel comportement, elle haussait les épaules.

De toute évidence, une partie de Francine ne voulait pas régler son problème sexuel. Il n'aurait pas été utile de le lui dire de but en blanc. Je lui demandai plutôt de se fermer les yeux et d'imaginer une scène qui pourrait se produire une fois sa thérapie terminée avec succès.

«Francine, imaginez que nous sommes six mois plus tard et que votre problème d'orgasme est résolu.» Je m'arrêtai de parler un moment pour lui permettre de laisser aller son imagination. «Vous semblez malheureuse, dis-je. Vos épaules sont affaissées, votre visage s'est renfrogné et vos jambes sont croisées. Il est clair que le fait d'obtenir facilement des orgasmes a créé d'autres problèmes. Qu'est-ce qui ne va pas?»

«Daniel connaît tous mes trucs maintenant, dit Francine, en parlant de son futur imaginaire. Il est habitué de me voir jouir chaque fois. Et il veut très souvent faire l'amour.» Je demandai à Francine comment cela se passait. «Il le prend pour acquis, dit-elle. C'est la sexualité qui prend le contrôle. Il croit qu'il lui suffit de vouloir me faire l'amour pour que nous allions au lit et ayons du bon temps.»

Nous commencions à toucher le fond des choses. «Qu'est-ce qu'il y a de mal à ça?» demandai-je. «Ça ne va pas, répliqua-t-elle, tous les deux nous faisons l'amour comme s'il n'y avait rien de mal à ça. Mais il y a quelque chose de mal. Le danger de devenir des esclaves sexuels.»

L'inconscient de Francine venait de s'exprimer: sans secret sexuel, elle imaginait sa vie pleine de pressions et de dangers. Aussi Francine avait-elle une bonne raison d'empêcher que sa sexualité ne devienne trop agréable. Elle se servait de son secret sexuel pour « survivre » aux dangers de la sexualité.

Il n'y avait, bien sûr, aucun danger que Francine devienne une « esclave du sexe ». Mais son inconscient — comme celui de tout le monde — procédait selon une « réalité » bien à lui. La tâche de la thérapie était de désamorcer la peur inutile qu'il projetait.

C'est exactement ce qui se produisit. Lorsque sa peur de se lier sexuellement à Daniel diminua, Francine accepta de partager son secret, ses « trucs » comme elle les appelait.

Le secret sexuel crée parfois l'illusion du pouvoir dans les relations. Nous parlerons de la nature incomplète et parfois destructive de ce pouvoir un peu plus loin.

Créer des distances

Les secrets servent toujours à créer ou à maintenir des distances. Pour les gens qui craignent l'intimité, cette capacité semble capitale. Vous souhaitez peut-être inconsciemment établir des distances avec votre partenaire quand celui-ci vous offre son soutien, que ce soit sous forme d'empathie, d'affection ou d'aide pratique. Ainsi, en refusant de dire à votre partenaire actuel que vous avez été violée par votre partenaire précédent et que vous avez peur d'être de nouveau agressée, vous créez une distance entre lui et vous. Vous réduisez ainsi toute inquiétude inconsciente que vous pouvez avoir de trop dépendre de lui.

Certaines personnes créent des distances grâce à leur secret sexuel en jouant les martyrs. Un de mes clients se plaignait d'*avoir* à faire l'amour oral à sa femme.

« Marthe ignore à quel point je déteste l'odeur de son vagin, me dit Harold. Mais comme elle aime beaucoup que je la « mange », je le fais, même si ça me dégoûte. Être marié n'est pas drôle tous les jours. »

Jamais Harold n'en avait parlé avec Marthe et sa frustration grandissait. C'était de toute évidence une situation pénible pour lui. Mais, en même temps, son rôle de martyr lui allait comme un gant. Cela lui fournissait une « raison » de ne pas se rapprocher de Marthe et de transformer ainsi leurs ébats amoureux en combat plutôt qu'en un partage.

Le regret gardé secret d'un ancien amant, d'une ancienne maîtresse ou d'une vieille relation peut aussi créer des distances, en rendant un partenaire ou une relation actuels mornes, peu attirants et en réduisant votre intérêt pour les contacts sexuels. Il est possible d'altérer une relation en maintenant l'autre personne à distance.

Si vous craignez d'être étouffé ou englouti dans des relations, votre réaction sera de tout mettre en œuvre pour vous cacher de ceux qui vous sont proches. La croyance enfantine qui prévaut ici, c'est que « La seule manière dont je peux posséder une chose et la garder en ma possession est de la cacher au reste du monde. » Ce « quelque chose » peut être un objet aussi simple qu'un coquillage qu'on aime ou aussi complexe que le droit de choisir une carrière.

Le cas de Gilles est un bon exemple de cette dynamique. Gilles était un chauffeur de taxi homosexuel. Il aimait regarder des vidéos pornographiques et en possédait toute une collection. Mais il cachait ce passe-temps à tout le monde et continua de le faire même quand son amant David emménagea avec lui.

Même si Gilles admettait qu'il n'avait aucune raison de craindre le jugement de David à ce sujet, il refusait de prendre le risque de le lui dire. « Que ferai-je, demanda-t-il, si ça l'amène à se détourner de moi ? » Il refusa de prendre le risque, même s'ils avaient souvent eu du plaisir à voir ensemble de tels films au cinéma.

La décision de Gilles de garder la chose secrète constituait pour lui une manière de garder des distances dans sa relation. Son secret l'amenait à se sentir seul, étranger à David, coupable et même plein de ressentiment. Cela réduisait la qualité de leur vie sexuelle. Et même s'il se sentait mal, cette situation lui procurait, étrangement, une sécurité.

« Ça ne regarde que moi, me dit-il un jour. Pourquoi devrais-je prendre des risques avec les sentiments d'un autre? Je sais que je peux compter sur moi-même et je préfère éviter que les autres ne me compliquent la vie. »

Masquer ses sentiments

Notre inconscient essaie de nous aider à survivre en nous empêchant parfois l'expression directe de certains sentiments.

Le sentiment le plus courant que les gens masquent en ne communiquant pas leur secret est la colère. L'enfant qui existe en nous a peur d'être abandonné ou détruit si ce sentiment est exprimé directement; aussi le faisons-nous par une voie détournée. Blesser moralement quelqu'un ou briser une entente sont des exemples de ce que nous faisons en conséquence des secrets sexuels. De telles conséquences désamorcent subtilement la colère que notre inconscient considère trop dangereuse pour pouvoir être exprimée directement. Nous exprimons parfois indirectement d'autres sentiments grâce à nos secrets, tels la peur, le chagrin, la jalousie, le désespoir et la compétitivité.

Voyons comment l'expression indirecte de nos sentiments peut être la solution inconsciente au conflit qui se déroule entre notre besoin et notre peur de l'intimité. L'histoire est celle de Sylvie, une très grande actrice qui vint me consulter parce qu'elle vivait, disait-elle, des « frustrations sans fin ».

Lors de notre troisième rencontre, elle me décrivit un incident qui lui était arrivé la fin de semaine précédente. « Mon mari Karl et moi étions en train de faire des courses quand nous sommes tombés sur Paul, l'un de mes anciens amis. Nous nous sommes bien entendus tous les trois. Nous avons même passé près d'une heure ensemble à prendre un café. Plus tard, Karl m'a demandé comment j'avais connu Paul et j'ai inventé une histoire en lui disant que c'était au conservatoire. »

Je hochai la tête et ne dis rien. Sylvie poursuivit: « La vérité, c'est que Paul et moi avions l'habitude de coucher ensemble avant que je n'épouse Karl. Je me sens coupable d'avoir menti mais je n'étais tout simplement pas préparée à dire la vérité. »

Quand je lui demandai pourquoi, Sylvie me fournit plusieurs raisons logiques. Mais sa voix n'exprimait que fort peu de sentiments jusqu'à ce qu'elle ajoute, avec un haussement d'épaules: « D'ailleurs, Karl n'est pas un ange. Parlez-lui de la caissière qui travaillait autrefois à notre banque. Ou même de celle qui y travaille aujourd'hui. »

Soudain le voix de Sylvie s'anima et je suivis cette piste. Apparemment, elle croyait que Karl avait des aventures occasionnelles avec d'autres femmes. Avait-elle déjà essayé d'exprimer le ressentiment que cela lui causait? « Oui », dit-elle. Elle l'avait confronté en exprimant ses soupçons, mais n'avait jamais reçu de réponse satisfaisante. « Il dit tout le temps qu'il veut me rendre heureuse; mais chaque fois que je lui dis ce qui me dérange, il devient impatient. En fin de compte, je me suis dit qu'il était tout à fait inutile d'en parler. »

Ayant noté tout cela, je parlai à Sylvie de ses autres relations. Après lui avoir posé quelques questions, je me rendis compte qu'elle éprouvait ce même sentiment d'impuissance et d'insignifiance avec son père, avec son premier mari et avec son patron. Et même avec son dernier thérapeute. À quoi correspondait ce schéma comportemental?

« Vous vous choquez après les gens, ils ne peuvent l'accepter, dit-elle à un moment. Peu importe ce qu'ils disent, les gens ne veulent pas savoir ce que vous pensez *vraiment*. J'ai déjà fait cette erreur et jamais je ne la referai. » Sylvie se débattait pour survivre en étouffant sa colère; pourtant, celle-ci devait se manifester quelque part. Il lui était commode d'avoir des secrets sexuels, comme celui sur Paul, avec lesquels elle pouvait humilier Karl et sentir qu'elle avait le dernier mot.

Le problème ne venait pas du mensonge de Sylvie. Il venait de ce qu'elle croyait que certains sentiments menacent l'intimité. Une fois que Sylvie aura résolu ce problème en se débarrassant de son ancienne peur d'être abandonnée, elle sera capable de prendre des décisions plus rationnelles sur la manière d'établir des liens avec ceux qui lui sont chers. C'est ce sur quoi sa thérapie est centrée actuellement.

Masquer ses sentiments en les exprimant de façon indirecte est le plus souvent un compromis stérile. Même si vous vous sentez mieux pour un temps, vous pouvez être presque assuré que le problème qui vous trouble actuellement réapparaîtra plus tard.

Satisfaire aux exigences des scénarios inconscients de notre enfance

L'idée que chacun de nous obéit à des scénarios de vie personnels a été élaborée par le Docteur Eric Berne au début des années 60. Selon les théories de son Analyse Transactionnelle, ces scénarios proviennent de décisions prises dans notre petite enfance. Conçues pour nous aider à survivre, ces décisions donnent naissance à des modes de comportement et à des croyances adultes qui restreignent notre capacité à vivre des vies flexibles et libres pouvant s'adapter aux chances et aux exigences du moment.

Personne ne choisit consciemment de suivre ou de reproduire inlassablement un même scénario. En fait, il est même rare d'avoir la moindre idée de ce que sont nos scénarios. Pourtant, conscients ou non de le faire, nous prenons dans notre vie des décisions qui correspondent aux rôles inscrits dans ces scénarios.

La sagesse populaire donne des noms à beaucoup de ces scénarios courants: pensons à celui de Peter Pan, l'homme qui ne veut pas grandir; pensons aux drogués de l'amour, qui se contentent de n'importe qui pour ne pas rester seuls. Il y a aussi le scénario du jeune homme en colère qui préfère critiquer plutôt que de se laisser aimer. Voyons comment certains de ces scénarios sont alimentés par des secrets sexuels:

- « Je ne suis pas et ne serai jamais aimable. »
- « Je suis une mauvaise personne. »
- « J'ai toujours été agressé ou abusé par les gens qui m'entourent. »
- « Je dois protéger les gens qui me font du mal. »
- « C'est à moi de m'assurer que tout le monde soit en paix. »
- « Les femmes n'aiment pas le sexe. »
- « Les hommes et les femmes ne sont jamais sexuellement compatibles. »
- « Les hommes et les femmes m'aimeront pour mon esprit, mais seront ennuyés par mon apparence. »
- « La sexualité sera toujours compliquée pour les homosexuels. »
- « Je mourrai héroïquement. »
- « Je ne suis pas assez important pour qu'on s'occupe de moi. »

Nous verrons dans les chapitres 4 à 7 des douzaines de secrets sexuels qui contribuent à perpétuer chacun de ces scénarios. Pour l'instant, voyons un exemple qui illustre les liens entre les scénarios et les secrets.

Voici un scénario très courant que les gens jouent de manière non sexuelle. Dans le cas suivant, celui-ci fut appliqué à la sexualité.

Scénario: J'ai toujours éprouvé des problèmes émotionnels; mais sans ces problèmes, ma vie serait vide. »

Secret: « Je souffre d'herpès. »

Maurice, un homme trapu, aux yeux bleus frappants, souffre d'herpès depuis six ans. Grâce aux médicaments et à une thérapie de groupe, il en a le contrôle. Il n'a maintenant plus qu'une ou deux crises par année.

Néanmoins, cet ingénieur cache son problème à ses partenaires sexuelles en leur disant qu'il n'a pas « la tête à ça », alors qu'en réalité, il est contagieux. Si elle en avait eu la possibilité, n'importe laquelle de ses « amies » régulières aurait peut-être accepté le fait qu'il souffre d'herpès. Si cela s'était avéré nécessaire, il aurait pu suivre un counseling à deux avec elle ou mettre davantage l'accent sur le sécuri-sexe.

Mais Maurice est « pris » par son herpès. Il a *besoin* de l'être parce qu'une relation sérieuse et sans problème évident lui fait trop peur. Cela l'amène à se sentir vulnérable et le porte à croire que sa relation va le dépasser et l'emporter sans retour.

En gardant son herpès secret, Maurice en fait un problème. Cela lui permet de s'engager dans une relation en ayant moins peur, en « survivant ». Et cela lui permet d'étendre sa croyance au mythe qui entoure ses scénarios et selon lequel: « Si seulement je pouvais me débarrasser de mon problème, la vie serait merveilleuse. »

Il est difficile de voir nos propres scénarios car nous les habitons, nous sommes « en eux ». Demandez-vous quels sont les courants de votre vie. Qu'est-ce qui vous semble inévitable? Quel est votre « destin »? Pourquoi êtes-vous sur la terre? Que gardez-vous des mythes familiaux sur l'opinion que vous avez de vous-même?

L'ILLUSION — ET CE QU'ELLE COÛTE

La dissimulation nous fait croire que l'univers de nos relations est plus sécuritaire. Ce sentiment de sécurité n'est pourtant qu'illusion. La menace d'annihilation fait partie de notre passé. On ne peut pas revenir en arrière. On ne peut que travailler sur le présent.

L'illusion de la sécurité coûte cher. Le secret sexuel ne peut changer les expériences de l'enfance perçues comme si menaçantes; et rechercher notre sécurité d'enfant grâce à ces secrets, maintenant dans l'âge adulte, présente des conséquences importantes et inattendues.

Ce secret ne nous procure pas un véritable sentiment de pouvoir: c'est un *pseudo-pouvoir*. Vous ne faites qu'abandonner votre besoin d'être accepté comme une personne correcte. En lieu et place, vous essayez de ne pas être attaqué (ni par vous-même, ni par les autres) parce que vous n'êtes pas correcte.

Supposément parce qu'il souffre d'herpès, Maurice a laissé tomber la possibilité d'être accepté comme une personne convenable. Au lieu de cela, il a décidé de ne pas se voir attaqué ou rejeté à cause de son herpès. Il le fait en cachant son état.

Les stratégies qui exploitent ce pseudo-pouvoir reposent souvent sur la dissimulation d'informations: vous ne révélez pas à un partenaire la manière dont vous aimez être stimulé ou ce qui vous fait « décrocher » sexuellement. Une approche plus saine consiste à prendre l'initiative: « J'aimerais que mon orgasme fasse partie de nos priorités sexuelles. Comment pouvons-nous y arriver? »

Le secret semble aussi être utilisé pour créer la distance émotionnelle dans les relations et la contrôler. Toutefois, lorsque vous avez édifié des restrictions à l'intimité, celle-ci n'est pas toujours en mesure de s'épanouir à nouveau. L'intimité découle de la confiance; la volonté de risquer et d'explorer avec une autre personne est fondamentale. Une fois qu'un partenaire a pris le contrôle de ce processus, celui-ci cesse d'être mutuel. L'intimité ne peut plus croître, à moins qu'un changement n'intervienne.

Il peut sembler satisfaisant de masquer ses sentiments par la dissimulation. Mais cela empêche de communiquer efficacement et d'acquérir le pouvoir nécessaire pour remédier à une situation pénible. Tel est le problème provoqué par l'expression camouflée de nos peurs de survie: nous nous sentons mieux à court terme, mais nous nous assurons que, bientôt, nous nous sentirons mal à nouveau. Bien malgré nous, en gardant des secrets sexuels, nous créons les situations que nous redoutons le plus.

Malheureusement, certaines relations découragent l'expression directe des sentiments. Il y a des mariages qui, pour durer, ont besoin d'un partenaire faible ou effrayé. Des croyances comme « Je ne puis me débrouiller seul » aident ces relations à durer. Elles compromettent cependant la croissance des participants.

Dans de tels cas, la rébellion — grâce au secret — est une manière pour le partenaire faible ou soumis à la peur d'exprimer indirectement sa colère ou sa honte. Certains deviennent à ce point étouffés par la survie qu'ils ne sont plus conscients des dégâts causés par une telle conduite.

Finalement, le fait d'utiliser les secrets sexuels pour répondre aux exigences des scénarios de l'enfance coûte très cher. Comme nous l'avons vu, ces scénarios apparaissent quand l'esprit se débat avec une seule obsession: empêcher la douleur chez l'enfant. Ces scénarios ignorent les besoins particuliers auxquels l'adulte doit faire face.

De tels scénarios agissent à la façon d'une tante qui voudrait protéger sa nièce des voyous qui ne sont intéressés qu'à « une seule chose ». Le problème, c'est que la nièce a maintenant trente ans et veut rencontrer un homme. Si elle écoute sa tante, elle ne le fera jamais. Comme pour l'expression indirecte des sentiments, un problème se pose avec la mise en place des scénarios. Bien qu'apportant un répit ponctuel, ils empêchent tôt ou tard d'être heureux.

Votre détermination à démystifier les nombreuses illusions entourant vos secrets sexuels, et ce qu'elles coûtent, s'avère une étape décisive dans l'amélioration de votre vie de couple et de votre satisfaction sexuelle. Quiconque prêt à le faire sera récompensé par une relation plus profonde et plus satisfaisante.

Compte tenu de la peur inconsciente que beaucoup d'entre nous éprouvons envers la sexualité et les relations, le silence semble une voie attirante pour éviter les jugements et les attaques imprévisibles que nous redoutons de nos proches.

C'est ainsi que la dissimulation se vit. C'est une manière d'exprimer indirectement les sentiments qui nous paraissent menaçants, de créer des distances, un pouvoir factice, de satisfaire enfin aux exigences de scénarios psychologiques vieillots et désuets.

En gardant secrets notre réalité et nos besoins, nous entretenons l'illusion que nos relations sont plus sécuritaires. Cela réduit pourtant la somme de confiance et d'engagement essentiels à notre unification. Cela nous porte à développer un univers personnel fermé en nous permettant d'éviter nos propres sentiments d'inconfort.

À première vue, le coût de ces avantages merveilleux peut sembler bien minime. C'est particulièrement vrai si vous les intégrez à votre personnalité et renforcez ainsi vos tendances à être buté, frivole, sarcastique, résigné, etc.

En vérité, le coût des secrets est élevé. En tant qu'êtres humains, nous vivons un véritable dilemme: d'une part, nous avons besoin des autres pour survivre, d'autre part, nous craignons que ce besoin ne nous détruise. C'est donc une vérité difficile à entendre.

Il est difficile de dire à un enfant affamé que la nourriture qu'il vient de trouver est empoisonnée. Peut-être serait-il plus exact d'affirmer qu'il est difficile de faire savoir à un homme convaincu d'être poursuivi, que l'auto dans laquelle il cherche à fuir a un pneu sur le point d'éclater.

ÉPILOGUE: LA DISTANCE ÉROTIQUE

Selon certains sexologues, garder un secret sexuel présente un autre avantage. Ceux-ci parlent du mystère créé, lequel enrichit légitimement une relation sexuelle. Même si c'est là une idée à laquelle je ne crois pas nécessairement, il vaut la peine de s'y attarder.

Les tenants de cette théorie de la « distance érotique », tels les psychologues Jack Morin, Robert Stoller et C. A. Tripp, ont tendance à voir deux phases dans les relations sexuelles. La première, que Dorothy Tennov appelle la « passion folle » ou « l'amour naissant » (en anglais « limerance ») est celle où l'on n'en a jamais assez de l'autre et où l'on vit en état d'excitation perpétuelle. Durant cette phase, rien de spécial n'est requis pour maintenir notre intérêt sexuel.

Toutefois, la « passion folle » finit inévitablement par se dissiper. Quand cela se produit, dit J. Morin: « Certaines personnes savent intuitivement comment maintenir la passion.

Elles se servent de divers procédés pour créer une distance psychologique spéciale, une sorte de barrière érotique à l'intimité sexuelle. » Selon ces théoriciens, le défi de briser de telles barrières permet au sexe de rester toujours excitant.

« Les secrets sexuels, dit encore J. Morin, peuvent être une façon de maintenir cette importante barrière. Ils peuvent aussi contribuer à alimenter nos désirs avec quelque chose de « vilain » ou de défendu, ce qui excite aussi certaines personnes. »

Comme je l'ai dit, je ne me sens pas très à l'aise avec cette théorie. Admettons pour un moment qu'elle soit exacte. Il importe de nous demander si nous pouvons prendre cette charge de dynamite et l'utiliser à des fins bénéfiques. Ou de voir si, plutôt, nous ne sommes pas à sa merci, condamnés à l'exprimer en nous auto-détruisant.

Si les secrets sexuels sont nécessaires pour conserver à la sexualité son caractère excitant, nous devrions essayer de réduire leur impact négatif. Nous pourrions ainsi utiliser les secrets qui:

- n'impliquent pas de ressentiment;
- vous mettent de bonne humeur lorsque vous y songez;
- ne blessent pas votre partenaire lorsqu'ils sont révélés;
- ne mettent pas en jeu le lien de base de votre partenariat;
- ne s'attaquent pas à l'insécurité d'un partenaire.

Des exemples de secrets que vous pouvez cacher à votre partenaire comprennent tout truc spécial dont vous vous servez pour l'exciter, un fantasme favori ou un rituel personnel dont vous vous servez pour vous exciter vous-même.

Les secrets sexuels sont d'une certaine manière semblables aux autres secrets. Toutefois, pour la plupart d'entre nous, la sexualité diffère des autres choses. Nous rencontrons peu de cultures qui l'aient investie, au cours de l'histoire, d'une charge émotionnelle aussi forte.

Ainsi, si la sexualité est une question devant laquelle nous nous sentons coupables et vulnérables, il en résulte beaucoup d'anxiété et de peur. Les secrets sexuels peuvent nous tromper en nous donnant l'illusion qu'ils sont la clé de la survie. Mais pour devenir des adultes libres, nous devons nous débarrasser des peurs de notre enfance une fois pour toutes. Il est heureux que notre sexualité n'aie pas à nous servir de rançon pour parvenir à ce but.

DEUXIÈME PARTIE

LES SECRETS SEXUELS COURANTS

Sexuellement, êtes-vous normal?

Si je devais le deviner, je dirais oui. Et cela, sans savoir si vous avez souvent des relations sexuelles, avec qui vous en avez, si vous faites bien l'amour ou même, ce que vous faites.

Cela vous étonne?

La plupart des gens semblent se demander s'ils sont sexuellement normaux. Bien sûr, nous savons nous évaluer en ce qui concerne nos autres activités. Ainsi, nous observons les autres personnes lorsqu'elles mangent, conduisent leurs autos, achètent des vêtements, donnent des coups de téléphone et élèvent leurs enfants. Nous pouvons nous comparer à ces inconnus et, habituellement, nous décidons que nous sommes corrects ou normaux.

Mais qu'en est-il de la réalité sexuelle? Qui allez-vous observer? À qui pouvez-vous en parler? Il peut même être très frustrant de parler sérieusement de sexualité avec les autres. Il en résulte que nous nous comparons aux images véhiculées par les médias et qui nous proposent des modèles de beauté classique, de confiance en soi, de fonctionnement parfait, de désir infaillible — et tout le temps nécessaire pour en profiter. Bien sûr, nous ne sommes jamais à la hauteur de ces images.

Lors des séances de thérapie, des conférences que je donne et dans mon courrier, les gens me demandent quels sont les paramètres de la normalité sexuelle; je me refuse le plus souvent à en donner. Plutôt que de vous offrir des chiffres et des nombres comme références, je préfère que vous décidiez que vous êtes sexuellement normal en vous basant sur un apaisant sentiment d'acceptation de vous-même. Plusieurs raisons ont motivé la rédaction de ce livre; parmi elles, je tenais à vous offrir de l'information, je souhaitais vous proposer des lignes directrices de conduite et vous inciter à vous accepter vous-même.

Commençons par un simple inventaire illustrant le vaste éventail des comportements sexuels normaux. Non, vous n'êtes pas anormal parce que vous:

- avez une relation sexuelle une fois par jour ou aux trois mois;
- avez un partenaire pour la vie ou une douzaine de partenaires différents chaque année;
- vous masturbez — chaque jour ou pas du tout — peu importe votre statut conjugal;
- pensez à une autre personne qu'à votre partenaire pendant que vous faites l'amour, même si ce quelqu'un vous est complètement interdit;
- n'avez jamais de fantasmes sur les autres;
- contractez une maladie transmise sexuellement;
- préférez les stimulations orales ou manuelles au coït, ou vice-versa;
- aimez faire l'amour dans diverses positions ou dans la même position chaque fois;
- avez honte de votre corps ou en êtes très fier;
- vous sentez excité ou déprimé à cause des changements sexuels qu'apporte l'âge ou ne voyez aucun changement;
- sentez que vos goûts et sentiments sexuels changent au cours d'un mois ou d'une année;
- avez des problèmes d'érection ou d'orgasme;
- trouvez difficile de parler de vos sentiments ou de vos goûts, même avec la personne qui vous est la plus proche;
- avez été victime de viol, d'agression ou avez été molesté enfant;
- vous vous demandez si vous êtes normal.

Peu importe où vous vous situez dans cette liste. Ce qui compte, c'est que vous vous y retrouviez. Nous avons tous nos couleurs, nos saveurs de crème glacée et nos émissions de télévision préférées; ce sont des préférences que nous acceptons et ne remettons pas en question. Il serait bien d'accepter aussi facilement nos goûts sexuels et ceux des autres.

Pourquoi la normalité entre-t-elle ici en jeu? Parce que nos inquiétudes sur notre normalité provoquent et entretiennent largement l'habitude de la dissimulation étudiée dans les prochains chapitres. Il y aurait moins d'angoisse dans le monde d'aujourd'hui si plus de gens s'identifiaient comme sexuellement normaux.

SUR LES ÉTUDES DE CAS PRÉSENTÉES ICI

La thérapie est un outil merveilleux pour aider les gens à se comprendre eux-mêmes et à croître au-delà de leurs limites actuelles. Les clients apprennent à connaître les parties les plus fondamentales de la personnalité humaine. Ils se familiarisent et se sentent davantage à l'aise avec leurs propres émotions, soit la peur, la colère, l'amour, la tristesse, la joie et la culpabilité.

Suivre une thérapie ne signifie pas être assis dans une salle de classe. Au lieu de donner un cours aux gens, les thérapeutes les aident à découvrir le sens de leurs comportements et de leurs relations. De même, au lieu de vous dire simplement ce que des personnes ont appris, je vais vous aider à le découvrir avec eux. Voilà la valeur des études de cas présentées ici.

Le processus peut sembler magique car ces histoires sont relativement courtes. Toutefois, rappelez-vous que chaque cas représente des mois, voire des années de travail ardu. Parfois ce travail est ennuyant, frustrant ou douloureux. Le plus souvent, le succès d'une thérapie s'atteint à force de ténacité et de persévérance. Il en fut de même pour chacune des personnes que vous rencontrerez dans les prochains chapitres.

Chaque individu dont vous lirez ici l'histoire est « normal ». Ces personnes sont toutes entrées en thérapie parce qu'elles voulaient retirer davantage de la vie. L'idée répandue qui veut que la thérapie soit destinée aux gens malades est inexacte et désuète. Les études de cas présentées ici respectent la confidentialité de chacun. Certains détails ont été changés et j'ai parfois associé des cas similaires pour créer des personnages composites.

Ne portez pas de jugement sur les gens décrits dans ces histoires. Aimez-les, comme je vous conseille de vous aimer vous-même. Apprenez de leurs peines et de leurs joies. Après tout, nous sommes tous seuls dans cette même grande aventure.

4 EXCITATION ET RÉACTION SEXUELLES

« L'orgasme: le compromis parfait entre l'amour et la mort. »
Robert Bak

Une fois devenus adultes, la nécessité dans laquelle nous nous trouvons de protéger nos secrets a déjà prélevé son tribut. Nous considérons nos fantasmes comme incestueux, notre curiosité du corps des autres, notre désir joyeux de nous masturber et le reste de notre sexualité comme mauvais et ayant besoin d'être gardés sous contrôle.

En voulant nous protéger de cette « mauvaise » partie, nous la rejetons inconsciemment ou la séparons du reste de notre psyché. Cela va à l'encontre du sentiment d'unité et l'acceptation de soi qui définissent la santé mentale. Même si nous trouvons douloureux d'être dépossédés d'une partie de nous-mêmes, cela nous semble le plus souvent absolument nécessaire. « Si tu ne contrôles pas ta vilaine sexualité, dit votre voix intérieure, c'est elle qui te contrôlera. »

Voilà pourquoi nous sommes quasiment prêt à tout pour nous protéger de cette « mauvaise » partie de nous-mêmes. Nous irons même jusqu'à sacrifier le respect de soi ou exclure l'intimité de notre vie.

Il est impossible de prendre ses distances avec sa « dangereuse » sexualité une fois pour toutes. Nous ne pouvons la reléguer ensuite aux oubliettes: c'est le travail de toute une vie. Vous pouvez réussir à chasser ponctuellement vos pensées et vos sentiments sexuels. Mais ceux-ci chercheront toujours à réintégrer leur place dans votre conscience. Pour une personne convaincue que ses images sexuelles sont mauvaises, une vigilance de tous les instants s'avère nécessaire.

La plupart des gens essaient, entre autres, d'exercer cette discipline en suivant les normes sociales qui définissent un comportement sexuel acceptable. En fait, nous nous chaperonnons mentalement. Des adjectifs comme « poli », « distingué », « respectable » et « normal » décrivent un tel comportement. Toutes les autres formes de relations sexuelles, comme les relations extraconjugales, les relations non orientées vers le coït ou la reproduction sont dénigrées comme étant « sales », bestiales, dénaturées ou honteuses.

Regardons le cas d'un mécanicien de trente-neuf ans qui vint me consulter il y a plusieurs mois. Jacques mettait beaucoup d'énergie à se protéger et protéger sa communauté de la « perversion sexuelle ». Il se comportait comme s'il s'agissait là d'une maladie contagieuse et comme s'il y était particulièrement vulnérable.

Jacques refusait l'éducation sexuelle à l'école parce qu'il croyait que cela incitait les jeunes à avoir des relations sexuelles. Il voulait qu'on mette les homosexuels en prison et qu'on les « soigne » pour qu'ils ne puissent séduire les hétérosexuels. Pour que les gens ne se fassent pas d'idées « erronées » sur la pratique sexuelle, il essaya d'empêcher la location de films pornographiques. De plus, il croyait que seuls les couples mariés devaient avoir accès aux moyens de contraception.

Le désir profond de Jacques de restreindre l'expression sexuelle des autres constituait une déclaration sur lui-même. Il était clair qu'il avait peur du pouvoir de la sexualité, particulièrement de la sienne. Inconsciemment, et pour surmonter sa peur, il avait fait de cette dangereuse sexualité un objet extérieur à lui-même. Et parce que cet « objet » venait du plus profond de lui-même, il en voyait les dangers partout.

Jacques me rappelle une fable indienne que j'aime beaucoup. Un jour, un homme qui haïssait tant la vue de son ombre détermina de s'en débarrasser à tout jamais. Il commença par courir, mais peu importait la vitesse à laquelle il courait, il ne pouvait lui échapper. Alors, il courut de plus en plus vite. Finalement, sa course éperdue l'épuisa tant qu'il tomba raide mort.

Il n'avait pas réalisé qu'il lui aurait suffi de cesser de courir et de s'asseoir sous un arbre pour voir son ombre disparaître.

Le secret de Jacques, c'était qu'il se cachait son grand intérêt envers la sexualité. Plutôt que de prendre conscience de sa peur, la confronter et la surmonter, il s'enticha de théories tordues sur la sexualité et son expression. Il se sentait en sécurité avec des groupes de gens qui pensaient comme lui et dans lesquels chacun déniait aussi sa forte sexualité. Ensemble, ils partaient en croisade pour détruire l'ennemi sexuel omniprésent.

Je n'essayai pas de le faire changer d'opinion. Jacques croyait inconsciemment qu'une part vitale de lui était mauvaise. Je l'aidai à prendre conscience de cela. Car, bien sûr, si aucun changement ne s'opérait, il continuerait à voir le diable rôder partout. Après tout, personne ne peut échapper à son ombre.

COMPORTEMENTS SEXUELS « CONVENABLES »

Une grande diversité règne dans notre société et les goûts individuels varient beaucoup. Pourtant, vous êtes sûrement familier avec la définition que notre culture donne des comportements sexuels convenables:

- Le vagin et le pénis se rencontrent, le couple pratique la position du missionnaire.
- Les relations sexuelles se pratiquent entre deux personnes, un homme et une femme qui s'aiment.
- L'homme fait les avances.

- L'homme obtient une érection ferme et instantanée.
- La femme est « distinguée » (elle ne transpire pas trop, ne fait pas trop de bruit, n'est pas trop excitée).
- La femme lubrifie abondamment.
- Faire l'amour est simple et se passe de toute discussion.
- La femme atteint facilement l'orgasme.
- L'homme obtient son orgasme peu après elle.

Cet idéal fait autant partie de notre héritage culturel (français) que Brigitte Bardot ou... la Comtesse de Ségur. Toutefois, selon les enquêtes, la plupart d'entre nous ne correspondons pas à ce modèle de l'excitation et de la réaction sexuelles « convenables ». Une enquête sur la sexualité publiée dans une édition du magazine *Redbook* de 1975 révélait que 85 % de ses lecteurs et lectrices pratiquaient le cunnilingus et que 43 % avaient déjà eu des pratiques sexuelles anales.

Il est triste de constater que beaucoup de gens se sentent contraints de cacher de l'information sur leurs goûts sexuels. Pourquoi? Ils ont peur d'être rejetés parce qu'ils retirent du plaisir sexuel « de la mauvaise manière ». C'est là un triste rappel de notre enfance. Même devenu adulte, votre partenaire est Papa ou Maman et vous êtes l'enfant. Ainsi, la stratégie de l'enfance semble encore la plus sûre: dans le doute, il est préférable de cacher la vérité.

Malheureusement, nous nous sentons alors coupables, craignons d'être découverts et savons que nous ne sommes pas aimés pour ce que nous sommes vraiment. Aussi professons-nous publiquement notre foi en une sexualité dite normale. Pourtant, toutes les études modernes portant sur les comportements sexuels démontrent qu'en privé, les gens ont des comportements très divers. D'où le vieux dicton: « Ce que j'aime, c'est la variété. Ce que tu aimes est vicieux. Ce que les autres aiment est pervers. »

C'est ainsi que peu de gens s'accordent à dire que les films et les livres érotiques ne devraient pas être bannis; personne ne veut être accusé de favoriser la pornographie. Pourtant, l'art érotique est une industrie d'un milliard de dollars. Quelques milliers de clients déments ne sauraient maintenir son existence. Des dizaines de millions de gens normaux consomment du matériel érotique.

Depuis des années, les marchands de livres pour adultes disent que leurs clients, ce sont vous et moi. Mais, par peur de la punition, personne ne veut l'admettre. La plupart d'entre nous ne sommes pas assez adultes pour accepter de prendre nos décisions et porter nos propres jugements sexuels. Nous nous masturbons toujours dans la salle de bains en nous cachant de Maman.

SECRETS SEXUELS COURANTS

Voyons maintenant quelques secrets sexuels courants sur l'excitation et la réponse sexuelles: sur ce qui nous excite et la façon dont nous réagissons. Ces aspects reliés à notre vie secrète comprennent les goûts, les conditions et les pulsions sexuels, notre corps, les dysfonctions sexuelles et l'indifférence ressentie face à certaines personnes.

Goûts sexuels

Un des secrets le plus répandu a trait aux types de stimulation recherchés par les gens. Dans une culture qui définit si étroitement la « bonne manière de faire », il n'est pas surprenant que tant de goûts sexuels répandus soient considérés comme déviants. Exactement ce qu'il faut — une autre bonne raison — pour nous sentir honteux de notre sexualité.

C'est ainsi que, selon les études de Shere Hite et Lonnie Barbach, plus de la moitié des femmes américaines disent qu'elles préfèrent la stimulation clitoridienne à la stimulation vaginale pour atteindre leur orgasme. Pourtant, beaucoup d'hommes et de femmes, induits en erreur par la psychologie freudienne, les romans d'amour et la sagesse populaire mâle traditionnelle, trouvent ce goût étrange et indésirable.

Quel préjugé culturel exaspérant! Lonnie Barbach fait remarquer dans ses conférences que « Les femmes sont frustrées par cette idée. Les hommes ne le seraient-ils pas si on leur faisait croire qu'ils doivent atteindre l'orgasme par la caresse de leurs testicules? »

Parce que l'acte sexuel ne leur donne habituellement pas assez de stimulation clitoridienne, beaucoup de femmes préfèrent jouir grâce à la stimulation buccale ou manuelle. Certains hommes préfèrent aussi faire l'amour de cette façon parce que cela requiert moins d'énergie, produit des sensations plus intenses. Ils n'éprouvent pas le sentiment de devoir accomplir des «prouesses sexuelles». Pourtant, les hommes et les femmes gardent le secret sur cette préférence et bien d'autres aussi et commencent une thérapie à cause de l'inquiétude qu'ils éprouvent.

C'est exactement ce que fit David. C'était un homme d'âge moyen, et qui aimait le sexe. Tout allait bien pour lui; cependant, il s'inquiétait de préférer la fellation à l'acte sexuel. Son inquiétude le poussa à demander un traitement.

« Qui sait, après tout, je suis peut-être bien homosexuel, me dit-il avec anxiété lors de notre première rencontre. Mais j'espère que non. Je ne voudrais sûrement pas que les gens croient ça. D'ailleurs, comment savoir si une femme ne déteste pas le sexe oral si elle le pratique quand même. Naturellement, David n'avait jamais demandé de sexe oral à une femme et il hésitait à accepter qu'une femme le lui fasse spontanément. Il disait que son secret l'amenait à se sentir comme un fraudeur. Périodiquement, il cessait d'avoir des rendez-vous galants. Pour lui, la sexualité entraînait un conflit intime entre son plaisir, sa frustration et son inquiétude.

Après deux séances de thérapie, il devint clair que David n'avait aucun problème spécial d'intimité. Ce dont il avait le plus besoin, c'était d'être rassuré sur sa normalité. Je pensai que le Rapport Hite pourrait l'aider. « Presque tous les hommes interrogés (7,000) ont dit qu'ils retiraient énormément de plaisir de la fellation », dit ce rapport. Un homme écrivit même: « Une bouche aimante et ardente est plus stimulante et excitante qu'un vagin. »

Je convainquis David de demander à certaines de ses amies ce qu'elles pensaient de la fellation. Trois des quatre femmes à qui il le demanda l'assurèrent qu'elles aimaient ça. Il croit aujourd'hui que son intérêt est « normal », qu'il peut avoir confiance en lui-même et qu'il n'a plus besoin de garder le secret sur son goût sexuel.

En thérapie, les femmes me parlent de ce genre de situation aussi souvent que les hommes. Marie, une secrétaire de trente ans me fut envoyée par son médecin. Elle s'inquiétait parce qu'elle préférait la stimulation clitoridienne à toutes les autres formes d'expression sexuelle.

Marie faisait l'amour surtout pour plaire à son mari Donald. Même si elle aimait être près de lui, elle se sentait souvent frustrée après avoir fait l'amour. Elle encouragea Donald à en « faire plus » mais sentit qu'elle ne pouvait s'ouvrir à lui de son besoin. Sans discussion explicite, ils ne pouvaient se synchroniser.

Ce qui troublait le plus Marie, c'était d'aller à la salle de bains, après avoir fait l'amour, pour se masturber. Parce qu'elle était d'habitude très excitée, il ne lui fallait qu'une minute pour jouir. Mais son plaisir se mêlait à d'autres sentiments: entre autres un sentiment de colère envers son mari parce qu'il ne la satisfaisait pas, de la culpabilité parce qu'elle se masturbait et jouissait sans lui, et la peur qu'il ne le découvre et se sente rejeté.

Après seulement deux séances de thérapie, Marie décida de « tout dire » à Donald. Comme elle me le dit quelques jours plus tard: « Ça a été aussi terrible que je le craignais. Il était insulté et nous nous sommes violemment querellés. »

Dans les semaines qui suivirent, Marie et Donald eurent beaucoup de disputes à propos de leur vie sexuelle. Ils se blâmèrent l'un l'autre, rouvrirent d'anciennes blessures et s'accusèrent mutuellement d'être, l'un et l'autre, inadéquats. « Mais, en fin de compte, je me suis rendu compte que j'en avais assez, me dit-elle un jour. J'ai fait notre examen de conscience. J'ai demandé à Donald: « Ne suis-je pas toujours la même femme aimante qu'auparavant? J'ai un besoin sexuel et je ne vais pas m'en excuser ». »

C'est alors que Marie et Donald commencèrent à suivre un counseling conjugal. Il était clair que, plus qu'un problème sexuel, ils avaient un problème de pouvoir. L'honnêteté de Marie l'avait révélé au grand jour et ils ne pouvaient plus revenir en arrière. Elle et Donald traversent toujours des périodes difficiles mais la nature de leur conflit a changé. Ils ont plus de respect l'un pour l'autre et cherchent à établir une relation plus honnête. S'ils peuvent l'atteindre, ils seront plus proches l'un de l'autre que jamais.

Conditions

Comme l'écrit Bernie Zilbergeld dans son magnifique livre *Male Sexuality*, chacun de nous a besoin de conditions uniques et spécifiques pour vivre une sexualité satisfaisante. Malgré ce que nous apprenons dans les romans d'amour et les films de James Bond, il ne suffit pas simplement d'avoir un partenaire consentant. Pourtant, beaucoup de gens croient qu'en ce qui concerne le désir sexuel et la satisfaction, ils devraient être semblables à ces caissiers de banque automatisés, qui sont disponibles et capables d'opérer vingt-quatre heures sur vingt-quatre.

Dans la vraie vie, les personnes ont une gamme illimitée d'exigences pour vivre des relations sexuelles agréables. Quelques exemples? Le besoin d'être en privé, la jeunesse du partenaire, le sentiment d'enfreindre les règles et la disponibilité de moyens de contraception sûrs.

« Une condition, selon Zilbergeld, c'est tout ce qui vous rend plus détendu, confortable, confiant et ouvert à votre expérience sexuelle. » C'est ce qui vous aide à « débarrasser votre système nerveux de tout désordre inutile, en le préparant à recevoir et transmettre des messages sexuels » de manière satisfaisante. « Quand le sexe ne va pas comme nous le voulons, nous sommes trop rapidement prêts à croire que c'est avec nous, plutôt qu'avec la situation, que ça ne va pas. »

Croyant que nous ne devrions pas poser de conditions, nous cachons celles-ci. Les conditions sont un autre aspect de la sexualité que beaucoup de gens gardent secret. Certaines conditions impliquent l'absence d'« éteignoirs » sexuels particuliers.

Par exemple, citons le fait d'être taquiné sur le poids ou la forme du corps, le sentiment d'être bousculé, la technique trop mécanique d'un partenaire. J'admets qu'une de mes propres conditions, c'est l'absence de toute musique « country ».

Quand nos conditions ne sont pas respectées, l'activité sexuelle peut devenir angoissante, ennuyante, frustrante voire même désagréable. Comment se fait-il alors que nous acceptions de faire l'amour en faisant fi de nos conditions? Le plus souvent, nous ne croyons pas que les autres accepteront ces conditions puisque nous ne les acceptons pas nous-mêmes. Ce problème me fait penser à Simon, un propriétaire de boutique que je traitai il y a quelques années.

« Je suis amoureux fou de cette nouvelle fille, me dit-il. Elle est très jolie et m'aime. Alors pourquoi, me demanda-t-il, est-ce que je perds tout intérêt pendant que nous faisons l'amour? »

Je lui demandai s'ils avaient d'autres problèmes à part celui-ci. « Elle aime boire, me répondit-il. En fait, elle veut que je boive aussi. Elle dit que cela la fait se sentir sexy. » Qu'en pensait-il? « Oh! je n'aime pas ça, mais j'imagine que ça va. » C'est le genre de réponse qui allume une petite lumière rouge dans l'esprit d'un thérapeute; je décidai d'en rester là pour l'instant.

La semaine suivante, Simon était de retour. « Nous avons encore fait l'amour, dit-il aussitôt qu'il fut assis. Et, en faisant l'amour, la même maudite affaire est arrivée. Mais qu'est-ce qui ne va pas? »

Je demandai à Simon de fermer les yeux et de visualiser la situation. Qu'est-ce qu'il entendait, sentait, ressentait et goûtait?

« La peau de Gloria, dit-il en souriant. Elle est si douce. Et la musique. Nous aimons tous les deux la contrebasse. Maintenant elle me chuchote quelque chose à l'oreille. » Je vis son nez se plisser. « Quelque chose qui ne va pas? », demandai-je. « Non », dit-il rapidement. Mais sa voix le trahissait. « Qu'est-ce qu'il y a? », demandai-je de nouveau.

« L'alcool, dit-il avec un peu de colère dans la voix. Pourquoi doit-elle tout gâcher avec l'alcool? » Il était évident que Simon avait en horreur l'odeur d'alcool dans l'haleine de Gloria. Il me dit qu'il le lui avait mentionné une ou deux fois; n'ayant obtenu aucune réponse il avait laissé tomber la question.

Durant la séance, Simon découvrit qu'il détestait l'odeur d'alcool de Gloria en partie parce que cela lui rappelait son enfance, alors que son grand-père alcoolique et gâteux s'occupait de lui. Toutefois, plutôt que de confronter Gloria, Simon décida de passer par-dessus son malaise.

« C'est à moi de changer, dit-il stoïquement. C'est stupide de s'en faire pour si peu.. D'ailleurs, ajouta-t-il calmement, qu'arrivera-t-il si elle refuse de changer? »

Tel était là, bien sûr, l'objet de son secret et ce à quoi notre thérapie s'attacha.

Simon choisit de rester sur le très difficile sentier du déni et, de ce fait, continua à se cacher une de ses conditions personnelles les plus importantes. Son ressentiment se manifestait de lui-même, indirectement, à travers sa libido chancelante. Je crois qu'il connaîtra bientôt des problèmes plus graves.

L'inquiétude qu'on éprouve sur la nature raisonnable d'une condition n'est qu'une autre version du plus courant des soucis sexuels qui consiste à s'interroger sur sa normalité. Je crois que les conditions les plus simples, celles qui n'impliquent ni contrainte ni douleur sont à la fois normales et inoffensives.

Pulsions sexuelles

Beaucoup de gens cachent la nature véritable de leurs pulsions sexuelles parce qu'ils se croient anormaux. Selon Shere Hite: « La plupart des hommes (interrogés) éprouvent beaucoup d'anxiété sur le nombre de leurs rapports sexuels. » En fait, « Beaucoup d'hommes sont presque sûrs qu'ils devraient le faire plus souvent qu'ils ne le font. »

Parce que, supposément, les hommes sont censés vouloir plus de sexe que les femmes, ils cachent fréquemment ce qu'ils considèrent comme un manque de désir. Ils iront même jusqu'à prendre l'initiative d'une relation alors qu'ils ne la désirent pas vraiment. Au lieu de simplement refuser poliment, ils provoqueront une querelle, prétexteront une grande fatigue, commenceront à lire ou à regarder la télévision ou attendront que leur partenaire soit endormie avant d'aller se coucher. Éventuellement, comme solution inconsciente à cette situation, ces hommes se trouvent souvent un second emploi, de nouvelles responsabilités civiques ou un nouveau passe-temps.

De l'autre côté, les femmes cachent le plus souvent un surcroît de désir. Elles suivront une thérapie pour que leur problème se « règle », se masturberont dans l'espoir de réduire leur intérêt sexuel ou passeront leur temps à essayer de nouveaux parfums et vêtements pour exciter leur partenaire. Comme la vie de ces femmes serait différente si elles admettaient simplement la vérité sur leurs pulsions sexuelles et s'employaient à trouver un compromis raisonnable avec leur partenaire!

Le sujet me rappelle un incident qui m'est arrivé il y a quelques années à Los Angeles. J'avais été invité à parler à une ligne ouverte de radio et un auditeur me demanda de définir ce qu'était une « nymphomane ». « Les étiquettes sont arbitraires et relatives, répondis-je. Bien des gens pensent que toute femme qui désire faire l'amour plus d'une fois d'affilée avec son partenaire est nymphomane. »

Le plus souvent, les gens cachent ou répriment leurs pulsions sexuelles véritables de peur d'être rejetés; pourtant il existe d'autres raisons pour lesquelles ils gardent le silence. Vous faites peut-être partie de ces personnes qui, convaincues que leur sexualité est mauvaise, ont peur d'être contrôlées par elle en s'y « abandonnant », et qui, brûlantes sans cesse de désir, voudront faire l'amour tout le temps. Une femme qu'un travailleur social m'envoya récemment répond parfaitement à cette description.

Rachel était une petite femme aux yeux bleus immenses et dont le désir sexuel était extrêmement réduit. « J'aime mon mari, dit-elle, mais je ne veux pas tant de relations sexuelles que ça avec lui. » Le problème avait commencé un an plus tôt, après de longues vacances où ils avaient fait l'amour chaque jour. Mais comment l'intense plaisir qu'avait alors connu Rachel en était-il venu à la refroidir autant?

Nous en vînmes à parler de son adolescence. « Mes parents travaillaient constamment et ne me consacraient que fort peu de temps, se souvint-elle. Ils se souciaient à peine de mes travaux scolaires, de mes amis ou de quoi que ce soit. À l'âge de quinze ans, j'allai « jusqu'au bout » avec un étudiant avec lequel je sortais. Le regard extatique qui illumina son visage quand il jouit m'excita. Quand il me dit qu'il m'aimait, je fondis en entendant cela. »

« Cette année-là, poursuivit-elle, je couchai avec la plupart de ses amis. Je devins accrochée à cette espèce de drogue qui consiste à rendre les hommes fous de désir et je me fis toute une réputation. À vingt ans, je me sentais vieille. Je commençai à me rendre compte que ces garçons se moquaient de moi, qu'ils s'étaient seulement servis de moi. J'imagine, qu'à ma façon, je m'étais aussi servie d'eux. Un an plus tard, je rencontrai Louis, le premier garçon décent que j'aie jamais connu. Je l'épousai le plus vite possible, puis nous changeâmes de ville. »

Inconsciemment, Rachel croyait que cette période d'intense activité sexuelle, période qui s'était étalée sur cinq ans, correspondait à sa nature véritable. Depuis, elle avait vécu toutes ces années en craignant que la « folie » de son intérêt sexuel incontrôlé ne revienne, la reprenne et ruine sa vie. Se sentant en sécurité à l'intérieur de son mariage, elle en était arrivée lentement à établir un rythme sexuel satisfaisant avec Louis — jusqu'à ce qu'arrivent ces dernières vacances.

Je demandai à Rachel si Louis était au courant de cette période « folle » de sa vie. « En partie, répondit-elle calmement, mais pas beaucoup. » Elle craignait qu'il ne soit perturbé si elle lui révélait cette étape de sa vie. « Je n'aime pas penser à cela. Y penser, c'est comme vouloir que ça recommence », dit-elle.

Tel était donc son secret: elle avait « mal agi » et craignait que son mari ne la juge mal, puis ne la quitte. La fréquence de leurs rapports sexuels vacanciers avaient réveillé ses anciennes peurs de perdre le contrôle. Sa perte de désir subséquente était pour elle une manière inconsciente de surmonter ses peurs.

J'encourageai doucement Rachel à accepter la façon dont elle s'était sortie d'une enfance difficile. Je lui dis que lorsqu'ils manquent d'attention de la part de leurs parents, certains adolescents connaissent des problèmes d'alcool, volent ou ratent leurs études. La sexualité avait représenté pour elle une solution naïve, si ce n'est qu'accidentelle, à son problème.

Quand Rachel commença à accepter qu'elle n'était pas « mauvaise », pour autant, elle eut moins peur que Louis ne la juge. Plus important encore, elle eut moins peur de perdre le contrôle de sa sexualité. De manière à partager ses peurs avec lui, elle décida de demander à Louis de venir me consulter avec elle. Cela se passait il y a trois mois. Aujourd'hui, Rachel vit sa sexualité comme une expérience intime excitante et riche.

Mon corps

D'une certaine manière, les particularités physiques de notre corps constituent le secret sexuel le plus universellement gardé. C'est ainsi que nous tous — mais les femmes surtout — connaissons des moments où nous voulons cacher notre corps. Pourtant, peu de gens sont capables de parler de cela avec les autres et de le dépasser. Une grande partie du problème provient de l'obsession de la beauté véhiculée par notre culture moderne. La plupart d'entre nous passons plus de temps à améliorer l'apparence de notre corps qu'à nous maintenir en bonne santé. Il n'est alors pas surprenant que certains Américains en arrivent à connaître des problèmes comme l'anorexie ou la boulimie. Le fait d'entretenir une image dénaturée de soi peut même amener certaines personnes à se laisser mourir de faim.

Comme on peut le prévoir, les Américains raffolent aussi de la chirurgie plastique. Pour restaurer et améliorer la beauté, cette industrie d'un milliard de dollars nous offre diverses opérations courantes, comme le grossissement des seins, opérations qui sont souvent désastreuses, voire même débilitantes.

La honte que vous éprouvez envers votre corps est probablement plus aiguë avant ou durant des rencontres sexuelles. Vous pouvez vous sentir embarrassé parce que vous avez des cicatrices, trop ou pas assez de cheveux ou de poils ou parce que vous croyez avoir des parties génitales laides. Une bonne moitié des lettres que je reçois à ma chronique de *Men's Guide to Fashion* expriment de l'inquiétude sur la grosseur et la forme du pénis des lecteurs. D'après ce que disent la plupart des femmes, on pourrait croire qu'il n'y a que deux grosseurs de seins: les trop gros et les trop petits.

Selon une enquête du magazine *Redbook* de 1987, « Le facteur le plus responsable des inhibitions éprouvées aujourd'hui par les femmes... c'est l'insécurité qu'elles éprouvent envers leur apparence physique. 41 % (des 26,000 femmes interrogées) disent que ces sentiments les empêchent d'exprimer librement leur sexualité. »

Le secret sexuel provenant de la honte du corps épuise votre énergie et votre créativité. Les gens qui gardent de tels secrets désirent souvent faire l'amour dans le noir ou refusent de faire l'amour dans des positions qu'ils considèrent désavantageuses pour eux. Quelquefois, ils interdisent certains types d'attouchements qui pourraient trahir leur secret.

Ce secret peut se rapporter à peu près à n'importe quoi: une cicatrice, des seins menus, un dos poilu, des mamelons invertis, de petits testicules. Notre tendance à nous sentir honteux face aux variations de nos particularités physiques est très impressionnante et aussi... très malheureuse.

Diane représente bien le type de personne éprouvant ce genre de honte. C'est une femme intelligente, mais qui souffrait d'un excès de poids de quinze kilos. Elle vint me consulter parce qu'elle avait de la difficulté à atteindre l'orgasme avec un partenaire. Quand je lui demandai de me décrire une de ses rencontres sexuelles typiques, voici ce qu'elle me dit: « D'abord, même si c'est là ma position préférée, jamais je ne me place pardessus mon partenaire. Je veux que personne ne voit que mes seins pendent. D'autres positions sont aussi hors de question, comme de faire l'amour par en arrière, parce que j'ai un gros postérieur et que je sais que cela refroidirait mon partenaire. »

« Une fois que j'ai décidé de faire l'amour avec quelqu'un, je suggère qu'on aille chez moi. Je garde beaucoup de chandelles allumées près du lit, de manière à ce que la lumière soit douce et m'avantage. J'empêche les hommes de toucher mon ventre ou mes cuisses. *Moi*, je les aime mais ils sont, vous savez, mous et pendants. Ça me gêne trop. »

Je me sens bien la plupart du temps poursuivit-elle, mais parfois je me sens déclassée. J'en veux aux hommes d'avoir autant de préjugés, puis je m'en veux d'être si préoccupée de ça. Et puis, c'est très frustrant d'être excitée et de ne pas pouvoir jouir. Parfois, j'ai peur que cela aussi ne refroidisse les hommes. Quand je sens que trop, c'est trop, je cesse de sortir pendant un mois ou deux. Puis, j'oublie mes sentiments de malaise et je replonge. »

Même si Diane aime le sexe, elle doit, quand elle fait l'amour, passer beaucoup de temps à surveiller son corps pour que celui-ci reste séduisant. Elle doit consacrer son attention à retirer du plaisir sexuel tout en cachant son corps. Le conflit qui existe entre ces activités l'empêche d'atteindre l'orgasme; de plus, interdisant certains attouchements à ses partenaires, elle se prive de stimulations qui lui seraient nécessaires. Il ne faut pas s'étonner qu'elle ne puisse jouir avec un partenaire.

La colère qu'éprouve Diane parce qu'elle se sent seule et diminuée constitue un autre obstacle à sa satisfaction. C'est compréhensible: Diane sent qu'elle n'a aucun contrôle sur la situation. En lui dictant son comportement, son secret sexuel l'a rendue impuissante.

Il nous arrive parfois, entre thérapeutes, de blaguer sur des cas plus graves que celui-ci. C'est ainsi qu'un de mes collègues avait l'habitude de dire qu'il connaissait un couple qui ne faisait l'amour que durant les éclipses totales de soleil. Pourquoi? Parce qu'ils avaient décidé de ne se déshabiller que lorsqu'il ferait noir partout dans le monde.

Voici d'autres secrets courants concernant les particularités physiques de notre corps:

- Je suis stérile (je sais que tu veux des enfants alors je ne vais pas te le révéler tout de suite).

- Je souffre d'herpès ou d'une autre MTS (la maladie est sous contrôle mais j'ai peur que tu me rejettes si je te dis que j'ai ce problème).

- Je suis une femme qui jouit facilement et/ou qui a de nombreux orgasmes successifs (mais j'ai peur que tu ne sois intimidé ou que tu me juges si tu le sais).

- J'ai peur de faire l'amour sans prendre d'abord quelques verres d'alcool.

Dysfonctions sexuelles

Selon les sexologues précurseurs Masters et Johnson, environ quarante millions d'Américains sont sexuellement insatisfaits. Idéalement, on devrait pouvoir discuter librement d'un problème aussi répandu; mais dans notre société puritaine, il n'en est rien. Tout au contraire, le fait d'avoir un problème ou un souci sexuel constitue un secret sexuel des plus courants.

Dans une époque dominée par les médias, la dysfonction sexuelle véhicule avec elle une sorte de tare morale, tout comme le firent autrefois l'alcoolisme et le divorce (c'est encore le cas dans certains endroits). C'est pourquoi, souvent, les gens choisissent de cacher un problème sexuel à leur partenaire, aux professionnels qui pourraient les aider et même, en le rejetant, le rationalisant ou le projetant sur les autres, à eux-mêmes.

William, un chauffeur d'autobus de quarante-quatre ans, vivait un tel dilemme. « Il y a un an environ, pour la première fois de ma vie, j'ai perdu mon érection au beau milieu de l'acte sexuel. Sur le moment, ça ne m'a pas trop inquiété; quand la même chose s'est produite la nuit suivante, alors je suis devenu nerveux », me dit-il.

« À cette époque, deux de mes principales amies de cœur quittaient la ville parce qu'elles s'étaient trouvé de meilleurs emplois ailleurs et je recommençai bientôt à sortir dans les bars. Durant les premières semaines, je rencontrai deux ou trois femmes nouvelles et tout alla bien. Mais je souffris d'impuissance encore une ou deux fois et j'en eus assez. J'ai alors décidé de ne plus faire l'amour tant que ce problème ne serait pas réglé. »

Je me demandai alors si le départ de ses amies n'avait pas quelque chose à voir avec le problème d'érection originel de William, mais je ne dis rien. Je voulais entendre l'histoire de la bouche de William, sans l'interrompre.

William s'agita un peu, puis poursuivit. « Je devins très doué pour inventer toutes sortes d'excuses — je devais aller chercher mon fils tôt le lendemain, j'avais trop bu, j'étais trop préoccupé, j'étais trop bouleversé par le film que je venais de voir. Je me sentais seul, mais cela valait mieux que d'admettre que j'avais un problème sexuel. J'ai consulté quelques médecins, conclut-il, mais ils ne peuvent rien pour moi, semble-t-il. Actuellement, je suis pas mal découragé. Et bien sûr, je sens bien que je ne peux pas retenir une femme indéfiniment sans avoir de relation sexuelle avec elle. »

Le cas de William me rappelle une histoire basée sur la différence qui existe entre l'anxiété et la panique. L'anxiété, c'est ce que vous éprouvez la première fois que vous ne pouvez avoir deux érections de suite. La panique, c'est ce qui s'empare de vous la deuxième fois que vous ne pouvez même pas avoir une seule érection. William était passé de l'anxiété à la panique en quelques jours seulement.

Comme la plupart d'entre nous, William pouvait se passer d'avoir des activités sexuelles pendant un certain laps de temps. Ce qui le privait le plus, c'était le manque d'attention et d'affection. William se sentait aussi mal à l'aise de tromper les femmes qu'il rencontrait.

Cette culpabilité et la surveillance incessante qu'il exerçait afin d'éviter les situations potentiellement « dangereuses » l'empêchaient d'entrer en contact affectif avec les femmes. Paradoxalement, ses sentiments l'empêchaient de réaliser que des femmes l'auraient accepté tel qu'il était. En partageant son secret, William aurait pris un risque calculé, mais par ailleurs, il aurait pu trouver la « nourriture » amoureuse qui lui faisait tant défaut.

Jugements et critiques

Il est surprenant de découvrir qu'un grand nombre de personnes critiquent fortement la manière dont leurs partenaires font l'amour. En voici quelques exemples:

- « Tu ne m'excites pas vraiment. »
- « Tu ne vaux pas grand chose au lit. »
- « Je n'aime pas ce que nous faisons ensemble. »

D'une certaine manière, des critiques inexprimées comme celles-ci constituent les secrets sexuels ultimes. Étant donné qu'il met en cause la perception qu'a votre partenaire de lui-même, le partage d'un tel secret peut vraiment remettre en question une relation.

Et pourtant, il est courant que les gens gardent pour eux leurs jugements sexuels. Shere Hite écrit que beaucoup d'hommes aimeraient que leurs partenaires leur fasse l'amour oral différemment, bien qu'ils n'en disent rien. Des dizaines d'écrivains, dont Anaïs Nin, témoignent de la répugnance qu'éprouvent les femmes à parler de la manière dont leurs partenaires font l'amour.

Peut-être gardez-vous votre secret parce que:

- Vous n'êtes pas censé savoir ce qu'est une bonne relation sexuelle.
- Vous ne voulez pas troubler votre partenaire.
- Vous n'êtes pas certain que vous méritez des activités sexuelles satisfaisantes.
- Vous ne voulez pas vous disputer.

- Vous n'êtes pas conscient que faire l'amour peut être vraiment satisfaisant ou agréable.

- Cela vous permet de vous accrocher au fantasme que, dans le futur, les choses vont changer.

L'histoire suivante présente le cas d'une femme qui s'appuyait sur plusieurs de ces raisons pour garder son secret.

Line et Claude formaient un couple agréable et aisé dans la trentaine avancée et, de toute évidence, s'aimaient beaucoup. Ils semblaient « avoir tout pour être heureux », de l'argent, des carrières, un bel enfant. Mais il semblait qu'ils n'avaient jamais assez de temps pour faire l'amour. Lui occupait un important poste de cadre dans une grosse compagnie et supervisait les travaux de la bonne et du jardinier. Elle était avocate, élevait leur enfant et faisait aussi partie d'un orchestre local.

De façon intéressante, tous deux s'étaient entendus pour considérer Claude comme l'expert sexuel du couple. « Il a beaucoup d'expérience », me dit Line. De toute évidence, Claude aimait bien le respect attaché à son statut d'expert.

Toutefois, en privé, Line me raconta des détails intéressants. Elle n'était pas vraiment satisfaite de la manière dont Claude faisait l'amour. « Mais je ne peux pas le critiquer, expliqua-t-elle. Il connaît la vie sexuelle beaucoup plus que moi. Il me reste encore bien des choses à apprendre. Je finirai bien par en savoir autant que lui. »

Je lui demandai d'imaginer une rencontre sexuelle idéale avec un inconnu: de visualiser le déroulement des événements, ce qu'ils faisaient ensemble, ce qu'elle ressentait. La scène qu'elle me décrivit était fort différente de ce qu'elle vivait avec Claude. Quand je le lui fis remarquer, Line devint songeuse. Alors, elle comprit. « Ce n'est donc pas à moi de m'ajuster à son « savoir »!, s'exclama-t-elle. C'est à lui de faire ce que j'aime! »

Bien sûr, cela signifiait qu'il lui faudrait expliquer qu'elle était insatisfaite et désirait des changements dans leur vie. Cela voulait aussi dire que Claude cesserait d'être l'expert sexuel du couple et qu'elle serait désormais considérée comme tout aussi experte. Il est facile de comprendre que Line hésitait. Cela signifiait que l'équilibre du pouvoir serait définitivement transformé et que cela rejaillirait dans tous les autres aspects de leur mariage. Elle décida pourtant de dire la vérité de manière à retirer davantage de plaisir de ses relations sexuelles et pour se rapprocher de Claude. Ce ne fut pas facile mais cela réussit.

Une étude publiée dans une édition de *Redbook* de 1975 a établi un lien frappant: plus une femme discute de ses sentiments sexuels avec son mari, plus il y a possibilité qu'elle dise que sa vie sexuelle est «bonne» ou «très bonne».

Comme Line me le disait récemment: «Personne ne *choisit* de vous frustrer au lit. Il n'est pas certain qu'une personne change si vous parlez avec elle de vos besoins véritables; mais il est sûr qu'elle ne changera jamais si vous ne dites rien.»

Line comprend assez bien cette dynamique. Toutefois, elle hésite toujours à passer à l'action. Et c'est probablement ce que la plupart d'entre nous ressentons face aux secrets décrits dans ce chapitre. Après tout, plus nous nous identifions à l'un de nos secrets, plus nous hésitons à le révéler. Et il est difficile d'imaginer une chose qui soit plus individuelle, plus «nous-même», que nos dynamiques d'excitation et de réaction sexuelles.

Nous étudierons dans le prochain chapitre un autre ensemble de secrets sexuels: ceux qui ont trait à nos sentiments et à nos fantasmes.

5 SENTIMENTS ET FANTASMES SEXUELS

« *L'esprit conscient se laisse dresser comme un perroquet,
l'esprit inconscient non — c'est pourquoi Saint Augustin
remerciait Dieu de n'être pas responsable de ses rêves.* »

Carl Jung

« *Je suis convaincu qu'aucun enfant, aucun en tout cas qui est
mentalement sain, ne peut éviter d'être préoccupé par des
problèmes sexuels dans les années qui précèdent sa puberté.* »

Sigmund Freud

Un de mes professeurs préférés disait un jour: « Quiconque n'a
ni sentiments ni fantasmes peut sans risque être déclaré mort. »
Il est sûr que nous, les humains, avons tout le temps un fort
débit d'images dans nos têtes.

Les gens ont des sentiments et des fantasmes sexuels pour
plusieurs raisons. Dans notre contexte social, une semaine typique
nous offre beaucoup de stimulation sexuelle par le biais des films
et de la télévision, de la publicité, des romans d'amour et des
modes vestimentaires suggestives. Hommes et femmes se rencontrent dans la plupart des lieux de travail, de résidence et de loisir
qui offrent très souvent des possibilités de proximité physique.

Les anxiétés sexuelles sont courantes surtout à cause de la croyance culturelle qui laisse croire que seules certaines manières de penser, de se sentir et de se comporter sexuellement sont convenables. Bien sûr, cette croyance sous-entend qu'il existe parallèlement des manières incorrectes et inadéquates de le faire. Les médias ont tendance à insinuer que toute personne sexuellement frustrée fait ou ressent quelque chose de mal.

En fait, les médias nourrissent consciemment le sentiment d'insuffisance personnelle chez les consommateurs. Ils peuvent alors vendre des espaces publicitaires à ceux dont les produits offrent des panacées à ce sentiment d'insuffisance. Que le produit soit l'alcool, l'automobile, la cigarette, les sous-vêtements ou les appareils ménagers, la promesse est la même: servez-vous de ce produit et votre anxiété disparaîtra. Le sociologue C. Wright Mills observa cette dynamique il y a vingt-cinq ans; cela est aujourd'hui plus vrai que jamais.

Trois incompréhensions courantes sur les fantasmes et les sentiments contribuent à notre désir de dissimuler. La première veut que nous soyons tous responsables de nos sentiments et fantasmes; ce qui revient à dire que, si nous avons assez de volonté ou sommes émotionnellement sains ou versés dans la spiritualité, nous ne générerons pas d'images mentales inhabituelles ou troublantes.

Cela n'est tout simplement pas vrai. Comme l'écrit l'éducateur Sol Gordon dans son livre *The New You*: « Peu importe leurs débordements, les pensées et les rêves sexuels nocturnes ou éveillés sont normaux. Les comportements peuvent être fautifs, les idées, non. L'énergie qui assure la répétition des pensées inacceptables, c'est la culpabilité. La meilleure façon de garder les pensées inacceptables sous contrôle, c'est de les accepter comme normales. »

Le docteur Gordon en donne un bon exemple: un garçon de quinze ans aperçoit par hasard sa sœur en train de prendre une douche. Momentanément excité, il se sent « mauvais » et coupable d'aimer ça. Par réaction, il devient hostile à sa sœur. Étant donné que l'image de sa sœur nue continue de le hanter, il devient de plus en plus déprimé. S'il avait compris que son exci- tation était normale, il aurait laissé cette image disparaître d'elle- même et l'importance de l'incident se serait effacée peu à peu.

Selon le concept qui veut que nous soyons « responsables » de tout, les fantasmes reflètent le fossé existant entre ce que nous sommes et ce que nous devrions être. Mais pourquoi faut- il forcer les gens à vivre selon une règle aussi injuste et aussi peu naturelle? La conviction que nos fantasmes révèlent ce que nous désirons, ce que nous croyons mériter ou ce que nous consi- dérons être « correct » constitue une erreur morale grave. Celle- ci vient nous empêcher d'accéder à cette étape décisive de notre évolution, étape qui consiste à prendre la responsabilité de ce que nous pouvons contrôler, c'est-à-dire nos comportements.

Il existe une seconde incompréhension courante en rapport avec nos sentiments et nos fantasmes: nous croyons qu'ils devraient toujours être pris exactement pour ce qu'ils sont.

Il arrive parfois que nos fantasmes correspondent vraiment à la réalité. Quand, en nous masturbant, nous évoquons l'image d'un être exotique inconnu, ce que nous avons le plus souvent à l'esprit, c'est le pur plaisir sexuel. Pourquoi alors avons-nous délibérément des fantasmes? Tout simplement parce que cela est agréable.

Toutefois, les fantasmes et les sentiments peuvent aussi se présenter sous un autre jour.

Il vous est sûrement déjà arrivé d'être agressif envers des membres de votre famille ou envers vos amis quand vous êtes soucieux à cause de votre travail. De même avez-vous déjà probablement crié une ou deux fois après un collègue de travail parce que vous aviez été excédé par une circulation automobile trop lente. Ce sont là des façons détournées d'exprimer vos sentiments, c'est-à-dire d'exprimer un sentiment différent de celui que vous éprouvez vraiment.

La même chose vaut pour les fantasmes. Au lieu de nous attacher à leur contenu, nous pouvons souvent mieux les comprendre en regardant de plus près leur thème ou leur ton.

Et cela parce que, comme le dit Freud, pour l'inconscient (comme cela s'exprime dans les rêves et les lapsus), « la logique est sans importance... dans l'inconscient, des besoins ou des idées contradictoires existent côte à côte. » Nos réflexions adultes sur la vérité littérale d'une chose ne peuvent s'appliquer à l'inconscient. Celui-ci n'a pour but que l'expression de l'énergie émotionnelle.

Voyez les exemples suivants de fantasmes sexuels « troublants ». Si vous les réalisiez, nul doute que vous auriez des problèmes ou que les autres vous jugeraient mal. Toutefois, en tant que fantasmes, leurs thèmes expriment des sentiments compréhensibles et « normaux » que nous avons tous en commun. Voyez si vous êtes d'accord avec les interprétations que je donne de ces fantasmes:

- *Fantasme* : une homme d'âge mûr s'imagine en train de faire l'amour avec les étudiantes qui garent leurs autos près de la sienne tandis qu'il attend le feu vert.

  Signification : cet homme aimerait être de nouveau libre et jeune.

- *Fantasme* : un étudiant hétérosexuel s'imagine participer à une orgie homosexuelle avec ses copains de l'équipe de basketball.

  Signification : cet étudiant aimerait faire partie d'un groupe spécial, comme une famille (un désir qui peut souvent exprimer le besoin de se rapprocher de son père).

- *Fantasme* : une femme accroît son excitation et son plaisir de faire l'amour en imaginant qu'elle se fait violer.

  Signification : après avoir passé la semaine à se sentir sans pouvoir au travail et à la maison, elle prend le contrôle en exerçant mentalement un pouvoir intense et agressif.

- *Fantasme* : une mère dévouée imagine qu'elle séduit chacun des trois ouvriers qui travaillent sur le toit.

  Signification : elle se demande si elle est toujours séduisante et sexy.

- *Fantasme* : un cadre important d'une compagnie se masturbe en s'imaginant être attaché par une femme à l'air cruel et toute vêtue de cuir.

  Signification : cet homme aimerait ne plus être en position de force ou ne plus avoir de trop lourdes responsabilités.

- *Fantasme* : une femme lit de façon compulsive des romans roses et s'en imagine l'héroïne obligée de se soumettre à faire l'amour avec un étranger sombre et cruel.

  Signification : elle aimerait qu'un homme l'estime tant que pour la séduire, il irait jusqu'à se déshonorer.

Au bout du compte, la plupart des fantasmes expriment, ou des processus inconscients, ou le désir de satisfaire des besoins émotionnels profonds. C'est pourquoi nous ne pouvons, ni les évaluer rationnellement, ni nous fier à leur contenu. C'est aussi la raison pour laquelle ils nous donnent un soulagement émotionnel aussi valable. De ce fait, nous ne devrions pas les soumettre aux mêmes règles de conduite que celles régissant nos comportements.

Mais ne vous y trompez pas: vous et moi sommes inconscients de tels thèmes quand nous créons nos fantasmes. La seule chose dont nous sommes conscients quand nous générons ces images, c'est qu'elles accroissent notre satisfaction sexuelle.

La troisième incompréhension sur les sentiments et fantasmes sexuels a trait au caractère de péché de ces supposées « mauvaises pensées ». En thérapie, les gens expriment souvent leur peur des « mauvaises pensées » en se décrivant eux-mêmes comme vulnérables ou impuissants à agir. De tels sentiments peuvent être un rappel terrible de notre adolescence, alors que des pensées sexuelles nouvelles et non désirées ont commencé à envahir notre esprit sans avertissement.

Voici comment Julie, une mère de famille de trois enfants, décrit son expérience actuelle: « Quelquefois, je me sens comme si quelqu'un avait pris le contrôle de mon esprit. Je vois un homme au supermarché, vais droit à lui et lui demande de jouer avec son pénis. »

« Bien sûr, je ne le fais pas, ajoute-t-elle aussitôt, mais que cette image me vienne à l'esprit me trouble beaucoup. Cela me rappelle qu'il faut que je me surveille sans cesse. »

Beaucoup de femmes éprouvent du plaisir à créer de tels fantasmes. « Cela rend mes courses beaucoup moins fastidieuses », me dit un jour une cliente. Pourtant, beaucoup de femmes se demandent si ces fantasmes ne sont pas anormaux et si elles ne devraient pas cesser d'en avoir.

« Ou bien encore, je suis au lit avec mon mari, poursuit Julie, et au beau milieu de l'acte sexuel, je me dis: »Qu'arrivera-t-il si je ne jouis pas ce soir? Ou si je ne jouis plus jamais? Tout serait alors détruit. Avoir des peurs comme celles-là, complètement irréalistes et folles, m'amène à me demander parfois si ce n'est pas une erreur que d'être moi-même. Pendant ce temps-là, je souris à Paul, en faisant comme si j'étais calme, comme si je ne vivais pas de conflit intérieur. »

Les notions modernes de moralité mettent davantage l'accent sur la sexualité que sur les autres aspects de la vie quotidienne. Il en résulte que les institutions en place prétendent détenir le droit de décider quelles sont les expressions « normales » de la sexualité. De manière courante, la plupart des gens considèrent que les contradictions entre eux-mêmes et ces normes démontrent qu'eux-mêmes — et non ces normes — sont en faute. Il est donc facile de comprendre que cette réaction des gens s'est renforcée par la culture dominante. Plus loin dans ce chapitre, je parle de cette dynamique sous l'angle d'une forme de pression sociale.

POURQUOI NOUS EN ARRIVONS À GARDER DES SECRETS SUR NOS FANTASMES ET NOS SENTIMENTS SEXUELS

Nous nous sentons obligés de garder le secret; cette obligation prend plusieurs formes. En regardant du côté de l'enfance, et en observant plus spécifiquement la structure du processus de la pensée des enfants — nous pourrons mieux comprendre les sentiments qui entourent habituellement nos fantasmes adultes.

Le psychologue suisse Jean Piaget qui avait commencé ses travaux en 1921 a expliqué la manière dont les enfants pensent différemment des adultes. Tirant la conclusion que les capacités du cerveau se développent d'une manière ordonnée et prévisible, il organisa en catégories les types de pensées qui caractérisent les diverses phases de l'enfance.

Piaget se rendit compte que les enfants créaient et recréaient activement leurs modèles de la réalité à mesure qu'ils en comprenaient la complexité croissante. Paradoxalement, une partie de cette complexité ne s'acquiert que si l'enfant comprend la solitude irréductible et le pouvoir limité des êtres humains individuels.

Voici quelques faits établis par Piaget et qui sont pertinents à notre sujet:

- La notion de causalité des enfants d'âge pré-scolaire est « magique ». Ils croient que les objets et les événements peuvent agir les uns sur les autres simplement parce qu'ils sont près les uns des autres. Ainsi, si vous dites qu'une pile de disques s'insère parfaitement dans une étagère placée près d'un système de son, un enfant pourra facilement vous répondre: « Oui, le système de son s'est déplacé pour faire de la place. »

- Les enfants de six ans ne peuvent généralement pas établir la différence entre le mental et le physique. Leur notion de causalité est toujours magique mais ils considèrent leurs propres pensées comme un agent causal important. Ainsi, si dans un accès de colère, un enfant dit qu'il se fiche que sa grenouille meure et que sa grenouille meurt peu après, il pourra facilement croire qu'il a causé la mort de sa grenouille.

- Les pré-adolescents comprennent que leurs pensées ne sauraient déplacer les objets; mais ils croient quand même que les autres peuvent lire dans leurs pensées ou que celles-ci peuvent influencer les autres. Ainsi, une jeune fille de onze ans se demande si elle est la seule de sa classe à ne pas avoir eu ses menstruations. Si une autre jeune fille la regarde au vestiaire de l'école, elle pourra croire que celle-ci sait ce qu'elle pense.

- Les adolescents comprennent que leur pensée a des limites, mais ils portent des jugements et généralisent alors le sens moral de leurs pensées. Ainsi, se fiant à sa première impression, un adolescent blanc sent qu'il n'aime pas un autre adolescent qui, par hasard, est noir. En y réfléchissant, le garçon blanc peut se dire: «J'ai des préjugés et ce n'est pas bien. Et parce que ce n'est pas bien, moi non plus, je ne le suis pas.»

- Les enfants ne peuvent se donner un code moral que dans la mesure où leur appareil de pensée se développe. Ainsi, les enfants de trois ans ne sont pas vraiment en mesure de tenir compte des sentiments des autres parce qu'ils ne peuvent encore complètement conceptualiser l'idée de «l'autre». Un autre exemple de cela, c'est l'intérêt accru qu'expriment les enfants de l'école primaire pour la justice et le fair-play quand leur faculté de penser abstraitement commence à se développer.

Nous constatons que les enfants apprennent à s'identifier à leurs pensées ou à se dissocier d'elles par étapes. La pensée «réaliste» et «logique» ne vient qu'avec l'âge adulte. Et pourtant, tous les enfants s'efforcent d'avoir un sens dans ce monde où ils vivent. Mais parce que cela se fait avec les outils mentaux limités de l'enfance, nous obtenons des résultats «tordus» et tristement destructifs — tel cet Impératif du silence.

Si un mot pouvait à lui seul résumer l'univers d'un enfant, ce serait le mot «magique». Je ne parle pas de cette magie qui consiste à faire sortir des lapins d'un chapeau mais de celle qui provient de diverses sources de pouvoir. Un de ces pouvoirs est celui de la pensée pure. Souvenez-vous des «idées magiques» qu'on nous inculquait quand nous étions des enfants:

- Dieu connaît toutes nos pensées (surtout les «mauvaises»).
- Les gens peuvent savoir ce que nous pensons.
- Les mauvaises pensées engendrent les cauchemars.
- Les mauvaises pensées peuvent blesser les gens.
- Les mauvaises pensées provoquent des boutons, des difformités et des accidents.
- Seulement les gens mauvais ont de mauvaises pensées.
- Penser à quelque chose de mal est aussi mal que de le faire.

Comme cette liste de croyances enfantines courantes le montre, les « mauvaises pensées » sont considérées comme dangereuses. Les jeunes qui mettent à l'essai avec plaisir leurs merveilleuses nouvelles capacités ne peuvent comprendre que le pouvoir de leurs pensées est limité.

De plus, les enfants *jugent* leurs pensées et leurs sentiments en se servant de critères moraux d'une grande simplicité. Les jeunes enfants ne peuvent saisir que le « bien » et le « mal ». Ils ne peuvent littéralement pas comprendre les distinctions morales subtiles comme les circonstances atténuantes, les conflits d'intérêt, le besoin de sauver les apparences ou la nécessité de sacrifier un principe mineur au nom d'un principe supérieur.

Malheureusement, les croyances « tordues » des enfants sur leurs pensées brouillent la distinction qui existe entre l'activité mentale personnelle et le comportement en public. Cela inhibe chez un enfant ce sens qu'il a d'être maître de son esprit et amène à percevoir l'imagination et la créativité comme dangereuses.

Parce que leur capacité d'établir des catégories est très primaire, les enfants ont de la difficulté à comprendre ce qui, dans une pensée, rend cette pensée « mauvaise ». Pour l'enfant, la seule réponse possible, c'est que tout est « mauvais », y compris celui qui a de telles pensées.

Il n'y a donc qu'un pas à franchir entre croire que nos pensées sont « mauvaises » et croire que nous sommes nous-mêmes « mauvais ». Ainsi, presque tous les enfants désirent se débarrasser de leurs jeunes frères ou sœurs. Mais parce que ce désir est « mauvais », ils se sentent coupables à moins que leurs parents ne leur fassent clairement comprendre que de tels senti-ments sont normaux.

Les problèmes de manque d'estime de soi, de peur de l'intimité et de manque de contrôle de soi qui proviennent de ce que les enfants critiquent leurs propres pensées sont bien étayés scientifiquement. De nombreux parents compromettent involontairement la croissance émotionnelle de leurs enfants.

Sans réfléchir, ils écartent du revers de la main les sentiments de leurs enfants, «Mais non, tu ne hais pas ta sœur, les filles gentilles n'haïssent personne!», «Mais non, tu ne souhaites pas la mort de ton oncle. Dieu punit les petits garçons qui souhaitent de telles choses.»

Il est facile de comprendre qu'il faut du temps aux enfants pour renoncer au pouvoir imaginaire qui accompagne leur croyance au pouvoir magique de leurs pensées. Les parents qui laissent entendre que l'enfant, qui a pensé au comportement qu'ils critiquent, mérite cette critique, ne font que contribuer à maintenir cette illusion enfantine. Bien entendu, tous les enfants ont des pensées prévisibles et indésirables (comme l'inceste ou des souhaits de mort) et deviennent très critiques envers eux-mêmes. Quand un enfant en arrive à croire qu'il est «mauvais», cela peut être dommageable pour lui.

Chez les adultes, le besoin de garder secrets les pensées et les fantasmes est une conséquence évidente des leçons reçues durant l'enfance sur les «mauvaises pensées» et sur la méchanceté de celui qui les a.

Durant l'adolescence, les enfants des deux sexes découvrent de nouvelles raisons pour lesquelles l'anxiété sexuelle est inappropriée (et doit par conséquent être gardée secrète). Les garçons apprennent que les «vrais» hommes sont les experts de la sexualité, ce qui fait que tout manque de confiance en eux trahit leur masculinité. S'attendant à trouver ce savoir-faire chez les hommes, beaucoup de femmes tournent le dos à un homme qui entretient un doute ou éprouve une anxiété sur sa compétence sexuelle. En fait, les jeunes femmes apprennent à croire que les hommes sont les experts sexuels. Mais elles apprennent en même temps que l'ego des hommes est fragile. De la sorte, si une femme éprouve de l'anxiété par rapport aux relations sexuelles, c'est une insulte à son partenaire. La seule autre explication possible, c'est qu'elle n'est pas une «vraie» femme — c'est-à-dire une femme qui peut se détendre et profiter d'une relation sexuelle avec un (présumé) «vrai» homme. Ainsi, autant les jeunes hommes que les jeunes femmes apprennent que l'anxiété qu'ils ressentent au sujet de la sexualité est anormale et que ce problème doit rester caché. « Et voilà pourquoi votre fille est muette. »

En voyant leurs parents se critiquer l'un l'autre à propos de leurs rôles sexuels, les enfants apprennent à cacher l'anxiété qu'ils éprouvent envers la sexualité. Ils apprennent qu'il est dangereux de partager les peurs qu'ils éprouvent de ne pas être à la hauteur.

André, un ingénieur, me raconta à ce propos une histoire touchante. « Quand j'avais dix ans, mon père perdit son emploi. Au début, ce fut bien de l'avoir à la maison, mais au bout de quelques mois, l'atmosphère était devenue sinistre. Une nuit, je m'éveillai en entendant mes parents en parler. Mon père disait qu'il avait peur de ne plus jamais trouver de travail et ma mère éclata. »

« Je ne puis supporter que tu aies perdu ton emploi », me souviens-je l'avoir entendu dire avec colère. « Tu est nerveux, tu as peur de ne pas trouver un autre emploi. Mais quelle sorte d'homme es-tu? » cria-t-elle. Mon père éclata en sanglots et ma mère quitta la pièce. »

« Ce rejet de ma mère demeura clairement imprimé dans mon esprit, dit André. J'appris alors que le mieux à faire, c'est de se cacher et de se protéger soi-même. »

La mère d'André devait être si effrayée qu'elle ne pouvait souffrir aucune anxiété autour d'elle, surtout pas de la part de la personne qui, en principe, devait s'occuper d'elle.

Les enfants observent aussi que lorsqu'un adulte dit à un autre: « Je m'inquiète », la réponse est souvent: « Mais non, voyons, il ne faut pas se sentir comme ça! » Mais n'est-ce pas la réponse que donne Cary Grant à toutes ces femmes affolées, film après film: « Voyons, voyons, arrête de pleurer. Ne sois pas idiote. Il n'y a aucune raison de s'inquiéter. » Dans la vraie vie, des répliques comme celles-là apprennent aux gens à cacher leurs sentiments.

MESSAGES CULTURELS ET PRESSIONS SOCIALES

Outre cette dynamique, divers types de pression sociale nous poussent à garder secrets nos sentiments, nos anxiétés et nos fantasmes sexuels.

Les médias américains nous présentent un ensemble remarquablement homogène d'images. Les annonces, les pages couvertures des magazines, les distributions de comédiens (à la télévision comme au cinéma) nous offrent tous la même image prévisible de beauté, tant chez les hommes que chez les femmes. On nous dicte ainsi quels sont les objets de fantasme les plus acceptables.

En fait, les médias créent et présentent les objets eux-mêmes. Tom Selleck et Cybil Sheperd en sont de bons exemples. Ils sont plus vénérés comme objets que comme personnes. Le désir que nous éprouvons pour eux est impersonnel, précisément parce qu'elles sont des personnalités célèbres bien que nous ne les connaissions absolument pas et que nous les partagions avec des millions d'autres admirateurs.

Jusqu'à un certain point, nos partenaires contribuent à nourrir les fantasmes que nous avons sur ces stars. Notre partenaire qui connaît l'objet de notre fantasme est généralement d'accord avec nous pour dire que cet objet représente la perfection et qu'il est même plus attirant qu'il ne l'est. Personne n'a besoin de cacher qu'il trouve Miss America attirante. Ce que nous avons tendance à cacher en revanche, c'est le fait d'être attiré par un voisin ou un collègue de travail. Et c'est précisément parce que nous le désirons plus comme personne que comme objet.

Les médias favorisent aussi les secrets en traçant invariablement des portraits de héros qui n'éprouvent ni anxiété sexuelle, ni sentiments encombrants. Des générations d'hommes se sont modelés sur James Bond et John Wayne, des personnages qui ne partagent pas l'anxiété, la colère, les désappointements et la frustration qui sont le lot des relations amoureuses (ou romantiques) des « gens ordinaires ».

Pourquoi nos relations ne sont-elles pas aussi parfaites et excitantes que les leurs? La raison en est que James Bond n'a pas à se soucier de l'intimité. C'est un objet qui interagit avec d'autres objets. Pourtant, les vrais adultes désirent le plus souvent, et cette perfection, et l'intimité, ce qui est tout simplement impossible à obtenir. Par réaction, la plupart d'entre nous nous accommodons de cette contradiction en la cachant. Comme beaucoup de gens, nous en arrivons à croire que de parler de son anxiété « tue la magie » ou crée une distance.

Une autre pression sociale qui nous pousse à garder le secret repose sur la croyance que 1) certaines pensées sont « mauvaises » et 2) d'avoir des « mauvaises » pensées est aussi mal que de faire de mauvaises choses.

Enfin, nous avons indiqué qu'il n'y a pas de « mauvaises pensées », seulement de « mauvais » comportements (c'est-à-dire des comportements destructifs). Malheureusement, certaines opinions religieuses font des « mauvaises pensées » une pierre angulaire essentielle de la foi. Selon le *New Catholic Encyclopedia* de 1976: « L'acte de penser peut être bon ou mauvais... L'attention des moralistes catholiques s'est concentrée davantage sur les mauvaises pensées que sur les bonnes. La moralité est avant tout affaire de cœur; cela se retrouve dans le thème paulinien de... la primauté des attitudes sur les actes. »

Ce point de vue va à l'encontre de toute l'expérience humaine. La plupart d'entre nous sommes d'abord soucieux de la manière dont une personne nous traite et ensuite seulement de ce qu'elle pense. Et pourtant, cette doctrine religieuse se croit en droit de juger nos pensées personnelles, même à l'exclusion de nos actes les plus évidents.

Cette doctrine insidieuse va même plus loin. Voyez de quel crime moral grave se rend coupable la personne qui savoure ou simplement tolère des sentiments ou des fantasmes « honteux ». La qualité du péché est alors la même que celle de l'acte extérieur correspondant: songer à un meurtre équivaut quasi à le commettre. Pour dire les choses simplement: s'il est mal de faire une chose, penser à cette chose sans la condamner aussitôt est *aussi mal*.

Je ne connais personne disciple de cette doctrine qui oserait admettre devant un ami ou une personne aimée qu'elle a déjà accompli l'équivalent spirituel d'un viol, d'un inceste, d'une infidélité, d'une orgie ou d'un acte d'exhibitionnisme. Les gens réalistes cachent de telles pensées car ils les considèrent comme « malades ».

COMMENT NOUS GARDONS NOS SECRETS

Nous gardons souvent les secrets sur nos fantasmes et nos anxiétés, et, ce faisant, les cachons aussi bien à nous-même qu'aux autres. Nous ne le faisons pas délibérément mais plutôt grâce à des manœuvres inconscientes conçues pour nous préserver des sentiments pénibles que nous éprouvons. Freud appelait ces manœuvres des « mécanismes de défense », des activités mentales destinées à nous « défendre » contre la douleur que nous ressentons à nous croire coupables ou mauvais parce que nous avons des pensées inacceptables.

Le premier de ces modes de défense s'appelle la *projection* . Il consiste à attribuer inconsciemment un sentiment qu'on ne peut reconnaître comme le nôtre à une autre personne. Étant donné qu'ils réagissent aux insultes, aux menaces, aux défis, aux entreprises de séduction ou à d'autres événements qui n'existent pas vraiment ou qui ne les concernent pas, ceux qui font beaucoup de projection s'engagent dans des conflits inutiles.

Un des résultats prévisibles de la projection, c'est la distanciation émotionnelle. Un homme de quarante ans que j'ai eu à traiter avait ce problème.

Michel était un col bleu; il avait épousé Nicole, son amie de cœur du collège, le jour suivant la remise de leurs diplômes. Nicole insista pour qu'il me consulte à cause de ses crises de jalousie. « Il jure que j'ai des aventures, me dit-elle exaspérée, c'est complètement fou. Il n'a aucune preuve et les autres hommes ne m'intéressent pas. Il dit qu'il sait que je l'aime. Qu'est-ce qui ne va pas avec lui? »

Michel s'avéra être un homme chaleureux et articulé et se montrait fort troublé par cette situation. Tout en reconnaissant qu'il ne possédait aucune preuve de l'infidélité de Nicole, il me dit que de temps à autre, des sentiments puissants s'emparaient de lui sans avertissement. À ce moment-là, il devenait détestable et difficile à vivre.

Comment un homme aussi rationnel et intelligent supportait-il ses crises d'irrationnalité? « Je suppose que vous allez me dire qu'il est fou de l'accuser de tromperie, me dit-il affablement, mais peut-être que ce ne l'est pas non plus. Après tout, presque tout le monde a des aventures, non? Tout le monde, sauf moi. »

C'était là une chose étrange à dire, aussi demandai-je à Michel pourquoi il n'avait pas d'aventures. « Ce n'est pas mon genre, dit-il, vous voyez ce que je veux dire, égoïste, irresponsable. Comme mon père l'était. » Il dit cela presque avec désinvolture. Apparemment, le père de Michel couchait avec toutes les femmes de la petite ville natale de Michel, qu'elles fussent veuves, adolescentes ou auto-stoppeuses, et il faisait les frais de toutes les conversations. Cela avait détruit leur vie familiale. « Et le pire, se rappela plus tard Michel avec amertume, c'est que les autres enfants n'arrêtaient pas de m'agacer avec ça. »

Il ne faut alors pas s'étonner que Michel ait cherché à tout prix à se dissocier de son père destructeur. Craignant inconsciemment d'être vulnérable face aux comportements de Nicole, il essayait de contrôler ceux-ci par des coups préventifs. Inconsciemment, ses accusations visaient à empêcher sa femme de rater sa vie ou à la surprendre en train d'essayer de le faire.

Mais je me doutais qu'il y avait autre chose. Arrivait-il à Michel de s'imaginer en train d'avoir une aventure? « Je vous l'ai dit, répondit-il avec impatience, jamais je n'aurai d'aventures, jamais. » Michel pouvait-il faire la différence entre le fantasme et l'acte concret? Je lui demandai une fois de plus s'il fantasmait là-dessus et reçus la même réponse sèche.

Prenant un risque calculé, je poussai un peu plus loin. « Michel, même s'ils n'en ont jamais, la plupart des hommes songent à avoir des aventures. Vous arrive-t-il... ». « C'est de l'infidélité, m'interrompit-il. Jamais je ne ferai ça. »

Nous approchions du but. Je ne lâchai pas prise. « Mais quand vous voyez une belle femme dans la rue ou dans un film, est-ce que vous... » « Je sors ça de mon esprit, cria-t-il. Je ne vais pas laisser des choses comme ça me contrôler. Je ne vais laisser personne savoir que je pense à des choses comme ça. » Il tremblait d'émotion.

Même si ses pensées étaient normales, Michel les trouvait inacceptables. Compte tenu de son passé, c'était compréhensible. Les aventures de son père avaient fait du tort à toute sa famille et Michel était déterminé à ne jamais répéter la même chose.

Alors, comment pouvait-il accepter les pensées sexuelles « dangereuses » qu'il avait sur les autres? Il les projetait sur Nicole, essayait de les contrôler et de les maintenir à bonne distance. Malheureusement, ses attaques imprévisibles créaient isolement et tristesse, sentiments qu'il essayait si désespérément d'éviter. Michel gardait un secret: il lui arrivait de songer à faire l'amour avec d'autres femmes. Si seulement il avait pu accepter que ses pensées étaient normales, il aurait pu trouver beaucoup d'autres manières de s'en accommoder. Cela devint l'objet principal de notre travail ensemble.

Voici d'autres mécanismes de défense que nous utilisons pour nous dissimuler des choses à nous-mêmes.

La *répression* est une façon courante de nous cacher la vérité, et ce, souvent avec l'aide de l'alcool. Dans notre culture, les produits chimiques sont des moyens reconnus permettant de fuir les réalités et les sentiments douloureux. Ils sont aussi utilisés pour créer et garder des secrets sexuels. Certains hommes ne réalisent jamais qu'ils se sentent menacés par les femmes « fortes », puisqu'ils ne sortent (ou ne font l'amour) qu'après avoir fumé un joint de marijuana ou bu plusieurs verres d'alcool.

Le *blâme* constitue une autre forme de tromperie envers soi. Nous nous en servons quand il nous est difficile d'admettre ce que nous voulons ou quand nous préférons croire que les autres contrôlent nos choix. Les adolescents et les autres personnes qui ont du mal à prendre leur vie en main se servent souvent de ce moyen de défense.

Une femme avec laquelle j'avais l'habitude de travailler devenait très excitée sexuellement à l'idée que son mari fasse l'amour avec une autre femme. (Soit dit en passant, ce n'est pas rare). Elle disait qu'elle aurait aimé utiliser ce fantasme quand ils faisaient l'amour; mais elle sentait qu'elle ne le pouvait pas parce qu'il reviendrait constamment sur ce sujet. Elle le blâmait parce qu'il l'empêchait de vivre ce qu'elle voulait, mais ne pouvait elle-même accepter de le faire.

La *formation réactionnelle* consiste à faire le contraire de ce que vous aimez inconsciemment: vous croyez que vous ne devez pas le faire. Ainsi, certaines personnes voudraient interdire les plages de nudistes pour se prouver à elles-mêmes qu'elles ne veulent pas vraiment regarder des gens nus — ce qu'elles font de toute manière. De cette façon, elles cachent leur secret, sinon à des observateurs cyniques, du moins à elles-mêmes. Parce que ces personnes ignorent leurs besoins profonds, nous devons en payer le prix par des restrictions à nos libertés civiques.

La simple *tromperie* est une manière courante de cacher des secrets sur la peur ou l'anxiété ressenties envers le sexe. Une infirmière appelée Danièle vint me consulter parce qu'elle avait du mal à jouir. Cela lui créait véritablement un problème, puisque, selon son témoignage, son désir sexuel s'était accru depuis qu'elle avait subi une hystérectomie.

Danièle était un peu plus âgée que bien des hommes avec lesquels elle travaillait; elle se sentait en compétition avec les femmes plus jeunes qu'elle. Elle croyait qu'elles avaient toutes de la facilité à jouir (ce qui n'est pas vrai) et elle craignait qu'un nouveau partenaire ne trouve son anxiété risible. Pire que cela, Danièle croyait aussi que son anxiété insulterait un homme qui verrait là un manque de confiance dans son savoir amoureux.

Pour contrôler son anxiété, Danièle la cachait. Elle prenait de la cocaïne avant de faire l'amour avec qui que ce soit. Cela l'aidait à se détendre et à se concentrer sur son plaisir. Malheureusement, la cocaïne lui donnait des migraines, s'avérait parfois difficile à cacher et nuisait à sa santé. Même si Danièle n'était pas « accrochée », elle hésitait à cesser de prendre de la « coke » parce qu'elle ne connaissait pas d'autre méthode pour cacher son anxiété.

Condamnée à garder ses sentiments secrets, Danièle se sentait vraiment dans une impasse. Il lui fallait avant tout considérer son anxiété comme « normale »; alors seulement pourrait-elle décider de la partager ou de la garder cachée. D'une manière ou d'une autre, elle se sentirait mieux dans sa peau.

Le *déni* constitue une manière enfantine courante d'essayer de cacher un secret. Celle-ci exprime la croyance magique selon laquelle ce qu'on ne veut pas voir n'existe pas. Le déni est un moyen de défense primaire et infantile.

Pendant que vous faites l'amour, vous avez probablement déjà senti votre partenaire inquiet, nerveux ou distrait. « Qu'est-ce qu'il y a? », demandez-vous alors gentiment. « Rien », vous répond-il, « Je suis très préoccupé en ce moment, oublie ça. »

Voilà comment nous apprenons à nos partenaires à ne pas respecter leurs intuitions et à continuer à faire l'amour dans des conditions négatives. Le partenaire anxieux apprend, une fois de plus, que le contexte normal de la sexualité, c'est l'isolement, la solitude.

Un autre type de déni vise à limiter la connaissance de votre partenaire plutôt que la vôtre. Lenny Bruce racontait une histoire sur la manière dont certains hommes refusent de reconnaître l'existence de certains sentiments sexuels, malgré l'évidence flagrante du contraire.

Une femme soupçonnait son mari d'infidélité depuis longtemps bien qu'elle n'ait eu aucune preuve. Un jour, elle revint à la maison plus tôt que prévu et le trouva au lit avec une autre femme. « Ce n'est pas ce que tu crois », dit-il calmement.

«Menteur!», lui cria-t-elle. «Voyons, ma chérie, mais puisque je te dis que ce n'est pas ce que tu crois», dit-il avec génie. «Je ne peux pas te faire confiance une seconde», cria-t-elle. «Chérie, qui vas-tu croire? Tes yeux qui te trompent ou ton petit mari qui t'aime?»

FANTASMES

Selon Masters et Johnson, «Les fantasmes sexuels commencent dans l'enfance et remplissent des fonctions importantes dans nos vies: ils nous aident à combattre l'ennui, à nous libérer de nos tensions intérieures et nous permettent de nous exercer en toute sécurité par le biais de notre imagination à des comportements nouveaux.» Ils se poursuivent dans l'âge adulte en remplissant ces fonctions et bien d'autres.

La gamme des fantasmes sexuels courants est très vaste. Comme le dit le sexologue et médecin Charles Moser: «Peu importe combien délirants sont nos propres fantasmes, personne ne peut imaginer toute la gamme des fantasmes sexuels normaux.» Pourtant, le secret empêche souvent les êtres humains de découvrir combien leurs propres fantasmes sont courants.

Cela est particulièrement vrai des femmes qui n'ont jamais vu de magazines du genre de *Playboy*. C'est cet isolement qui amena Nancy Friday et Lonnie Barbach à écrire des livres sur l'art érotique consacré aux femmes. Ces livres étaient destinés à «permettre aux femmes de connaître les pensées et les fantasmes sexuels des autres femmes, dit Lonnie Barbach, et de vivre librement ces fantasmes.»

Les secrets que nous gardons sur les fantasmes ont les mêmes effets isolants et avilissants que les autres secrets sexuels. Bien sûr, il est préférable de cacher certains fantasmes — il est probablement mieux de garder caché le désir que vous éprouvez pour votre beau-frère — mais, comme nous le disons depuis le début, il est encore plus important d'accepter vos secrets comme normaux que de les révéler. Deux histoires présentant beaucoup de points communs illustrent bien cette thèse.

Quand je rencontrai Jean pour la première fois, il me dit qu'il s'inquiétait de sa santé mentale. Il avait des manières cordiales et douces. Après une amorce de conversation agréable, il me parla de sa solitude.

« C'est simple, dit-il, quand je me masturbe, je pense à des choses qui me troublent. Ou bien je force des femmes à me faire une fellation ou je séduis des jeunes filles. J'imagine même parfois que je soûle la femme de mon frère et que je la viole », me dit-il d'un air piteux.

« Jamais, bien sûr, je ne ferais de telles choses. Alors pourquoi est-ce que j'y pense? Et pourquoi ces fantasmes rendent-ils mes orgasmes si extraordinaires? Je me sens très seul. » Jean poursuivit: « À qui puis-je parler de cela? À personne. À personne que je voudrais revoir du moins, ça c'est sûr. »

Pauvre Jean. Il ne comprenait pas que de tels fantasmes sont très courants. Notre conversation m'amena à constater qu'il n'avait aucun désir d'être violent ou manipulateur et je lui dis que je trouvais ses fantasmes acceptables. Ce fut une expérience déterminante pour lui que de se sentir pleinement accepté après avoir révélé ses secrets les plus noirs. Sa thérapie progressa rapidement. Je crois qu'il n'avait jamais parlé à quiconque de ses fantasmes mais il commença à les accepter lui-même. C'était ce dont il avait le plus besoin.

Voici une autre version de cette histoire; appelez ça l'envers de la médaille, si vous le voulez.

Une auteure bien connue que j'appellerai ici Claudette vint me consulter. « Ma vie sexuelle est parfaite, commença-t-elle, sauf pour une chose. C'est que j'ai ce fantasme de grands hommes noirs qui me retiennent et me baisent l'un après l'autre. Dans mon fantasme, j'ai d'incroyables orgasmes coup sur coup et c'est ce qui me fait jouir. »

Et cela était complètement inacceptable? « Bien sûr, répondit-elle avec emphase, ça ne peut pas être moi, ça, cette salope impuissante. Vous savez où je me situe politiquement. » J'étais déjà au courant de ses ouvrages féministes très bien documentés. « Ces fantasmes m'amènent à me sentir coupable et m'embarrassent beaucoup, poursuivit-elle. Et pourtant, que je sois seule ou avec un homme, je les adore car ils rendent mes orgasmes incroyablement forts. »

Claudette sentait qu'elle ne pouvait partager sa détresse, ni avec ses amants, ni surtout avec ses amies ou ses camarades féministes. L'embarras qu'elle ressentait était, croyait-elle, une preuve de plus que ses fantasmes étaient mauvais. « Peut-être ne suis-je pas la féministe engagée que je croyais être, dit-elle. Si c'était le cas, j'en mourrais. »

Ni Claudette ni Jean ne comprenaient la nature de leurs fantasmes, ils n'acceptaient pas que le fait de penser à une chose ne signifie pas qu'on la désire réellement. Alors pourquoi avaient-ils des fantasmes sur un comportement qu'ils n'avaient aucun intérêt à mener à terme?

Comme le dit le thérapeute et médecin Jack Morin, auteur de *Cornerstones of Eroticism:* « Presque tout le monde a des fantasmes. Et de manière à donner plus d'intensité à nos réactions sexuelles, nous créons des fantasmes grâce auxquels nous nous dépassons psychologiquement. Ce dépassement peut, par exemple, se faire par le biais des tabous ou d'une menace physique qui constituent des thèmes de fantasmes très courants. » Cela décrit bien les fantasmes de Jean et de Claudette. Les deux scénarios nous permettent de réagir à des situations dont, supposément, nous ne devrions retirer aucun plaisir. À lui seul, cet élément produit une excitation incroyable.

Les fantasmes troublants que cachent les gens vont des plus simples aux plus exotiques. Après une conférence que j'ai donnée à Pittsburgh, une femme est venue me voir. « J'aime beaucoup mon mari Donald, me dit-elle. Pourtant, il m'arrive de penser à Robert Redford quand je fais l'amour avec lui. Cela me trouble. » Elle semblait avoir bien besoin d'être rassurée.

« Ne croyez-vous pas, lui demandai-je, que votre mari croit préférable que vous pensiez à Robert Redford pendant que vous faites l'amour avec lui plutôt que vous pensiez à lui pendant que vous faites l'amour avec Robert Redford? »

Elle y songea un moment puis se mit à sourire. « Je pense que c'est ce que vous avez exprimé dans votre conférence, dit-elle. Si ça marche pour moi, alors cela définit ce qui est normal pour moi. »

Je lui rendis son sourire. « C'est tout à fait ça », répondis-je très content de moi.

L'ANXIÉTÉ, UN SENTIMENT TRÈS SPÉCIAL

Nous, les êtres humains, éprouvons, au cours de notre vie, une très vaste gamme de sentiments; l'anxiété est l'un des plus courants et des plus désagréables. Les professionnels de la santé mentale considèrent que l'anxiété joue un rôle destructif dans le fonctionnement sexuel.

Bernie Zilbergeld écrit dans *Male Sexuality* que les messages sexuels transmis par le cerveau aux parties génitales « doivent être clairement envoyés et reçus. Si le système nerveux est obstrué, les messages transmis (aux parties génitales) ne passent pas correctement. Quand nous faisons l'amour, ce qui obstrue le plus souvent le système nerveux, c'est la tension nerveuse ou l'anxiété. Celles-ci provoquent de la panique dans le système nerveux et bloquent alors la transmission des messages sexuels. »

Y a-t-il pire chose que l'anxiété? Oui, une chose: c'est d'être certain que vous devez garder cette anxiété secrète. En voici un exemple.

Le chef du personnel d'une compagnie envoya Denise me consulter parce que son employeur se plaignait de son manque d'autonomie. Je me rendis rapidement compte que Denise cherchait à plaire à tout le monde tout en se sentant incapable de le faire.

Au fur et à mesure que notre travail progressait, Denise réalisa qu'elle désirait être davantage dirigée au travail et qu'elle voulait recevoir plus de soutien et d'encouragement. Cela prit un certain temps; pourtant, elle parvint à demander ces changements et son rendement s'améliora presque immédiatement. C'est à ce moment qu'elle me demanda si nous pouvions parler de son mariage et plus spécialement de sa vie sexuelle.

« Je m'inquiète beaucoup, dit-elle simplement. Est-ce que je satisfais vraiment Jacques? Est-ce qu'il aime mon corps? Qui sait s'il ne se retient pas à cause de moi? Comment savoir si l'on fait bien l'amour? » Denise avait un secret sexuel, mais n'osait le dire à Jacques: elle avait peur de ne pas être à la hauteur.

Elle avait le même problème dans sa vie sexuelle que dans le travail. Elle avait besoin de se sentir plus « connectée » aux gens qui l'entouraient. Cependant, elle n'était pas sûre qu'elle le méritait et se sentait mal à l'aise de le demander.

Où avait-elle pris l'idée qu'elle n'était pas sexuellement à la hauteur? « Eh bien, commença-t-elle, on m'a appris qu'on est, ou bien une fille gentille, ou bien une fille sexy. Bien sûr, j'aime penser que je fais partie des filles gentilles. D'ailleurs, les filles sexy sont jeunes et minces. Et moi, avec ces cuisses, ça ne sera jamais mon cas », laissa-t-elle tomber avec tristesse.

Tout en l'écoutant, je prenais des notes sur ce que Denise croyait: qu'elle devait choisir entre être gentille ou sexy, que « bien sûr » il lui fallait choisir d'être gentille et qu'il n'y avait qu'une seule façon de définir ce qu'est une femme sexy. Plutôt que de la confronter brutalement avec ces mythes, je l'encourageai à poursuivre. Je savais qu'à un moment ou un autre, nous reviendrions à ces idées.

Denise me révéla alors que beaucoup de ses anciens amis de cœur avaient profité d'elle émotionnellement. « Mon ami de cœur du collège? Il disait préférer la compagnie des hommes, que j'étais chanceuse qu'il soit le premier. Après, il me dit que j'étais chanceuse qu'il soit si patient avec moi. Il m'exprima très clairement que je n'étais pas et ne serais jamais vraiment sexy. »

« Charmant garçon! », pensai-je. C'est *lui* qui devrait payer pour la thérapie de Denise, parce que maintenant qu'elle est mariée, elle doute de son attrait sexuel. Pire encore, elle ne peut partager ses inquiétudes avec son mari. « Il en serait affecté personnellement », me dit-elle, croyant que c'était là une raison suffisante pour s'isoler. « Il est préférable qu'il ignore ce qui ne va pas. »

En réalité, le silence de Denise traduit le jugement qu'*elle* porte sur son insécurité, et non celui de son mari. Elle croit simplement qu'il n'est pas bien de se sentir ainsi et qu'on ne peut demander à aucun homme de vivre avec ça. Denise est hypersensible à tout ce qui ressemble à une demande et craint simultanément d'être abandonnée si *elle* demande quoi que ce soit.

Les secrets concernant l'anxiété quant à la performance sexuelle peuvent prendre plusieurs formes. Cela peut constituer une expérience particulièrement problématique pour les hommes à cause de ce qu'ils ont appris, dès leur jeune âge, sur la « virilité ».

Cette question me rappelle Laurent, un gros homme affable qui était chef de train pour la ville de San Francisco. Il aimait son travail, surtout parce qu'il pouvait y rencontrer beaucoup de gens. Très aimable, il avait beaucoup de facilité à entrer en contact autant avec les touristes qu'avec les gens du coin.

« Je suis ici pour parler de mes fréquentations amoureuses, commença-t-il lors de notre première rencontre. Tout va bien jusqu'à ce qu'il soit évident que la femme que je viens de connaître est intéressée par le sexe. Alors il se produit quelque chose. Nous nous disputons, je décide que ce n'était pas une si bonne idée que ça de sortir avec elle, un de nous deux perd tout intérêt et le reste. Je suis vraiment perplexe. Et en rut comme un bouc. »

Je me demandai pourquoi un homme comme lui, qui aimait établir des contacts avec les gens, s'arrangeait toujours pour éviter les relations sexuelles. Tandis que nous parlions de ce qu'il aimait et n'aimait pas dans un contact sexuel, Laurent mentionna qu'il lui fallait faire les choses parfaitement. Il disait qu'il voulait être « le meilleur amant du monde » mais qu'il se demandait parfois s'il pouvait vraiment y parvenir.

Partageait-il son anxiété avec ses partenaires? « Non, dit-il, bien sûr que non. » Et pourquoi? Il me regarda, quelque peu confus. « Personne ne fait ça. Jamais je ne songerais à dire à une femme que je m'inquiète de ma performance. »

Quand je demandai de nouveau à Laurent pourquoi il ne le faisait pas, il me dit qu'il n'avait aucun raison spéciale de ne pas le faire. « C'est une chose que j'ai toujours considérée pour acquise. » Je lui énumérai alors certains des sentiments courants vécus par les gens qui se sentent obligés de cacher l'anxiété qu'ils éprouvent face aux relations sexuelles. Était-ce l'un des sentiments suivants?:

- Tu vas me trouver idiot.
- Tu vas me quitter.
- Je ne sais pas comment tu vas réagir.
- Je ne me sens pas assez proche de toi pour un partage aussi intime.
- Cela va me rendre plus anxieux encore.

Non, ce n'était aucun de ces sentiments, me dit Laurent qui devenait de plus en plus agité. « Assez de questions! s'exclama-t-il. Je n'aime pas me sentir comme ça. C'est complètement idiot de s'en faire pour sa maudite érection... j'en ai marre du sexe! » La pièce était silencieuse.

J'avais regardé Laurent s'emporter calmement, sans répliquer. Il était clair qu'il souffrait d'anxiété sexuelle et encore plus clair qu'il en éprouvait de la honte. C'est pourquoi il essayait de la cacher. Et c'est en faisant rater inconsciemment toute interaction sexuelle potentielle qu'il le cachait. Cela lui évitait d'être confronté à une performance sexuelle « imparfaite ».

« Vous savez, lui dis-je finalement, vous n'êtes pas la première personne à élever la voix dans cette pièce. » Laurent me regarda d'un air perplexe. « En fait, toute personne qui a le même problème sexuel que vous devient troublée, d'une manière ou d'une autre. J'imagine que je suis plus habitué à ça que vous ne l'êtes. » Laurent ne savait pas trop comment prendre la chose et je poursuivis.

« Les gens n'ont pas à se trouver de raisons pour s'inquiéter de leur performance sexuelle, dis-je. Regardez autour de vous. Les panneaux d'affichage, les films et les magazines peuvent nous faire assez peur pour que nous renoncions à tout jamais au sexe. Et, ajoutai-je, tous nous font croire que nous sommes seuls à nous sentir comme ça. »

En voyant Laurent se mettre lentement à sourire, je sus que je l'avais touché. « Vous dites qu'il est normal d'être nerveux, dit-il. Je parie que vous allez même me dire qu'il est normal d'essayer de le cacher. » Je hochai simplement la tête pour le laisser profiter de ce qu'il venait de découvrir. Il ne fallut que quelques séances supplémentaires pour aider Laurent à accepter ses sentiments. Une fois qu'il en fut capable, son besoin d'éviter les relations sexuelles décrut de manière spectaculaire. Sa thérapie prit fin peu après.

Un deuxième type d'anxiété concerne le besoin qu'on éprouve de préserver sa vie privée, surtout quand on craint que notre partenaire ne parle de notre relation à d'autres personnes. Ce besoin devient souvent un problème quand la relation implique des « personnes de l'extérieur » à cause du statut social ou des disparités économiques. En voici quelques exemples:

- Un homme a une aventure avec une femme qui ignore qu'il est marié.
- Une femme cadre fréquente un col bleu.
- Une femme a la réputation bien entretenue d'être vierge.
- Un professeur d'âge moyen fréquente une de ses étudiantes.
- Une femme timide ne veut pas qu'on sache qu'elle a des pulsions sexuelles très fortes.
- Un homme sait que sa partenaire est sexuellement insatisfaite.

Parce qu'ils croient qu'il est impératif de garder le secret, les personnes cachent souvent l'anxiété qu'elles éprouvent à devoir préserver leur vie privée. Elles croient qu'elles ne devraient pas éprouver de tels sentiments et supposent que leurs partenaires les jugeraient mal s'ils apprenaient la vérité.

Dans certains cas, ces inquiétudes sont basées sur la réalité. Ainsi, le col bleu dont on parlait précédemment pourrait éprouver de la colère s'il savait que son amie cadre ne veut que personne sache qu'elle a des amants. Il arrive même à certaines personnes de mettre fin à une relation quand elles découvrent pourquoi leur partenaire désire que la relation reste secrète. Cela arrive souvent dans les aventures extraconjugales dans lesquelles les partenaires non mariés ont été déçus.

Mais, dans beaucoup de cas, nos partenaires comprennent notre besoin de garder notre vie privée secrète. Sans bien comprendre pourquoi, ils choisissent quand même souvent de respecter ce choix.

Les gens donnent beaucoup d'autres raisons pour garder leur anxiété secrète:

- Je ne suis pas sensé me soucier de garder notre relation secrète.

- Je ne veux pas reconnaître que tu as du pouvoir sur moi.

- Je me sens embarrassé d'être aussi anxieux.

- Je ne veux pas avoir l'air ridicule.

- J'ai peur que tu crois que je n'ai pas confiance en toi.

Des conceptions comme celles-là sont imputables à l'impérieux besoin de dissimuler. Ce sont presque toujours des projections de nos propres sentiments et de notre sens critique envers nous-mêmes sur les gens qui nous sont proches.

Ainsi, par exemple, la femme à la réputation de vierge sait qu'elle trompe les gens. Elle se sent coupable de cela et projette sa culpabilité sur son amant, croyant qu'*il* ne pourrait pas accepter l'anxiété qu'elle éprouve en craignant de perdre sa précieuse réputation.

Il vaut la peine de noter ici deux choses contestables relatives à l'anxiété provoquée par le secret. Tout d'abord, beaucoup de gens croient que parler de leur anxiété ne peut qu'empirer celle-ci. Ils pensent que cela revient à s'apitoyer sur eux-mêmes. Pourtant, parler de ce problème intime peut se révéler une très bonne façon de se rapprocher de quelqu'un.

De plus, en cachant votre anxiété à votre partenaire, vous vous privez de l'outil le plus efficace qui soit pour combattre l'anxiété et qui consiste à parler de ses propres sentiments. Il peut être problématique de le faire — vous courez toujours le risque que votre partenaire vous rejette — mais cela n'en reste pas moins vrai. Parler de son anxiété la réduit quasi invariablement. Lorsque vous gardez le silence, ce bien-être devient inaccessible.

Parler de son anxiété favorise une plus grande intimité. Certaines personnes considèrent que cela vaut la peine qu'on prenne des risques pour y arriver.

D'AUTRES SENTIMENTS

La peur et la colère sont deux autres sentiments souvent associés au sexe. Bien des gens se croient obligés de garder ces sentiments cachés à cause des contraintes sociales. « Vous ne devez pas ressentir ces sentiments envers la sexualité, me déclara un jour un de mes clients en colère. Si vous avez ces sentiments, en principe, ils ne doivent pas affecter votre comportement. »

Bernie Zilbergeld écrit dans *Male Sexuality*. « Il existe une croyance répandue selon laquelle, dès que nous nous engageons dans une situation sexuelle, nous devrions être capables de mettre nos sentiments de côté. Ainsi, par exemple, j'ai travaillé avec beaucoup d'hommes qui me demandaient d'être capables d'avoir une érection même avec des femmes qu'ils n'aimaient pas. Selon moi, c'est là une façon de créer des problèmes sexuels. »

Beaucoup de clients ont besoin d'être éduqués sur ce point précis. Une des femmes les plus gentilles avec qui il m'a été donné de travailler était caissière dans un supermarché. Elle s'appelait Hélène et se plaignait de manque d'orgasme. Un examen médical ne révéla aucun problème physiologique. « Je ne m'attends pas à jouir chaque fois que je fais l'amour, dit-elle, mais j'aimerais tout de même connaître plus souvent des orgasmes. »

Quelques semaines plus tard, Hélène se présenta à notre rendez-vous avec son ami Marc, un joueur de baseball professionnel. À la télévision, ceux-ci semblent assez petits; à mon bureau, il remplissait presque tout seul la salle d'attente.

Je ne me souviens pas comment le sujet vint sur le tapis. Un petit peu plus tard, nous parlions de « sexe parfait ». « Il serait préférable pour moi que tu sois plus petit », dit calmement Hélène. « Je croyais que tu aimais mon corps », répondit Marc, vraiment surpris. « Je l'aime, poursuivit Hélène, mais il est, disons, plutôt impressionnant. Tu ne peux pas savoir à quel point tu me fais peur parfois. » Surprise elle-même par ces mots, elle détourna le regard.

Blessé, Marc répliqua. « Je ne comprends pas. Est-ce que je n'essaie pas d'être un bon amant? Le plus souvent, je suis doux. Qu'est-ce qui te fait si peur? Et pourquoi tiens-tu si fort à ce que je te dise tout le temps que je t'aime? »

« Parce que le sexe me fait peur, un point c'est tout, répliqua Hélène. Si c'était *toi* qui étais nu, étendu sur le dos, et qu'un géant se balançait au-dessus de toi tout en te pénétrant, peut-être serais-tu nerveux toi aussi, dit-elle. J'imagine que tu aimerais alors te faire souvent répéter « je t'aime ». »

Le chat était sorti du sac. Hélène désirait plus d'attention quand elle faisait l'amour. Tous les trois nous comprenions maintenant pourquoi elle n'avait pas d'orgasmes, ce qui, après tout, n'était pas si étrange. Je suggérai qu'ils se parlent de manières de faire l'amour qui leur seraient personnelles et leur procureraient une grande satisfaction. « Je ne m'en plaindrais pas du tout », dit Marc en riant. Ils s'entendirent pour travailler à cela chez eux.

Pauline, une nouvelle mariée, est une autre de mes clientes qui éprouvait de la difficulté à jouir. « Je ne comprends pas, me dit-elle lors de notre première rencontre. Ma vie sexuelle est parfaite. Claude est un merveilleux amant. Alors pourquoi est-ce qu'il m'est de plus en plus difficile de jouir? »

Je l'interrogeai sur son récent mariage. C'était merveilleux, s'exclama Pauline. Elle adorait « *notre* maison, *notre* chien, *ses* parents, *nos* réceptions, *mon* nouvel emploi... ». Voyez-vous ce qui manque ici? Qu'en était-il de leur relation? Tout le problème était là. « Nous nous querellons souvent, reconnut Pauline. Et vous connaissez les hommes. Quand ça n'est pas au goût de Claude, il perd patience. Il s'en va même parfois de la maison. »

Tout mariage connaît, bien sûr, des conflits; cependant, les partenaires ont besoin de savoir qu'ils peuvent s'exprimer sans être punis. Pauline croyait exactement le contraire: elle pensait qu'en disant la vérité sur ses besoins et ses sentiments, elle s'exposait à être attaquée ou abandonnée. Aussi, très souvent, ne le faisait-elle pas.

Comment ressentait-elle cela? «Oh! ça va. Juste un peu irritée peut-être», dit-elle. Je la regardai sans rien dire. «D'accord, je suis assez irritée.» De nouveau je me tus. «Bon, je suis fâchée, et puis après, qu'est-ce que ça change?», concéda-t-elle enfin. Des larmes commencèrent à couler de ses yeux. «D'ailleurs, pourquoi est-ce que ça devrait m'empêcher de jouir?»

Claude savait-il à quel point elle était en colère? «Non, dit Pauline. Il crierait ou me traiterait de tous les noms. Il partirait probablement de la maison toute la soirée. Les choses sont mieux ainsi pour moi», dit-elle.

«Pas en ce qui concerne le sexe», dis-je doucement. Ses parties génitales exprimaient ce qu'elle-même ne pouvait dire: «Je suis en colère. Je me sens abandonnée. Ici, je ne peux pas être moi-même sans danger.»

Pour jouir, il faut savoir s'abandonner. Pauline jouissait difficilement parce que, le plus souvent, son mariage ne lui permettait pas de s'abandonner et d'être elle-même. Le fait de ne pouvoir parler de ses sentiments avec Claude le démontrait clairement.

Pauline quitta mon bureau incertaine de ce qu'elle allait faire. Elle voulait garder ses sentiments secrets un peu plus longtemps, en espérant qu'un nouvel emploi ou un voyage d'une fin de semaine améliorerait leur vie sexuelle. J'en doutais. Quand le cerveau et les parties génitales ne sont pas au diapason, ces dernières l'emportent toujours. La vulve de Pauline continuerait d'exprimer la colère ressentie par tout le reste d'elle-même.

Même s'il fallut du temps, l'histoire se termina bien. Six mois plus tard environ, Pauline revint en thérapie, avec son mari cette fois. Ils en étaient finalement arrivés à un point tel qu'ils étaient prêts à faire *n'importe quoi* pour améliorer leur vie sexuelle.

À certains moments, leur thérapie conjugale fut ardue; pourtant, elle fut couronnée de succès. Ils eurent une vie sexuelle valorisante et apprirent à échanger sur bien d'autres plans.

Les sentiments et les pensées sont les « blocs de construction » des relations humaines. Le fait de les juger « incorrects » ou de les cacher frappe au cœur même de notre dignité et de notre estime de soi. Comment les gens se sentent-ils quand ils cachent ceux-ci? Ils se sentent solitaires, isolés, en colère, inadéquats, sans authenticité, craintifs d'essayer de nouvelles choses et sujets à l'anxiété.

Nous vivons dans une société aux normes culturelles rigides qui édicte comme « convenables » certains sentiments et pensées. Ces normes pourtant répandues et destructrices encouragent la dissimulation des sentiments et des pensées.

Se libérer du besoin compulsif que nous avons d'être « convenables » est un aspect important de croissance. Par ailleurs, il importe aussi que nous nous fixions des limites raisonnables. Un des grands défis de l'âge adulte consiste à trouver un équilibre sain entre ces deux positions.

6 LE PASSÉ

*« Je crois bien que pour moi tout a commencé
quand ma mère m'a surpris en train de me masturber et
qu'elle m'a fait enregistrer comme délinquant sexuel. »*
Woody Allen

Comme vous le savez, le but de ce livre n'est pas de vous
montrer ce qu'est votre sexualité mais plutôt de vous apprendre
à en être le maître. J'aimerais vous aider à prendre conscience
que, peu importent vos jugements (ou ceux, imaginaires ou
réels, des autres), vous êtes corrects. Certaines personnes
appellent cela se pardonner à soi-même. D'autres diront qu'il
faut, pour cela, réapproprier son passé.

Qu'avez-vous à vous pardonner? Des choix et des expériences
que, si vous le pouviez, vous feriez différemment aujourd'hui, si
cela vous était possible. Ainsi, une de mes amies cacha à son
fiancé qu'elle était stérile jusqu'après les fiançailles. Si elle avait pu
faire autrement, elle le lui aurait dit bien avant; elle reconnaît
aujourd'hui qu'à l'époque elle faisait de son mieux.

Ensuite, que vous faut-il revendiquer? Le fait que vos
comportements passés font partie de vous. En voici un bon
exemple: en 1972 un groupe de femmes organisé par Gloria

Steinem signa une pleine page dans le *New-York Times* demandant la légalisation de l'avortement en affirmant qu'elles avaient déjà toutes subi des avortements illégaux.

La première raison pour laquelle il est important de parler des secrets que nous cachons sur notre passé, c'est que cela nous permet de faire la paix avec nous-mêmes. Comme vous le verrez dans ce chapitre, le fait de réapproprier son passé:

- Permet de pardonner aux autres.
- Rétablit l'équilibre du pouvoir dans la relation.
- Libère l'avenir de contraintes imaginaires.

Comment le fait de réapproprier son passé permet-il cela? D'abord, en mettant fin aux cachettes. Nous pouvons toujours regretter une chose que nous avons faite. Par contre, en l'acceptant et en nous en libérant, nous pourrons établir des contacts avec les autres en étant complètement nous-mêmes. Comme nous l'avons vu précédemment, seul ce type de contact nous permet de vivre des relations et une vie stimulantes et nourrissantes.

Ensuite, le fait de reconnaître le passé nous permet de mettre fin au scénario de vie voulant que nos erreurs passées nous condamnent à expier toute notre vie durant. Comme si on ne méritait plus rien de bon. Un tel scénario est responsable des schémas de comportement autodestructifs chroniques, de ceux qui nous amènent à établir des relations avec des alcooliques, nous empêchent de progresser à l'école, au travail ou dans des organisations bénévoles, nous rendent incapables de contrôler notre poids ou de cesser de fumer.

En reprenant en main votre passé, vous pouvez à nouveau vous considérer comme une bonne personne, laquelle a fait des choix particuliers et mérite toujours ce qu'il y a de mieux malgré les conséquences évidentes de ces choix. Cela vous donne aussi la liberté de décider de votre propre vie au lieu de sentir que celle-ci est prédéterminée par le passé.

L'attitude qui consiste à se dire « qu'il faut continuer à vivre » est à l'inverse de celle selon laquelle on ne pourra jamais échapper à son passé et où l'on devra payer toute sa vie pour le mal accompli.

Enfin, la reprise de possession de votre passé vous permet de retrouver des parties perdues de vous-même. Dans l'enfance, la survie semble souvent exiger que nous renoncions à notre intuition, à notre ouverture d'esprit et à notre volonté réelle d'essayer des choses nouvelles. Pourtant, ces qualités font partie intégrante de nous-mêmes. Lorsque nous les ramenons dans notre psyché, nous souhaitons en quelque sorte la bienvenue à un ami dont la présence nous manquait cruellement.

Une fois que vous vous serez pardonné à vous-même, vous pourrez choisir de révéler ou de garder vos secrets sexuels sur votre passé. La troisième partie du livre vous aidera à décider ce qu'il y a de mieux à faire avec ces secrets.

VOS SENTIMENTS SUR VOTRE PASSÉ

Dans mon travail, je rencontre bien des personnes qui éprouvent des sentiments très forts sur leur passé sexuel. La plupart d'entre elles se sentent seules; elles doutent que quiconque puisse comprendre leur situation ou soit dans une situation similaire. Les réflexions de ce genre pleuvent:

- « C'est comme si c'était arrivé à quelqu'un d'autre. »
- « J'étais fou. » ou « J'ai fait des erreurs. »
- « Si je ne fais pas attention, ça va recommencer et me détruire. »

Essayez de voir comment vous évaluez votre passé. Éprouvez-vous face à lui l'un des sentiments suivants?:

- « J'aurais dû savoir. »
- « Je courais après les problèmes. »
- « Je ne mérite rien de bien. »
- « Je juge mes comportements passés selon mes besoins et ma sagesse d'aujourd'hui. »

- « Je devrais être jugé plus sévèrement que les autres. »
- « Parce qu'on a abusé de moi, je mérite d'être puni. »
- « Certaines choses devraient rester impardonnables. »
- « Pardonner une chose signifie qu'on l'approuve. »
- « Le passé n'a ni queue ni tête. »
- « Mon passé est pire que celui des autres. »
- « Personne ne pourrait comprendre ce qui s'est passé. »

Voyez-vous comment ces sentiments-là peuvent fausser l'évaluation que vous faites de votre passé et des réactions des autres à votre endroit? Ces sentiments sont en relation étroite avec les quatre principales raisons pour lesquelles les gens gardent leur passé secret:

1. Une vision inexacte du passé.
2. La poursuite d'autres buts.
3. La dynamique des relations.
4. Les idées culturelles.

Voyons en détail chacune de ces raisons.

Lorsque nous croyons qu'il est impératif de garder le silence, la vision de notre passé s'en trouve déformée. Cela est particulièrement vrai quand il s'agit des suppositions que nous faisons sur:

- La gravité de ce que nous avons fait.
- Les conséquences de ce que nous avons fait.
- La manière dont les autres réagiront à ce que nous avons fait.
- La manière dont nous devrions être jugés pour ce que nous avons fait.

Prenons le cas de Monique, une comptable de trente-cinq ans à la nature franche et directe. Jamais elle ne s'était laissée aller à « faire des folies »; elle était, en fait, au milieu d'une période d'abstinence sexuelle quand, il y a plusieurs années, un médecin avait diagnostiqué qu'elle souffrait d'herpès. Monique fut à la fois choquée et dégoûtée.

« Je ne sais même pas de qui je l'ai attrapé, dit-elle en colère. Et moi qui me croyais à l'abri de ça! (Le virus peut rester latent durant des années avant de se manifester pour la première fois.) Je me sens sale et coupable, vociféra-t-elle, et c'est pourquoi je n'en parle à personne. » Elle s'abstient d'avoir des relations sexuelles quand elle est contagieuse, ce qui lui arrive environ deux fois par année.

Malheureusement, Monique n'a connu qu'une série de relations insatisfaisantes depuis sa première crise d'herpès. Elle croit qu'aucun homme « bien » ne saurait être intéressé par une femme « abîmée »; aussi évite-t-elle inconsciemment les hommes qui pourraient lui convenir. Elle croit qu'elle ne mérite pas mieux que les hommes égoïstes et dépendants qui, depuis cinq ans, ont profité d'elle. Elle paie tout à fait inutilement pour son « terrible » passé.

Compte tenu de la frustration qu'elle éprouve sur le déroulement des choses, comment aurait-elle pu agir autrement? Aurait-elle dû s'abstenir de toute vie sexuelle? Ou se montrer plus « prudente »? (Prudente, elle l'a été; pourtant des gens bien et propres attrapent parfois l'herpès.) En tout cas, Monique avait pris ses décisions. Même si elle peut en regretter certaines, elle ne mérite sûrement pas une telle punition.

Il est regrettable que Monique ne puisse voir cela. Son jugement est obscurci par la nécessité du secret, ce qui fausse son évaluation des conséquences de son comportement. Une voix intérieure lui dit: « Si cela est en rapport avec moi et ma sexualité, alors ça doit être mal. » Le côté destructeur de Monique se sert de son herpès comme d'une preuve de cela. Il est particulièrement déplorable de voir qu'elle se critique autant elle-même quand on sait qu'elle soutiendrait un ami de tout son amour dans les mêmes circonstances.

Une fois de plus, nous pouvons voir que ce besoin de garder le secret peut fausser nos perceptions sur notre expression sexuelle. Nous devenons, de ce fait, des critiques impitoyables, des procureurs partiaux plutôt que des juges équitables.

Comment peut-on restituer le passé dans une perspective équilibrée?

Réalisez que vous vous jugez vous-même. Au lieu d'écouter cette voix intérieure qui vous critique sans cesse, considérez-la comme une intrusion mentale indésirable. Chaque fois que Monique se considère comme une femme « abîmée », elle doit se rappeler à elle-même: « Non, ce n'est pas ce que je suis. J'ai tout simplement un virus banal qui n'affecte que partiellement ma vie. »

Dites-vous une fois pour toutes que, peu importent vos décisions passées, vous êtes quelqu'un de bien. À un moment de sa vie, Monique a choisi de faire l'amour sans protection. Mais Monique est beaucoup plus importante que cette décision ou toutes les autres qu'elle a prises. Décidée aujourd'hui à utiliser les condoms, elle n'a aucune raison de continuer à se châtier ainsi.

Évaluez-vous selon des critères nouveaux, précis et doux. Demandez-vous: « Qu'ai-je appris de mon passé? » « Est-ce que je m'attaque bien à ce qui déforme mon jugement et me rend négatif? » « Est-ce que j'encourage mon sens positif de la vie et celui des autres? »

Une fois ces critères remplis, faites-vous des « petits velours ». Rendez-vous à l'évidence que vous êtes une personne en croissance, capable de s'aimer. Célébrez! Achetez un objet qui vous fait envie. Invitez un ami au restaurant. Faites laver votre auto.

Ouvrez les yeux sur les gens et les situations qui vous agressent; faites en sorte que cela ne se reproduise plus ou éliminez ces relations de votre vie. Si visiter votre famille vous amène à subir cinq jours de critique et de domination, écourtez cette visite.

Les personnes gardent leur passé secret pour une seconde raison: ils s'en servent pour poursuivre d'autres buts inconscients. Pour certains, le passé récèle plus d'excitation que de honte. Ainsi, par exemple, une de mes clientes d'origine asiatique se remémore régulièrement ses aventures sexuelles prémaritales avec des noirs.

Ce type de secret contient une bonne dose de nostalgie. Elle nous permet de garder vivant un passé dans lequel nous nous sentions plus séduisants, pleins de potentiel ou capables de jouir de la vie, tout en ayant moins de responsabilités.

Même si on arrive à se convaincre que ce secret est capital pour nous, celui-ci n'est que l'expression de notre engagement à s'accrocher au passé. Bien qu'il puisse être difficile de renoncer à ce que nous avons perdu, le plein engagement au présent qui en résulte alors en vaut la peine.

Les gens se servent aussi de leur secret sur leur passé pour s'engager dans des comportements destructifs. Prenez le cas de gens qui, comme Nathalie, ont grandi dans des foyers violents. Très tôt, Nathalie a dû adhérer à la croyance que les hommes sont mauvais et qu'il est dangereux de leur faire confiance. Adulte, elle transfère inconsciemment cette conviction dans chacune de ses relations.

De plus, elle cache son passé, ce qui rend l'intimité impossible. Outre son passé de femme abusée, elle garde pour elle-même tout ce qui pourrait favoriser des rapprochements. Une autre de mes clientes cache le fait qu'elle écrivait des poèmes érotiques quand elle était au collège. Une autre cache le fait qu'elle a été fiancée deux ans avec un « marine » qui fut tué au Vietnam. Chacune de ces femmes peut « prouver » qu'il est bien difficile d'être proche des hommes.

En « jouant » de tels scénarios, vous favorisez aussi le silence de votre partenaire. Nathalie et ses semblables se sentent insécurisées quand leurs partenaires leur communiquent de l'information sur leur passé. « Je savais que je n'aurais pas dû te faire confiance, dit-elle un jour à un partenaire qui lui avait révélé qu'il avait déjà été surpris s'exhibant sexuellement. J'imagine que tu meurs d'envie de recommencer, ajouta-t-elle avec amertume. » De telles réactions provoquent souvent le comportement justement le plus redouté. Une fois de plus, Nathalie « aurait raison » de croire ce qu'elle croit.

Comme troisième raison, on garde son secret parce que la dynamique de certaines relations joue sur le passé. Certaines personnes prétextent le passé de leur partenaire pour contrôler la relation qu'ils vivent. Une femme cultivée peut continuellement rappeler à son mari moins éduqué: « Tu es peut-être habile manuellement, mais je t'en prie, chéri, laisse-moi décider du reste. » Une autre tactique consiste à parler de l'histoire personnelle d'un partenaire en public. Ainsi, chaque fois que sa femme attire l'attention des autres hommes lors d'une réception, un homme jaloux raconte à tout le monde qu'elle a déjà été danseuse « topless ».

Ceci constitue une forme subtile de manipulation et amène un partenaire à se sentir impuissant et vulnérable. Chacun de nous reste maître de ce qu'il révèle ou cache de son passé afin de se soustraire aux commentaires, taquineries, ou aux chicanes.

S'il vous semble impossible de pouvoir amener un partenaire à respecter vos décisions sur votre passé, vous pouvez en déduire que celui-ci cherche à vous dominer. L'exemple suivant illustre une façon de composer avec une telle situation: « Roger, je t'ai déjà dit que lorsque tu mentionnes que j'ai eu une aventure durant mon premier mariage, tu me mets très mal à l'aise; pourtant tu continues à le faire. Qu'y a-t-il dans ce comportement qui soit pour toi plus important que le malaise que j'éprouve? »

Les taquineries indésirables de Roger amènent sa femme à regretter les confidences qu'elle lui a faites. Le secret devient un recours naturel pour ceux qui ont vu leur passé utilisé contre eux.

Les critiques sous-entendues favorisent aussi ce besoin. Quand l'être aimé dit: « Tout le monde sait que les orgies sont dégoûtantes », nous savons bien que cela veut dire: « Ne dis jamais à personne que tu as déjà participé à des orgies. »

Vous pouvez maintenant comprendre l'importance de la question suivante: Qui décide que certaines actions passées peuvent être critiquées? Est-ce votre décision et une décision avec laquelle votre partenaire est d'accord? Ou est-ce que quelqu'un d'autre (un conjoint, un parent ou même un enfant) vous impose sa décision? Je crois que ce devrait être uniquement votre décision; je vous encourage à rejeter les tentatives des autres de vous imposer leurs valeurs.

Pourquoi? Parce que nous n'acceptons jamais vraiment les valeurs imposées par les autres. Nous les tolérons tout au plus et cette tolérance est de courte durée. Au bout du compte, nous devenons aigris et amers si nous n'occupons pas l'espace qui nous est nécessaire. Pour affirmer notre autonomie, nous pouvons même en arriver à violer délibérément les valeurs qui nous sont imposées de l'extérieur.

Si un couple possède des valeurs véritablement différentes, il aura besoin d'aide professionnelle pour parvenir à l'harmonie. Les conflits de valeurs graves et non résolus engendrent souvent le manque de confiance, l'hostilité et la dissimulation.

Quand une personne impose à l'autre ses valeurs sexuelles, cela soulève deux questions fondamentales:

1. Pourquoi le partenaire 1 fait-il cela au partenaire 2?

2. Pourquoi le partenaire 2 permet-il au partenaire 1 de lui faire cela?

Pourquoi un partenaire fait-il cela à l'autre? Imposer ses valeurs à quelqu'un permet en quelque sorte de définir le passé de cette personne. Si, par exemple, on vous force à croire que vous avez été corrompu au collège par des homosexuels et que vous cessez de croire que ces expériences étaient délibérées et conscientes, cela peut changer le sens de vos relations, de vos choix et de votre identité première.

Redéfinir le passé d'un partenaire est une manière de le contrôler. Un partenaire peut agir ainsi pour se débarrasser égoïstement et injustement d'un de ces sentiments répandus:

• « Je ne me sens pas à l'aise avec la manière dont tu me décris ton passé. »

• « Je me sens exclu de ton passé. C'est pourquoi celui-ci ne saurait être complet ou satisfaisant sans moi. »

• « J'ai peur de ne pouvoir t'empêcher de répéter un jour ce que tu as fait. »

Voici une situation des plus courantes: une personne essaie d'en contrôler une autre en lui imposant ses valeurs et en essayant de redéfinir le passé sexuel de celle-ci. Même si la plupart des hommes désirent que leurs partenaires démontrent un intérêt sexuel envers eux, beaucoup d'entre eux se sentent mal à l'aise à l'idée que les femmes avec lesquelles ils vivent aient une sexualité libre d'expression. Le sentiment qu'ils éprouvent pourrait se décrire ainsi:« À moins qu'il ne me soit destiné spécifiquement, je veux que l'intérêt sexuel d'une femme demeure en veilleuse. »

Bien sûr, cela ne correspond pas toujours à la réalité; à notre époque, de plus en plus de femmes acquièrent leur propre pouvoir et leur indépendance. Malgré tout, certains hommes «expliqueront» l'histoire sexuelle d'une femme en suggérant qu'elle «traversait une phase de sa vie», «se rebellait», «expérimentait» ou même qu'elle était «exploitée». Tout cela revient à dire que son comportement était inacceptable. Cela amène très souvent les femmes à dissimuler cette partie d'elles-mêmes.

Revenons-en à la deuxième question: pourquoi un partenaire permet-il que l'autre lui impose des valeurs qui lui sont étrangères?

Il y a plusieurs raisons pour lesquelles les gens abandonnent le pouvoir de définir leur passé sexuel. Le besoin impérieux de dissimuler nous pousse dans cette direction. Nous nous disons: «Si cela regarde ma sexualité, c'est suspect. Si tu dis que quelqu'un comme moi est mauvais, tu as probablement raison. »

Voici une version légèrement différente de cette dynamique: «Tu crois qu'une personne comme moi est immorale. Je n'en suis pas sûr, mais tu as peut-être raison. Si je ne suis pas d'accord avec toi, tu seras certain que je suis immoral et tu auras peut-être encore davantage raison. Pour ne prendre aucun risque, je te laisse choisir quel type de passé convient le mieux et je te cacherai tout ce qui ne correspond pas à cette norme. »

Bien des personnes abandonnent leur pouvoir parce qu'ils croient que les autres en savent plus qu'eux sur la vie. C'est ce qu'illustre cette histoire, qui comporte deux volets. Même si elle ne me fut pas racontée d'une manière aussi évidente, je la raconte ici selon l'ordre chronologique.

Entre son premier et son second mariage, Johanne, agent d'immeubles, partit pour une longue fin de semaine avec l'une de ses amies au Lac Tahoe. Elles eurent beaucoup de plaisir, devinrent très intimes et, la dernière nuit de leur séjour, firent l'amour. « Je m'étais toujours demandé comment ça pouvait être, dit Johanne, et la circonstance s'y prêtait bien. »

Même si toutes deux retirèrent beaucoup de plaisir de l'expérience, elles n'avaient aucun intérêt à poursuivre cette partie de leur relation. Elles sont toujours amies. En fait, Geneviève fut fille d'honneur au second mariage de Johanne.

Quelques années après son mariage avec son second mari Francis, ils virent un film qui traitait d'une amitié ambiguë entre deux femmes. Johanne aima le film; Francis, quant à lui, ne cessa de parler de « ces maudites gouines perverties ». Il prétendait que les « vraies » femmes n'étaient pas attirées les unes par les autres et que celles qui le sont sont dangereuses pour leurs enfants. « Et je devrais bien le savoir, s'offusquait Francis. Qui connaît mieux les femmes qu'un homme qui a beaucoup sorti? »

Le long monologue de Francis troubla Johanne. Elle ne lui avait jamais parlé de sa fin de semaine avec Geneviève; cela faisait partie de ses souvenirs secrets. Maintenant, elle était déchirée. Francis semblait si sûr de ce qu'il disait. Et puis, comment pouvait-elle être vraiment dangereuse pour leur enfant d'un an?

Le doux souvenir de Johanne était maintenant devenu pour elle un terrible cauchemar. Plus elle devint anxieuse, plus il lui devint difficile de s'en libérer. Elle commença à devenir obsédée par l'incident et sa signification et devint périodiquement déprimée.

Cela constitue le premier volet de l'histoire. Pourquoi Johanne laissait-elle ainsi Francis lui dicter ce qui était bien et ce qui était mal? Il était certain de détenir la vérité et projetait une vision claire et déterminée. Qui plus est, les autres aspects de leur mariage répétaient ce schéma. Francis était l'expert dans des domaines de la vie de Johanne comme l'argent, les amis et la famille. Elle croyait qu'il devait avoir raison, même quand il était dans l'ignorance, comme ici, dans le cas de l'homosexualité.

J'appris tout cela un an plus tard environ, quand le couple vint suivre une thérapie sexuelle. C'est ici que commence le deuxième volet de l'histoire. Johanne manquait de désir sexuel. Après deux rencontres, je diagnostiquai que leur problème n'était pas sexuel; il résidait plutôt dans un déséquilibre du pouvoir dans leur relation. « Johanne n'a pas d'autre façon d'affirmer son indépendance ou ses besoins, leur dis-je. Le manque de désir est aussi une manière efficace qu'elle a trouvée pour éviter les critiques. » Ce n'est qu'après avoir travaillé ensemble durant plusieurs semaines que Johanne révéla finalement son secret. Tout s'éclaira aussitôt qu'elle l'eût mis à jour.

Le secret sexuel de Johanne fait partie intégrante de la dynamique de sa relation. C'est une stratégie courante que d'essayer d'« arranger » son passé pour satisfaire les attentes d'une autre personne, bien que ce soit une très mauvaise idée de procéder ainsi. Cela finit par provoquer du ressentiment ou d'autres sentiments inconscients qui se manifestent plus tard.

Notre culture véhicule des idées étroites sur le sens du passé et sur la responsabilité que nous entretenons. La plupart d'entre nous ne pensons jamais aux attitudes sociales que nous transmettons quant au passé des gens. C'est souvent bien inconsciemment que nous pensons les choses suivantes:

- Le passé est le meilleur « augure » du futur.
- Beaucoup de choses que nous avons faites autrefois sont impardonnables.
- À moins que les gens ne se repentent, on doit s'attendre à les voir répéter leurs comportements passés.
- Même si elles se repentent, on ne devrait jamais complètement pardonner à certaines personnes.
- Il est toujours facile de savoir ce qu'il faut faire; on peut toujours éviter de faire des erreurs.

C'est un monde dur et froid que masquent de telles croyances, croyances qui révèlent un manque de sensibilité envers les processus normaux de changement et de croissance. Au cours de notre vie, la plupart d'entre nous traversons des étapes importantes telles que l'éveil sexuel de l'adolescence et la grande remise en question du mi-temps de la vie. Les êtres humains vivent aussi une vaste gamme de changements graduels, moins spectaculaires, qui passent souvent inaperçus. Ces changements, on me les décrit de diverses façons. On me dit: « J'ai cessé d'être drôle. » ou « J'ai commencé à constater que j'étais très séduisant. » ou « Je me suis enfin débarrassé de ça. » ou enfin « Un jour, j'en ai eu plus qu'assez de me faire harceler. »

Parce que la société refuse généralement de reconnaître la réalité des changements normaux de la vie, plusieurs personnes sont portées à se croire marquées à jamais par leur passé. Elles croient que leur passé reflète davantage ce qu'elles sont maintenant que ce qu'elles étaient à une autre époque. Il est plus sain d'abandonner cette croyance et d'accepter les aspects de notre passé qui nous déplaisent le plus, en nous disant: « Je ne referais pas cela aujourd'hui, mais à l'époque, c'est ce qu'il me fallait faire. »

Notre société jette sur le passé des individus un regard souvent hypocrite et implacable. Des expressions péjoratives telles qu'« enfant illégitime », « mère célibataire », « ex-détenu », « promiscuité » et « avortement non nécessaire » emprisonnent les gens dans des stéréotypes en discréditant leurs choix et en ignorant les drames humains qui se cachent derrière ces expressions.

Cette attitude se répercute même au niveau gouvernemental. On a vu souvent des sentences imposées à des gens, pour des délits commis vingt ans plus tôt, qui ne tenaient visiblement pas compte des changements de conduite que ces mêmes personnes avaient pu démontrer au cours de leur vie.

J'imagine qu'il ne faut pas nous choquer d'une telle faiblesse. Comme l'auteur Laurence Sterne l'a écrit il y a plus d'un siècle dans *Tristram Shandy:* « Seuls les braves savent comment pardonner. » La romancière Dame Rose Macaulay a très bien décrit, un an avant sa mort, ce manque d'indulgence si loin de l'esprit chrétien qui, soit disant sous-tend notre société civilisée: « La plupart de mes amis ne sont pas chrétiens, même si certains d'entre eux sont catholiques ou anglicans. »

Selon l'opinion actuelle, il existe des passés que, dans les faits, nous ne devrions ou ne pourrions probablement pas pardonner. Nous pouvons voir comment cela favorise le maintien du secret, ainsi que je l'illustre à partir de « cas » tirés d'un roman-savon télévisé.

J'ai vu ce petit épisode l'an dernier tandis que j'étais en transit à l'aéroport de Seattle. Ne me demandez pas de quel opéra-savon il s'agit; pour moi, ils sont tous pareils. Pierre et Linda se sont récemment fiancés. Fou de bonheur et se sentant très proche de Linda, Pierre tient à lui révéler quelque chose.

Pierre: Maintenant que nous allons nous marier, je veux tout te dire sur moi, même ni certaines choses datent de très longtemps. Je ne voudrais surtout pas que tu les apprennes de la bouche de quelqu'un d'autre.

Linda: Comme quoi?

Pierre: Eh! bien, quand j'étais au collège, j'étais danseur nu. Je travaillais dans les clubs d'étudiantes, pour des femmes céli-bataires, ce genre de chose, quoi! Parfois, les choses se corsaient. J'imagine que certaines femmes croient que c'est toute une histoire que de sortir avec des artistes.

Linda: Tu as fait ça, toi! Pierre, je suis surprise. Et désap-pointée. Ça ne te ressemble pas.

Pierre: Tu as raison. C'est une chose qui m'embarrasse beaucoup. À l'époque, cela avait du sens mais cette partie de ma vie est loin derrière moi aujourd'hui.

Linda: En es-tu bien certain? Parce que j'imagine que bien des collégiennes aimeraient encore te sauter au cou…

Pierre: S'il te plaît, ne m'agace pas. Vraiment, tout ça date de si longtemps. Tout ce que je veux aujourd'hui, c'est toi.

Linda: D'accord, je t'aime...

Pierre: Moi aussi je t'aime et je suis heureux de t'avoir dit ça.

Mais dans les deux scènes suivantes, la « vraie réalité » intervient:

Pierre: ...alors, je lui ai tout dit.

Un ami de Pierre: Quoi? Tu es fou. Jamais elle ne te laissera oublier cela.

Pierre: Tu ne connais pas Linda. Elle est très compréhensive. Elle a confiance en moi.

Un ami de Pierre: Tu ne connais pas les femmes, mon ami. Tu aurais dû te taire. Elle va toujours douter de toi maintenant.

Linda: ...alors, il m'a révélé qu'il a déjà été danseur nu.

La soeur de Linda: Mon Dieu! Alors, qu'est-ce que tu lui as dit?

Linda: C'est étrange, parce qu'il est évident que tout ça est loin derrière lui, ça ne me dérange pas.

La soeur de Linda: Tu es bien forte de prétendre que ça ne te fait rien.

Linda: Prétendre? De quoi parles-tu? Je lui ai vraiment dit ce que je pense.

La soeur de Linda: Eh! bien, s'il a déjà fait ça, tu ne peux vraiment plus avoir confiance en lui. Tu as dû être anéantie. Tu ne crois pas vraiment qu'il ne sera pas tenté de nouveau. Parce que lorsqu'un homme est tenté, c'est ça qui est ça.

Pierre et Linda se servent de leur relation comme d'une ressource. La manière dont ils traitent ce problème éventuel les rapproche. Elle les incite aussi à une prochaine ronde de partage et d'intimité. Vous pouvez voir comment, par contre, l'attitude de leurs « amis » favorise le secret, lequel pourra donner lieu plus tard à de graves problèmes. Ces amis n'ont pas retenu le conseil que donnait Shakespeare dans *Othello,* il y a plus de trois siècles: « La meilleure manière d'attirer le malheur, c'est de pleurer encore sur un malheur passé. »

Une dernière norme culturelle qu'il vaut la peine de mentionner ici est celle qui consiste à «blâmer la victime». Les partenaires de gens qui ont déjà été victimes de viol ou d'inceste se sentent parfois si coupables ou impuissants qu'ils blâment la victime de ne pas avoir assez résisté. Faisant preuve d'une grande insensibilité, bien des personnes se demandent même si la victime n'a pas « couru après » ou n'a pas apprécié l'expérience.

Ce genre d'ignorance hostile pousse les victimes à se taire. Le FBI estime qu'en fait, seulement un viol sur dix est signalé aux autorités. Ceci constitue un exemple dramatique de la manière dont les attitudes culturelles favorisent les secrets sexuels.

COMMENT NOUS GARDONS DES SECRETS SUR NOTRE PASSÉ

Le mensonge est l'une des façons les plus répandues de garder des secrets sur notre passé.

Cela dérange-t-il les gens qui se considèrent moraux et honnêtes? Bien sûr que oui. « Andrée était toute prête à faire des suppositions injustes, me dit Arnold, un dessinateur de mode de trente-huit ans. Alors, je me suis dit que je nous évitais un problème inutile et j'ai justifié mon mensonge en pensant à la relation satisfaisante que nous étions en train de bâtir à deux. »

Il semble qu'Andrée avait peur d'attraper le SIDA. Quand elle découvrit qu'Arnold travaillait dans une industrie où évoluent tant de bisexuels et d'homosexuels, elle voulut cesser de coucher avec lui, du moins jusqu'à ce qu'il passe des tests de dépistage du SIDA. Refusant de passer ces tests, Arnold lui affirma qu'il n'était dans ce domaine que depuis peu, laissant sous-entendre ainsi qu'il n'avait jamais eu de contacts sexuels avec d'autres hommes.

« La seule chose que j'ai faite à quelques reprises avec des hommes, c'est de me masturber, me dit Arnold. Andrée m'a déjà dit qu'elle craignait que la sexualité des gais ne lui fasse courir des risques; alors, je lui ai dit que je n'avais jamais eu de relations homosexuelles. Tout ce que je désire, c'est que nous poursuivions la relation normale que nous avons. »

Les secrets sexuels exigent de certaines personnes qu'elles se débarrassent de souvenirs témoins de leur passé. On sentira peut-être ainsi le besoin de se défaire de cadeaux qu'on a reçus — comme des peintures ou des livres — surtout si ceux-ci ont été choisis par des gens qui présentaient des goûts très différents des nôtres.

Rappelez-vous ce que nous disions du besoin que nous avons de protéger notre vie privée: il y a une grande différence entre dire à quelqu'un «Cette chose me plaît et je ne veux simplement pas la partager». et «Voilà les preuves d'une chose répréhensible que j'ai faite».

Les personnes qui gardent des secrets perçoivent souvent mal ce qu'est une responsabilité. Ainsi, des femmes me disent souvent des phrases comme: «Georges refuse que je porte un vêtement qui m'a été offert par un autre homme.» Pourquoi une personne se permet-elle d'imposer à une autre les limites de l'intimité qui lui est permise? J'appelle cela du «fascisme émotionnel».

Une autre manière de garder des secrets sur notre passé consiste à permettre ou à encourager les suppositions erronées d'un partenaire. Certaines des personnes qui se servent de cette stratégie pensent qu'elles sont «bien honnêtes» parce que cela n'implique pas qu'elles mentent. Un peu comme une femme qui dirait qu'elle est «quelque peu» enceinte?

Le dernier type de secret consiste à révéler d'avance à son partenaire — pour tenir celui-ci à distance — certains de ses comportements (inhabituels). Ainsi, un homme peut, tout en refusant d'examiner pourquoi il se sent comme ça, dire à sa partenaire: «Je ne pratique pas le cunnilingus. Dis-moi que tu trouves ça étrange; mais c'est comme ça et je ne veux plus en parler.» Voici un exemple de ce genre de situation:

Anne et son fiancé Eric aimaient faire l'amour ensemble. Une seule chose clochait: il refusait de lui faire l'amour oral. Parce que c'était pour elle la manière la plus facile d'avoir son orgasme, elle se sentait souvent déçue. Leur vie sexuelle devint à plusieurs reprises une source de colère individuelle et mutuelle.

Au cours de leurs fréquentations, Anne essaya d'intéresser Eric au sexe oral de diverses manières. Mais il trouvait toujours une bonne excuse pour ne pas le faire: sa mâchoire était fatiguée, il avait une plaie dans la bouche, il n'aimait pas son odeur prémenstruelle.

Un jour, Anne confronta Eric. « Je vois bien maintenant que jamais tu ne me donneras de sexe oral », lui cria-t-elle. Fatigué de jouer lui aussi, Eric répondit: « Tu as raison. Jamais je ne le ferai. L'affaire est réglée. Je ne veux pas en reparler. » Il ne voulait lui fournir aucune raison et n'avait aucune suggestion à faire sur la manière dont Anne aurait pu l'y intéresser.

Comme je le fais avec la plupart des couples, j'eus des rencontres séparées avec Anne et Eric la semaine suivant leur premier counseling à deux. Seul avec moi, Eric me révéla son secret. La première fois qu'il avait fait l'amour, il y a plusieurs années, il avait été très maladroit, surtout avec sa technique orale. Malheureusement, la jeune fille l'avait dit à certaines de ses amies. Une d'elles le répéta à son ami, qui utilisa à son tour l'information pour humilier Eric.

« Après ça, j'ai perdu toute envie de l'amour oral, dit Eric en colère. J'aime beaucoup faire l'amour, mais je ne veux pas que ça se reproduise. » Pourquoi ne le disait-il pas à Anne? « Elle ne comprendrait pas, dit-elle. D'ailleurs, c'est trop gênant, précisa-t-il. Écoutez, je suis comme je suis, un point c'est tout. »

Et c'était devenu la ritournelle d'Eric. « Je suis peut-être bizarre mais je ne veux pas en parler. Je suis comme ça. C'est à prendre ou à laisser. » Je rencontrai Eric seul deux autres fois. Il refusa de parler de la question du sexe oral et se montra renfrogné et renfermé chaque fois que j'essayais de parler de sa relation avec Anne. Je ne pus ni révéler le secret d'Eric ni faire quelque progrès que ce soit avec lui; aussi le traitement cessa-t-il au bout d'un mois.

LES SECRETS QUE NOUS GARDONS

Les gens gardent un nombre incalculable de secrets qui concernent leur passé. Cela est partiellement dû à la manière efficace dont la plupart d'entre nous avons appris à critiquer notre sexualité. Cela est aussi dû au droit que nos partenaires s'accordent de nous critiquer.

Pourtant, personne ne devrait avoir à défendre son passé. Celui-ci fait partie de vous et devrait être accepté tel quel. Comme l'a dit Confucius: « Il est inutile de parler de ce qui est fait, inutile de blâmer ce qui est passé. »

La confiance joue un rôle essentiel dans nos relations. Votre partenaire doit croire que vous avez fait de votre mieux à chaque étape de votre passé. Ce n'est qu'en agissant ainsi que l'intimité entre deux personnes peut se développer.

Soyez donc le gardien de votre passé (tout en laissant les autres être les gardiens du leur). Vous n'avez besoin de la permission de personne pour faire des choses que vous avez faites il y a plusieurs années. Vous n'avez pas à tolérer un partenaire qui établit des rapports avec la personne que vous *étiez* plutôt qu'avec celle que vous *êtes* aujourd'hui. Dites régulièrement: « Pour être où j'en suis aujourd'hui, il semble bien qu'il m'a fallu faire ce que j'ai fait. Si tu m'aimes aujourd'hui, tu dois tout accepter de moi. »

Il est tout aussi important de vous dire la même chose, chaque jour si nécessaire.

Voyons maintenant quelques exemples de secrets que les gens gardent sur leur passé.

« Je préférerais que Marc croie que je suis frigide plutôt qu'il apprenne que j'ai déjà été violée », me dit Sophie, une administratrice scolaire. Sophie évitait de faire l'amour avec Marc parce que cela lui faisait mal, comme ça lui était arrivé avec les deux autres hommes qu'elle avait fréquentés depuis son viol.

Pourquoi se comportait-elle ainsi? «À cause de la manière dont Marc réagirait probablement, me dit-elle. Je ne veux pas de sa pitié et je ne veux pas non plus qu'il se demande si je n'avais pas couru après. Il est plus facile de garder tout ça secret. »

« C'est vrai », répondis-je. Je demandai ensuite à Sophie de bien peser toutes les conséquences de son secret. Elle se sentait isolée et frustrée. Pire encore, elle s'empêchait de vivre une sexualité épanouie. J'ajoutai rapidement que je ne prétendais pas que Sophie *devait* partager son secret. Toutefois, je sentais qu'elle avait besoin d'être consciente du prix qu'elle payait en le gardant.

« Quand la douleur provoquée par l'acte sexuel vous sera devenue complètement inacceptable, le partage de votre secret vous semblera probablement la seule chose à faire pour régler le problème. » Sophie ne sera plus esclave de son passé. Il sera simplement ce qu'il a été: une chose qui lui est arrivée, «libre de tout détail inexact ou manquant», comme l'a déjà dit Sir Max Beerbohm en parlant du passé.

Gérald, un chauffeur d'autobus à la voix douce, cachait un passé d'un type différent. Il ne savait plus que penser de ses expériences d'adolescent.

« Mes premières expériences sexuelles, commença-t-il après un long soupir, je les ai eues avec ma sœur qui m'avait séduit. J'éprouve des sentiments « mêlés » par rapport à cela: de la culpabilité parce que c'était de l'inceste et de l'excitation quand je me souviens combien elle aimait ça. J'aimais ça moi aussi, même si j'avais surtout peur de me faire prendre. »

« Elle avait beaucoup plus de maturité que moi, poursuivit-il. Elle allait avoir dix-sept ans, je venais d'en avoir quinze. C'est elle qui m'avait séduit en disant qu'elle avait besoin d'amour et qu'elle ne faisait pas confiance aux garçons du voisinage. Ensuite, elle voulut faire l'amour toutes les deux ou trois semaines. Si je disais non, elle boudait et disait que je ne l'aimais pas. »

« Est-ce qu'une personne qui a commencé ainsi peut avoir une vie sexuelle normale? Je m'inquiète, me dit Gérald. Je donne presque toujours rendez-vous à des filles qui sont tout le contraire de ma sœur. Mais toutes les femmes finissent par me rappeler à son souvenir. C'est alors que j'ai peur de perdre mon érection et que je cesse de faire l'amour. »

La situation de Gérald démontre jusqu'à quel point on peut garder son passé vivant en le cachant. Chaque fois que Gérald fait l'amour, il est émotivement ramené à l'époque confuse de son adolescence. Et les femmes avec lesquelles il sort ressemblent pour lui à sa sœur: elles sont puissantes, séduisantes et dangereuses.

Le message que véhicule le secret de Gérald, est le suivant: « J'ai fait quelque chose de mal dans le passé, et cela fait de moi une « mauvaise personne ». » Il ne réalise pas que le passé et le présent sont deux choses distinctes et que l'un ne peut être jugé avec la logique ou l'« expérience » de l'autre.

Gérald a besoin de décider qu'il est une personne normale, acceptable et qu'il est seul maître de sa vie. Une excellente façon de le faire serait d'accepter son passé. Il pourrait alors développer un partage adéquat de l'information avec ses futures partenaires. Mais l'important pour Gérald, ce n'est pas tant de révéler son secret que de l'accepter. Jusqu'à ce qu'il puisse le faire, il continuera d'avoir des problèmes sexuels.

Comme Sol Gordon le dit: « Pourquoi permettre aux fantômes du passé de dicter votre présent? »

Certaines personnes mettent au point un système particulièrement articulé pour préserver leurs secrets. Lucie, qui se prostituait avant même d'avoir dix-sept ans, me dit: « C'est ce qui m'a sauvé la vie, en me permettant d'échapper à des parents fous et brutaux. Pour moi, la prostitution a été une manière de gagner ma vie et de me sentir appréciée. J'ai même pu compléter mon cours secondaire en suivant des cours du soir. »

« Mais personne ne comprend ça. Les gens disent que j'ai été une victime ou que mes clients ont été des victimes. Ils prétendent que les prostituées sont des salopes. Autrefois, quand je disais « Non, vous vous trompez », ils me soupçonnaient de l'être ou d'encourager les autres filles à faire comme moi. »

« Alors je ne dis plus jamais ça à personne. Je me suis inventé une tante Alice avec qui j'ai vécu de 1971 à 1975. Je ne démords pas de cette histoire. La vérité, je la garde pour moi. Personne ne me fera changer d'idée; je sais trop bien qu'au bout du compte, c'est moi qui en souffrirait. »

Lucie ne se sent peut-être pas coupable de s'être prostituée, mais elle en subit les conséquences. En ce qui la concerne, elle est convaincue que toutes les relations sont temporaires. Ceci renforce les cruelles leçons de son enfance.

Malheureusement, en se cachant et en se protégeant des jugements et de l'incompréhension des autres, Lucie continue à se critiquer intérieurement. Elle se dit: « Seuls des perdants peuvent m'aimer. » Lucie croit que si elle aime quelqu'un, elle sera abandonnée. En cachant des secrets à ses intimes, elle perpétue cette croyance.

« Pourquoi est-ce que je trompe les gens ainsi sur mon passé, se demande-t-elle. La réponse est simple. Si vous leur dites la vérité, les gens vous quittent. Comme le dit la chanson: « Dans la vie, tout s'en va. » Bien sûr, certaines relations durent un peu plus que d'autres. Mais en fin compte, tout passe. Quelqu'un a dit un jour: « La seule différence qui existe entre le désir aveugle et l'amour véritable, c'est que l'amour dure un peu plus longtemps ». »

La réappropriation de son passé est un projet d'envergure. Vous pouvez le réaliser soit en vous pardonnant, soit en décidant qu'il n'y a rien à pardonner. D'une manière ou d'une autre, vous mettrez votre passé derrière vous et libérerez votre futur. Cela rétablit aussi l'équilibre du pouvoir dans vos relations avec les autres.

Que se passe-t-il si vous ne faites pas cela? Il y a cinquante ans environ, Winston Churchill nous donnait la réponse: « Si le passé et le présent se bataillent, c'est le futur qui est mis en péril. »

7 LA TROMPERIE DÉLIBÉRÉE

« *Les gens ne mentent que pour une seule raison:
la peur de perdre l'amour.* »

Proverbe

« *C'est une inextricable toile que nous tissons quand nous nous
pratiquons d'abord à tromper les autres.* »

Sir Walter Scott

Mentir — voilà ce que signifie le titre de ce livre pour la
plupart des gens.

POURQUOI NOUS TROMPONS LES AUTRES

Il y a quatre raisons pour lesquelles nous trompons les autres
sur notre sexualité:

1. La tromperie peut manifester la méconnaissance que nous
    avons de nous-même, de nos relations, de notre sexualité.

2. La tromperie peut symboliquement exprimer autre chose.

3. La tromperie peut représenter une façon d'appliquer, à
    l'âge adulte, des « vérités » enfantines périmées.

4. La tromperie peut offrir une manière de vaincre un
    sentiment d'impuissance.

Le fait de tromper les autres crée presque toujours des barrières. Ces barrières se dressent souvent entre nous-mêmes et les autres. Mais, tout aussi bien, elles peuvent nous empêcher de voir les vérités qui nous concernent.

Nous avons déjà vu comment l'enfance aliène souvent notre sexualité et nos rapports avec le corps. Nous avons alors du mal à évaluer avec précision la vraie nature de notre sexualité ou à prévoir les réactions des autres à nos vérités. Ces perceptions faussées amènent à percevoir la vérité comme beaucoup plus dangereuse qu'elle ne l'est en réalité. Souvent, la tromperie semble nécessaire alors qu'elle ne l'est pas.

Bien souvent, nous estimons mal les coûts du mensonge. Nous sous-estimons le stress créé par la culpabilité et la colère que le mensonge génère en nous. Nous sous-estimons de même la quantité d'énergie mentale mobilisée par la tromperie parce que nous devons alors constamment surveiller nos mots et nos actions, de peur qu'ils ne trahissent nos secrets.

Comme un de mes clients désabusé, mais plus sage, me le dit un jour: «L'un des avantages de la vérité, c'est qu'après, il n'est plus besoin de se souvenir.»

Nous trompons les autres pour une deuxième raison, symbolique celle-là. Elle concerne davantage le besoin de dissimuler que le secret lui-même. Ainsi, le mensonge peut constituer une manière subtile de dire que personne ne peut nous contrôler. Bien sûr, le fait que vous vous sentiez ainsi ne signifie pas nécessairement que votre partenaire veuille vous contrôler. Par contre, il signifie peut-être que vous avez peur du rapprochement. D'autres personnes se sentent contrôlées parce qu'elles sont simplement inconscientes du grand nombre de compromis requis par des relations saines.

De la même manière, certaines personnes ont recours à la tromperie pour tester les autres. La dynamique inconsciente qui sous-tend ce comportement est la suivante: «Vois comme je suis mauvais. M'aimes-tu toujours?» ou bien «Tu dis que tu veux être proche de moi. Je vais tout faire pour te rendre ça difficile.

Alors je verrai si tu es sincère. » Le problème ne tient pas ici au fait de se faire prendre ou non, mais bien à la distance créée par la tromperie.

Les gens trompent sexuellement les autres pour éprouver à nouveau des sentiments connus. Ils ressentent ces anciens sentiments dans leur vie actuelle; ils agissent alors comme s'il étaient encore dans le passé, toujours en état de réminiscence.

Ainsi, les enfants qui se font constamment critiquer apprennent à cacher tout ce qui a de l'importance pour eux, comme leurs hobbies, leurs amis, leurs rêves et même leurs succès scolaires. Souvent, ces enfants deviennent des adultes qui n'éprouvent de la sécurité qu'en se cachant. Ils considèrent toute personne qui s'intéresse à eux comme indiscrète, envahissante et menaçante. Le secret leur semble souvent nécessaire pour survivre aux relations adultes qui ressemblent un peu trop aux relations dangereuses de leur enfance.

Chez beaucoup de gens, cette dynamique n'est pas intentionnelle. Mais elle peut aussi être délibérée ou calculée. L'expérience de Jonathan l'illustre bien.

Bien qu'il soit venu suivre une thérapie pour des problèmes professionnels, Jonathan se mit un jour à me parler de sa sexualité. Cette semaine-là, sa partenaire l'avait pour la première fois surpris en train de se masturber en se frottant les seins et en se pinçant les mamelons. Quand ils firent l'amour le jour suivant, elle répéta ces caresses, mais il la repoussa brutalement. « Ne me touche pas comme ça, dit-il d'un ton bourru. Pour quel sorte d'homme me prends-tu? »

Jonathan avait honte de tirer du plaisir en stimulant ses seins et ignorait que beaucoup d'hommes hétérosexuels aiment ça (selon Levine et Barbach de même que selon Hite). Mais son mensonge cachait un problème plus grave. L'intimité qu'il avait avec elle était vraiment trop menaçante.

Enfant unique, Jonathan était né après la deuxième fausse couche de sa mère. Craignant de le perdre lui aussi, et pourtant bien intentionnés, ses parents le couvèrent jusqu'à l'étouffer. Pour survivre à leurs soins exagérés et à leurs questions constantes, Jonathan s'inventa un monde intérieur rien qu'à lui, s'isolant d'eux en plongeant dans de longues périodes de silence complaisant.

Sa personnalité d'aujourd'hui a été façonnée par toutes ces années où Jonathan s'est protégé des autres. Maintenant adulte, ses secrets sexuels créent la distance dont il a besoin pour se sentir en sécurité avec son amie. À trente-trois ans, Jonathan essaie toujours de se créer une enfance sécuritaire.

Finalement, la tromperie délibérée peut aussi exprimer l'impuissance, un sentiment courant dans beaucoup de relations. Quand les gens sentent qu'ils ont suffisamment de pouvoir — pour être entendus, pour être capables de changer les règles de la relation, pour obtenir de l'appréciation — la tromperie est inutile. Nous pouvons nous sentir impuissant (comprendre désarmé) avec un conjoint, un parent, un enfant, un frère, une sœur ou un ami intime. Voici certaines pensées et sentiments qui expriment cette situation:

- « Il semble que je n'arrive pas à obtenir ton attention. »
- « Il semble qu'il n'y a pas de manière de changer les règles qui régissent notre relation. »
- « Il semble qu'il n'y a pas de façon de rendre cette relation plus satisfaisante pour moi. »
- « Tu as dit (ou sous-entendu) que je ne puis parler de certaines choses que je ressens ou que je veux faire. »
- « Je sens que des forces extérieures me poussent à faire cette activité même si nous avions convenu que je ne la ferais pas. »

Quand nous ne trouvons plus de sens à l'intérieur des règles établies dans une relation, nous pouvons être amenés à tromper notre partenaire en brisant une ou plusieurs des clauses du contrat qui nous lie à l'autre. Si le fait de tromper peut sembler un acte de défi ou d'affirmation de pouvoir, ce peut être, en réalité, un acte de peur, de désespoir ou de frustration.

Mario était marié depuis quatorze ans et supportait sa vie de couple plus qu'il n'en retirait de plaisir. Sa femme Josée était toujours déprimée. Elle ne pouvait s'occuper des tâches ménagères et ne voulait pas trouver de travail. Pire encore, elle ne voulait pas discuter avec lui de leur situation.

« Je l'aime et veux rester avec elle, me dit avec tristesse ce vendeur d'ordinateurs. Mais elle refuse de faire tout effort. Que dois-je faire? Parler, supplier, menacer, l'ignorer, rien n'y fait. »

Finalement, Mario commença à coucher avec une cliente qu'il voyait une fois par mois. Le coup classique du « Je ne fais que ce que je veux »? Je ne crois pas. « Je me sentais complètement coincé, me dit Mario peu après le début de son aventure. Je détestais la vie que je menais avec ma femme et je me sentais prisonnier. » Josée lui disait qu'elle n'avait aucune énergie à consacrer à ses attentes. « J'avais besoin d'être en contact avec quelqu'un et c'est pourquoi j'ai permis cette aventure. Je me sens à nouveau une personne. Et, bien sûr, coupable. »

Je suis sûr que Mario aimerait davantage parler, faire l'amour et rire avec sa femme. Mais il se sent complètement impuissant devant le problème. Il n'a pas été capable de trouver une manière de régler la situation de concert avec elle. Et, comme celle-ci refuse de suivre un counseling individuel ou conjugal, il n'y a pas grand chose à faire.

LES SENTIMENTS QUE NOUS ÉPROUVONS ENVERS NOS TROMPERIES

La plupart des gens éprouvent deux types de sentiments envers leurs tromperies. Le premier est à court terme et égocentrique, presque enfantin. Vous avez peut-être déjà ressenti un ou plusieurs des sentiments suivants:

- « Je suis content de faire ça. Il est temps que je lui tienne enfin tête. »
- « Enfin, je fais quelque chose pour moi-même. »
- « Je ne suis pas responsable parce qu'on m'a vraiment poussé à faire ça. »

- « Il faut que je le fasse, je n'ai pas le choix. »
- « Je mérite bien ça et je refuse de me sentir coupable. »

Mais je crois que des sentiments plus complexes se cachent derrière ces affirmations. Même si certaines personnes affirment qu'elles ne sont absolument pas affectées par leurs tromperies, je crois que ce n'est pas vrai. En fait, le refus et le blâme qu'expriment de telles déclarations font partie de l'expérience de la dissimulation. Psychologiquement, les gens doivent faire quelque chose pour normaliser leurs tromperies, c'est-à-dire pour détourner la culpabilité, la honte et le sens critique qu'ils éprouvent.

Presque tout le monde sait qu'il est mal de tromper une personne chère. Est-ce notre sens moral qui se manifeste? Est-ce le souvenir d'avoir été soi-même trompé? Rappelez-vous ce que vous avez ressenti en découvrant qu'on vous trompait: trahison, humiliation, honte, colère. Même sans penser souvent à ces sentiments, ceux-ci n'en continuent pas moins de persister secrètement.

Aussi les gens qui gardent des secrets vivent-ils un conflit. « L'enfant » qui vit en eux leur dit que la tromperie est nécessaire, tandis que le « parent » la condamne. Le conflit entre ces deux types de sentiments provoque souvent de la dépression ou de la colère. La dépression provoque à son tour l'isolement et la colère nous porte à blâmer les autres.

Dans un cas comme dans l'autre, il en résulte généralement une relation hostile et l'expression de sentiments tels que « C'est moi ou toi » ou « Ou bien c'est moi qui suis la cause du problème, ou bien c'est toi » ou « Tu ne m'es pas une ressource mais un obstacle ».

Cette dynamique hostile doit être corrigée avant que toute autre guérison ou tout autre changement ne puisse se produire. Malheureusement, les gens essaient habituellement de régler leurs problèmes sans d'abord s'attaquer à la douleur qu'ils éprouvent d'être devenus des adversaires. Leurs efforts ne donnent souvent des résultats — s'ils en donnent — qu'au prix des plus grands sacrifices. Quelquefois, ils ne font qu'aggraver le problème.

Pour deux raisons, il est important de se rendre compte de cette attitude qui consiste à se voir comme perdant ou gagnant. Tout d'abord, cela aide les gens à identifier les conflits intérieurs qu'ils vivent à cause de leur comportement. Cette prise de conscience permet un changement profond et durable. En poursuivant une relation hostile, nous laissons se développer l'amertume.

L'impuissance se cache sous les sentiments à la fois enfantins et parentaux que nous éprouvons envers la tromperie. La personne qui trompe l'autre est convaincue qu'elle a agi par nécessité: « J'ai été poussée à le faire, il fallait que je me récompense ». Et la voix de la culpabilité et de la honte dit: « Je suis une mauvaise personne, trop faible pour résister. »

Mais on peut aussi voir la tromperie différemment, comme une force active et non seulement comme une réaction.

LA NATURE ACTIVE DE LA TROMPERIE

Alors qu'il est souvent facile de considérer les tromperies des autres comme des formes subtiles de contrôle et de pouvoir, il est beaucoup plus difficile d'évaluer les nôtres de la même façon. Toutefois, il importe de réaliser que la tromperie est un choix et qu'il faut prendre la responsabilité de ce choix.

Ce faisant, nous pouvons mieux assumer les conséquences de notre tromperie, que celles-ci soient voulues ou non. Qui plus est, en prenant vos responsabilités, vous revendiquez votre pouvoir et accédez à un plus large éventail de choix face à une situation donnée.

Réalisez que la tromperie est un choix délibéré, de bien des façons. Ainsi, celle-ci maintient-elle souvent le statu quo d'une relation en la rendant plus supportable. Si la relation survit aux premiers stades de la tromperie, celle-ci devient un facteur de stabilité, et non le contraire. On assiste alors à un chassé-croisé de tromperies prévisibles dans lequel chacun des participants connaît son rôle.

Le système est aussi plus stable à cause d'un étrange consensus entre les personnes concernées. La tromperie permet d'allonger la durée d'une relation et d'ouvrir des nouvelles avenues. Des règles qui vous frustrent (« Ne fais pas ça. ») combinées à une activité qui vous satisfait (« Je le fais. ») en sont un exemple. La combinaison se révèle souvent irrésistible pour certaines personnes, même si, à long terme, elle est coûteuse.

Avec son lot de refus et de blâmes, la tromperie empêche les gens d'identifier et de régler les vrais problèmes qui existent entre eux. Toute personne qui songe à cacher des secrets doit voir cela comme un élément essentiel de sa prise de décision.

La tromperie est un outil dynamique d'évolution qui transforme toutes les relations qu'il touche. Bien des situations peuvent alors se produire:

- Vous n'êtes ni présent ni impliqué de la manière dont vous semblez le montrer.
- Vous ne pouvez pas vous partager complètement.
- Vous êtes toujours sur vos gardes.
- D'une certaine manière, votre partenaire devient votre ennemi.
- Votre vision commune du futur est réduite.
- Au lieu d'être multipliées grâce à la collaboration, les ressources de la relation s'épuisent peu à peu.
- Vous établissez le devenir de la relation de votre propre chef plutôt qu'en accord avec votre partenaire.
- La relation peut aussi inclure une troisième personne. Qu'il y en ait une ou non, la tromperie elle-même est un troisième « partenaire » comme peuvent l'être l'alcool, le travail démesuré ou le jeu compulsif.

Ceux qui sont trompés disent souvent que ce qui les fâche le plus, c'est qu'ils ignorent qu'ils participent à une relation nouvelle et « modifiée ». Inutile de dire que ces partenaires n'ont pas donné le feu vert au changement survenu.

Pourquoi ne voyons-nous pas la nature active de la tromperie? Nous hésitons peut-être à prendre la responsabilité d'un comportement risqué ou moralement questionnable.

ASPECTS DE LA TROMPERIE DANS NOS RELATIONS ET «CONTRATS»

Ce ne sont pas les gens qui ont des aventures, ce sont les relations, tel était le titre d'un article que je publiais en 1983 dans *Woman's World.* Car la tromperie n'est pas simplement imposée par une personne à une autre, elle est aussi imposée à la relation par cette même personne.

La tromperie exclut spécifiquement votre partenaire des efforts que vous faites pour résoudre un problème ou pour vous récompenser. Ceci constitue l'exact contraire de l'intimité, particulièrement quand votre besoin de soutien est provoqué par votre partenaire ou par la relation elle-même.

Nous avons déjà plusieurs fois parlé de « contrats » de relation dans ce livre. Ce sont les ententes, habituellement tacites, que prennent deux personnes sur leurs comportements acceptables et les sanctions qui découlent de comportements inacceptables.

La tromperie viole presque toujours un contrat de relation. Comment?

Elle implique un comportement « défendu ». Par exemple, une femme prend la « pilule » bien que le couple se soit entendu autrement.

Peu importe son contenu, la tromperie est elle-même un comportement défendu. Voici un exemple banal: embrasser un collègue de travail lors d'une réception de bureau et le nier ensuite.

Je ne crois pas que les gens contreviennent facilement à leurs ententes. Alors, pourquoi sommes-nous aussi nombreux à violer périodiquement nos contrats de relation? Voici plusieurs raisons courantes:

- L'indifférence: nous nous moquons de la relation ou du contrat.

- Le refus: nous n'acceptons pas que notre comportement constitue une violation réelle de notre entente.

- L'hostilité: consciemment ou non, nous voyons notre partenaire comme un adversaire.

- L'impuissance: nous ne nous rendons pas compte que nous détenons assez de pouvoir pour obtenir autrement ce que nous voulons.

- La peur: nous craignons qu'en ne trompant pas notre partenaire, les conséquences soient pires encore.

Partout où il y a intimité ou désir d'intimité, il y a aussi peur de l'engagement. Consciemment ou non, notre peur nous amène à utiliser la tromperie pour dresser une barrière ou une frontière entre nous et les autres.

SUJETS COURANTS DE TROMPERIE

Voyons ici quelques sujets courants de tromperie.

La sexualité extraconjugale

La tromperie dont on parle le plus et celle qui provoque le plus de problèmes dans les relations a trait, et de loin, aux relations extraconjugales.

Des enquêtes publiées dans *Psychology Today, Cosmopolitan* et *Playboy* laissent entendre que des aventures se produisent chez au moins la moitié des couples américains. Pour l'acteur Jackie Mason, cet estimé est encore plus élevé: « Les trois quarts des hommes d'aujourd'hui trompent leurs femmes en Amérique, dit-il. Les autres vont en Europe. »

Les résultats obtenus par les enquêtes sur les comportements publiées dans les magazines contrastent de manière aiguë avec ceux des enquêtes d'opinion. Quand on demande aux gens ce qui contribue le plus à un mariage réussi, la réponse la plus souvent donnée est la « fidélité sexuelle ».

Comment pouvons-nous expliquer ce contraste? Pourquoi tant de gens sont-ils prêts à investir temps et énergie pour tromper de la sorte leur partenaire quand il existe comme consensus général qu'agir ainsi est mal? Nous pouvons aussi poser la question d'une autre manière. Si les aventures sont si courantes, pourquoi sont-elles condamnées par presque tout le monde?

Dans son livre *The Extramarital Connection*, Lynn Atwater avance que: «Nous sommes des schizophrènes sexuels. Nous disons une chose et en faisons une autre. Nous sommes encore fidèles aux croyances traditionnelles d'exclusivité sexuelle tandis que nous vivons avec les besoins et les désirs créés par les valeurs contemporaines qui considèrent l'expression sexuelle comme la nouvelle frontière sociale. »

Je crois qu'elle a raison. Nos traditions sur l'exclusivité datent d'une époque où les mariages étaient courts (parce que les gens mouraient jeunes), les rôles sexuels, rigides, et où la vie privée et le temps pour soi n'existaient presque pas. Nous avons encore à ajuster nos idées à la réalité moderne d'une durée de vie plus longue (ce qui donne de longs mariages), de choix plus souples et d'une très grande disponibilité en termes de temps et d'espace personnels.

Si nous examinons la question au plan psychologique, nous pouvons considérer l'aventure clandestine comme une récapitulation parfaite du drame de l'enfance. La personne qui vit une aventure cache, symboliquement, un trésor aux yeux de Maman et de Papa. La liaison nous fait revivre le secret excitant et dangereux de notre sexualité, secret que nous avons si bien caché à nos parents. Cela explique pourquoi les aventures sont si universellement condamnées et pourtant vécues avec autant de plaisir.

Mais ceci ne constitue qu'une partie de l'explication. Parmi les autres raisons actuelles responsables de la fréquence élevée des aventures extraconjugales, on compte:

1. *L'espérance d'un accomplissement personnel* . Comme le note Judith Bardwick dans son livre *In Transition*, les gens veulent pouvoir se réaliser personnellement

autrement qu'en élevant leur famille et en servant leur Dieu. Cela est nouveau et radical. En fait, nous ne savons pas encore vraiment si un « bonheur » aussi « total » est possible sur une longue période de temps. Une aventure extraconjugale fait souvent partie de la quête de cette insaisissable réalisation de soi. Toutefois, cette quête est souvent plus efficace quand elle est dirigée vers l'intérieur plutôt que vers l'extérieur de soi.

2. *Nos notions exagérées de satisfaction sexuelle*. Jusqu'à il y a un siècle, très peu de gens parlaient ouvertement du sexe; les gens ordinaires n'avait pour ainsi dire pas accès à du matériel sexuellement explicite. Si nous pouvons nous réjouir de l'accessibilité moderne à l'information sexuelle et à l'expression artistique, nous devrions pourtant être conscients de ses désavantages.

Entre autres, les gens se sont fait une fausse image de la « bonne sexualité ». Les magazines, la littérature, les bavardages bien intentionnés, le matériel pornographique et même certains livres superficiels d'aide de soi ont donné aux gens l'idée que s'ils trouvent le bon partenaire, ils peuvent vivre l'extase d'orgasmes multiples, simultanés et sans effort.

En réalité, même dans les meilleures circonstances, les « bonnes relations sexuelles » sont relativement courtes, quelque peu répétitives et rarement époustouflantes. Certes, le sexe peut être extraordinaire mais, en dernière analyse, le sexe n'est jamais que le sexe.

3. *La norme culturelle selon laquelle la sexualité hors mariage est meilleure.* Une des choses renversantes qu'a réalisée le *Playboy* de Hugh Hefner il y a une trentaine d'années fut de véhiculer et promouvoir l'idée que les épouses sont ennuyeuses. Bien sûr, les choses ont changé depuis. Les magazines nous disent maintenant que les maris eux aussi peuvent être ennuyants.

La représentation courante de la sexualité maritale présentée par les médias range celle-ci entre le devoir et l'inexistence. Ainsi, moins de 10% des relations sexuelles présentées à la télévision ont lieu entre des gens mariés. La représentation excitante de la sexualité dans les romans roses a généralement lieu entre des femmes (mariées ou non) et des inconnus.

Résultat: les gens se cherchent d'autres partenaires. L'acteur Buddy Hackett nous dit que pour lire sur l'épanouissement sexuel et sur le mariage, vous devez acheter deux livres différents.

4. *La banalisation de la sexualité conjugale.* Si l'accoutumance est inévitable dans les relations à long terme, la banalisation ne l'est pas. Voyez la manière dont les gens se préparent à faire l'amour avec un amant ou une maîtresse. Ils portent des dessous sexy et des parfums rares, s'agacent gentiment, s'envoient des petits billets doux, prennent tout leur temps et ne vivent que dans l'attente du « grand moment ».

Ces attentions amélioreraient les relations dans tout mariage en rendant les aventures beaucoup moins « nécessaires ». Mais ceux qui ne désirent pas investir dans ces situations ont toujours de bonnes raisons de dire que ce serait inutile. La raison véritable en est qu'ils ne veulent pas développer l'intimité qui existe dans leur mariage.

5. *L'engagement moderne dans une carrière* . Autrefois, la plupart des emplois rétribués étaient salissants, fatigants et souvent dangereux. Les carrières d'aujourd'hui sont différentes. Même si le travail est toujours fatigant, plusieurs d'entre nous attendons qu'il soit stimulant, gratifiant et qu'il permette l'expression de soi. Ainsi, aujourd'hui, beaucoup de gens consacrent le meilleur d'eux-mêmes — de leurs pensées, leur écoute, leur partage et leur créativité — à leurs collègues de travail qui font de même. D'une certaine manière, beaucoup d'entre nous sommes plus séduisants au travail qu'à la maison.

Nos collègues de travail semblent aussi comprendre nos soucis et notre langage mieux que nos conjoints. Si nous ajoutons à cela que les lieux de travail accueillent aujourd'hui aussi bien les hommes que les femmes, nous pouvons comprendre comment bien des liaisons peuvent naître.

UN DERNIER MOT SUR LES AVENTURES

Vous vous demandez peut-être pourquoi ce livre ne contient pas un chapitre uniquement consacré aux aventures extraconjugales. C'est que les aventures sont exactement comme les autres secrets: elles sont une manière d'exprimer nos sentiments sur nous-mêmes et sur notre relation. La plupart des aventures sont plus affaire d'affection que de sexe.

Il est vrai que pour ceux dont le conjoint est peu porté vers « la chose », les aventures sont un moyen de faire l'amour plus souvent. Pourtant, les gens disent très souvent qu'il est aussi excitant de faire l'amour avec son conjoint qu'avec son amant ou sa maîtresse.

Les gens sensibles savent que la « fidélité » ne réfère pas uniquement à la sexualité. En fait, certaines conversations intimes constituent davantage une infidélité que ne pourrait l'être le fait de faire l'amour. C'est pourquoi ce livre traite des aventures comme de n'importe quel autre secret. Je n'ai pas consacré tout un chapitre aux aventures parce que celles-ci constituent rarement un « chapitre à part » dans la vie des gens. Le plus souvent, celles-ci font partie d'un thème qui se développe dans le livre unique que chacun de nous écrit durant sa vie.

L'orgasme feint

Pourquoi les femmes feignent-elles l'orgasme? Tout d'abord, nous devons comprendre pourquoi elles n'ont pas d'orgasmes. Une des raisons, c'est qu'elles vivent un conflit intérieur sur la sexualité. Ayant appris à être de « bonnes filles » — c'est-à-dire asexuées — les femmes adultes ont souvent de la difficulté à s'abandonner complètement et à se laisser aller à leurs sentiments. Comme le dit la sociologue Carol Cassell, certaines prétendent s'être laissées « complètement emporter » par l'amour ou par l'alcool.

La seconde barrière qui empêche une femme de jouir, c'est « l'idée de performance » qui est nourrie par la croyance que l'orgasme démontre la compétence sexuelle d'une femme. La troisième raison est le mythe voulant que les femmes doivent jouir par le coït. Car c'est un mythe. Selon le Rapport Hite de 1976, seulement 30% des femmes interrogées obtiennent des orgasmes par la pénétration pénis-vagin.

Mais pourquoi les femmes qui n'ont pas d'orgasmes devraient-elles feindre d'en avoir? Elles le font avant tout pour plaire à leurs partenaires. Comme Shere Hite le fait remarquer dans son étude complémentaire portant sur 7,000 hommes: «La grande majorité des hommes se sont rendus compte que souvent les femmes n'avaient pas d'orgasmes durant le coït et considéraient que cela les rendait insécures. Beaucoup sentaient que c'était de leur faute.» C'est pourquoi les hommes font souvent pression sur les femmes en leur demandant «Es-tu venue?».

Certains hommes font aussi semblant de jouir. Je me rappelle l'expérience de collège d'un de mes amis qui avait convaincu une jeune femme de faire l'amour avec lui et avait décidé au beau milieu de ses ébats que c'était une erreur. Au lieu d'en parler avec elle, il prétendit simplement qu'il avait joui assez rapidement et prit la poudre d'escampette. Certains hommes prétendent aussi retirer de leur orgasme plus de plaisir qu'ils ne le font en réalité.

Bien sûr, il serait difficile de feindre une érection mais certains hommes souffrant de problèmes chroniques jouent la surprise quand ils ne peuvent bander ou quand ils perdent presque aussitôt leur érection. Pour certains hommes, il est plus facile de feindre le choc que de parler honnêtement de leur problème.

MTS (Maladies transmises sexuellement)

Autrefois, personne n'avait l'habitude de s'enquérir de la santé ou de l'histoire sexuelle d'un ou d'une partenaire; on considérait cela comme inutile ou pas très romantique. Toutefois, à cause des épidémies actuelles de SIDA, d'herpès, de condylomes et de chlamydia, c'est aujourd'hui devenu nécessaire. Malheureusement la chose est toujours considérée comme dénudée de romantisme, de sorte que seules quelques personnes plus hardies posent des questions. La plupart des gens ne le font pas. L'espoir a toujours été un moyen populaire de contraception mais les gens essaient maintenant de l'utiliser pour prévenir la maladie; ils découvrent que l'espoir n'est pas plus une médecine préventive qu'un moyen de contraception.

Bien entendu, il n'est pas sûr que vous obteniez une réponse honnête ou digne de confiance même si vous posez des questions. Certaines personnes ignorent si elles sont ou ont été exposées à une maladie. Pire encore, certaines personnes le savent et refusent de ternir leur réputation sexuelle en disant la vérité. Elles ne soulèvent jamais la question et si vous le faites, elles mentent.

Il n'existe pas de manière évidente de savoir à quel point vous devriez vous fier à la description qu'un ou une partenaire vous trace de sa santé sexuelle. Seule la familiarité véritable, celle qui exige que vous ayez passé beaucoup de temps ensemble, peut vous fournir les indices voulus, et encore. Tant que vous n'aurez pas atteint cette intimité avec une personne, vous voudrez peut-être limiter votre relation à vous masturber mutuellement ou à jouer au tennis ensemble.

L'expérimentation homosexuelle

À cause du SIDA, certaines personnes écartent des partenaires potentiels qui ont déjà eu des expériences bisexuelles. Il en est qui, ayant vécu de telles expériences, trompent délibérément leurs nouveaux partenaires.

Toutefois, je crois qu'il y a plus. Selon des sexologues comme les docteurs Charles Moser et Jack Morin, la plupart des vrais bisexuels se sentent à l'aise dans leur orientation. Par contre, certains hétérosexuels qui ont déjà eu deux ou trois aventures homosexuelles se sentent troublés par la leur. Croyant (avec raison) qu'ils sont « hétéro », ils ont de la difficulté à intégrer ces autres expériences. Ils craignent d'être bisexuels ou, pire encore, d'être des homosexuels « latents ». En partie pour rejeter leur peur, ils mentent sur eux-mêmes.

Ces personnes ignorent ce qu'a découvert le Rapport Kinsey et ce que d'innombrables enquêtes ont confirmé depuis: environ la moitié des hommes américains et le quart des femmes américaines ont eu au moins une expérience homosexuelle dans leur vie adulte. Cela ne les empêche pas d'être toujours hétérosexuels.

L'exaspération

« Je n'aime pas la manière dont tu me touches ou me fais l'amour. » Je crois que si une personne ressent cela et ne le dit pas à son partenaire, c'est une tromperie délibérée. Tombez-vous dans cette catégorie courante? Pour vous rafraîchir la mémoire, revoyez le Chapitre 4 sur l'excitation et la réaction sexuelles.

L'appétit sexuel

La culture occidentale a traditionnellement prétendu que les femmes détestent et donc évitent les relations sexuelles alors que les hommes s'y intéressent tout le temps. Cette croyance est toujours vivante et bien portante dans l'Amérique moderne. Cette blague populaire et aussi tendancieuse le démontre bien: Un homme réveille sa femme à trois heures du matin en lui disant: « Tiens, je t'ai apporté deux aspirines et un verre d'eau. » « Pourquoi? », demande la femme endormie. « Pour ton mal de tête », répond-il. « Tu es fou, dit-elle, Je n'ai pas mal à la tête. » Enfin! s'exclame le mari. Faisons l'amour.«

Pour vous donner une bonne idée des attentes déséquilibrées auxquelles cette blague fait allusion, relisez-la en imaginant que c'est la femme qui réveille son mari. Dans notre culture, cette version ne serait tout simplement pas drôle.

Avec en tête des images aussi définies, les gens cachent souvent le niveau de leur intérêt sexuel si celui-ci va à l'encontre des stéréotypes. Craignant les critiques, certaines femmes cachent leur grand appétit sexuel. D'un autre côté, certains hommes cachent un appétit sexuel relativement bas en s'excusant ou en rechignant sur tout.

Les gens trompent ainsi leurs partenaires; ils croient qu'il y a un niveau « correct » et « normal » de désir sexuel. Mais le désir n'est pas une *quantité* donnée, c'est une *gamme* et une gamme beaucoup plus étendue que la plupart des gens ne le réalisent. Si votre appétit sexuel vous met mal à l'aise, vous pouvez avec profit chercher de l'aide pour l'adapter. Vous devriez savoir que la plupart des gens qui entrent en thérapie avec des problèmes de désir sont normaux.

Une autre raison pour laquelle les gens se trompent les uns les autres sur leur désir, c'est qu'ils ont peur d'être rejetés. Comme nous l'avons déjà vu, cette attitude est habituellement basée sur un manque d'acceptation de soi. Les gens qui s'acceptent vraiment tels qu'ils sont s'inquiètent rarement des dangers qu'il peut y avoir à se montrer honnêtes avec les autres.

Ainsi, de peur de décourager leurs prétendants, certaines femmes qui sentent que leur libido est anormalement basse cachent ce fait quand on les courtise. Une fois mariées, elles se sentent plus en sécurité pour révéler leur intérêt sexuel véritable, bien que celui-ci puisse alors être en contradiction avec celui de leurs maris. Quand le couple a des querelles répétées sur le sexe, la femme peut se sentir justifiée d'avoir agi ainsi et se dire: « Je savais bien que si je disais la vérité, le sexe deviendrait un problème. »

Qu'est-ce qu'un manque total de désir? Selon Joan Rivers, si vous vous passez de sexe pendant si longtemps que vous en oubliez le nom de votre partenaire, vous manquez de désir. Par contre, si vous vous laissez mourir de faim parce que vous n'arrêtez pas de faire l'amour assez longtemps pour vous nourrir une fois par jour, vous avez « trop » de désir.

Rapports sexuels avec un partenaire tabou

Comme nous l'avons déjà vu, on ne cache pas seulement des secrets à un conjoint, un amant ou une maîtresse. On en cache aussi à ses amis et à ses proches. Voyez qui peut être le partenaire tabou: la sœur, l'ami, le fils, l'ex-mari, le confesseur de quelqu'un que vous connaissez. Nous gardons la relation secrète parce que nous imaginons que nous aurons à subir de terribles conséquences si nous disons la vérité. Ceci peut constituer un jugement rationnel. Par contre, cela peut être également une déformation de l'impérieux besoin du silence.

Nous pourrions éviter beaucoup de problèmes en parlant à cœur ouvert. Une femme peut dire: « Papa, l'ami avec lequel tu joues au golf m'a demandé de sortir avec lui. Je veux te le dire moi-même avant que tu ne l'apprennes entre les branches. » Ou bien votre ami peut vous dire: « Jacinthe, je sais que tu es proche de l'ex-femme de ton frère. J'ai l'intention de la fréquenter et je me suis dit qu'il serait préférable d'en parler ensemble d'abord. » Ceci ne correspond évidemment pas au genre de conversation adulte qu'on entend à la télévision.

En passant, il serait intéressant de savoir pourquoi les gens s'engagent dans des relations avec des partenaires tabous. Pour certains, le tabou lui-même est attirant. Consciemment ou non, le comportement exprime le sentiment suivant: « Je peux faire tout ce que je veux. Ni la logique, ni les sentiments des autres ne pourront m'empêcher de voir qui je veux. »

Les gens vivent également ces relations risquées ou défendues pour d'autres buts parfois inconscients, buts qui leur permettent d'exprimer leur goût de la revanche, leur colère ou la tristesse. Il se peut que le but visé soit de briser la relation qui existe entre votre nouveau partenaire et un colocataire, un ex-amant, une ex-maîtresse ou un collègue de travail.

Enfin, les gens se servent de partenaires tabous pour écrire le prochain chapitre du scénario qu'ils vivent depuis toujours et qui les porte à croire: « Pour moi, l'amour, ça ne marche jamais. » Il me fait plaisir de raconter l'histoire d'un patient qui mit fin récemment à une telle dynamique.

Ronald avait vingt-huit ans et suivait une thérapie depuis un mois. Il était déprimé, doutait de lui-même et n'avait pas d'amies femmes. « Esther m'a demandé de sortir avec elle aujourd'hui, me dit-il un après-midi. C'est l'ex-femme de mon frère. Nous sommes amis depuis des années. Je ne suis pas sûr qu'elle a complètement rompu avec lui, mais elle me dit que oui. Ce serait bien de flirter avec elle. C'est vraiment une femme bien. »

Plus Ronald parlait et plus Esther me semblait représenter l'occasion qu'il attendait. Elle avait commencé à l'appeler au travail presque chaque jour, bavardant comme si rien n'était, même lorsqu'il était occupé. Elle s'était imaginé qu'ils pourraient peut-être se marier. Elle voulait être heureuse de nouveau, « comme je l'étais avec Jules » disait-elle.

Je demandai à Ronald quelles étaient ses intentions. « Je n'aime pas cacher des choses à ma famille, pourtant, cette fois, je pense que personne ne comprendrait. Je dois garder cela secret, pour un certain temps. » Quels étaient ses plans? Songeait-il à l'épouser? « Non, je ne crois pas que ce soit pour moi la personne indiquée. D'ailleurs, les réunions de famille deviendraient alors étranges. »

Je demandai à Ronald d'imaginer comment les choses se dérouleraient alors: comment se sentirait-il en trompant son frère et, en mettant fin à sa « romance » avec Esther, quand il rencontrerait une femme qu'il voudrait épouser. Ronald se sentait mal à l'aise dans les deux cas. « Mais qu'est-ce que je peux faire? », demanda-t-il.

Nous étudiâmes la question sous un autre angle. « Si les conséquences futures d'une décision présente vous semblent inacceptables, décidez qu'il existe d'autres solutions et trouvez-les », dis-je. Ronald était intrigué. « Vous voulez dire que c'est un gâchis que je peux en fait éviter! », dit-il tout excité. C'est une idée qu'il appliquait à son travail mais pas dans ses amours.

Ronald se rendit compte que rien ne l'obligeait à toujours rater ses relations amoureuses. Aujourd'hui, Ronald choisit avec prudence ses histoires d'amour car il les désire satisfaisantes.

De peur de devenir ici trop sérieux, mentionnons quelques autres tromperies courantes, bien que de moindre importance. Parmi les choses suivantes, lesquelles cachez-vous à votre partenaire?:

- J'aime toucher tes sous-vêtements.

- J'aime porter tes sous-vêtements quand je suis seul.

- J'aime les bruits que tu fais pendant que nous faisons l'amour.

- Je me masturbe en regardant une photo de toi ou en pensant à toi.

- Je me demande si je suis normal (et je pense même que *cela* n'est peut-être pas normal).

Vous trompez peut-être vos amis ou les autres avec de petits secrets:

- Seule ma femme m'intéresse (les hommes admettent rarement cela entre eux).
- Je pense que tu fais mieux l'amour que moi.
- Cela me gêne de faire de l'éducation sexuelle à mes enfants.

Nous avons vu que les gens gardent divers secrets sexuels. Nous avons aussi parlé des sentiments conflictuels qui accompagnent souvent la tromperie. Étant donné que les personnes règlent fréquemment ce conflit en repoussant leurs partenaires, la tromperie crée souvent des situations qui exigent de tromper encore davantage. Il est courant d'abandonner ainsi notre pouvoir personnel.

Dans la prochaine partie du livre, nous verrons comment le processus de prise de décision se déroule. Chacun souhaite prendre les décisions qui lui apporteront bonheur et intimité. Voyons donc comment vous pouvez améliorer votre jugement et mieux savoir quand et comment il est opportun de garder ou de révéler vos secrets sexuels.

PARTAGER OU NE PAS PARTAGER

Les deux premières parties du livre vous ont aidé à vous questionner sur votre sexualité et vos relations. Dans cette troisième partie du livre, vous commencerez à trouver des réponses à vos questions. Vous saurez ensuite décider ce qu'il importe de faire à leur sujet.

En vous proposant des critères d'évaluation, cette troisième section du livre vous aidera à porter un jugement valable: quelles sont les raisons véritables pour lesquelles vous voulez ou refusez le partage de vos secrets? Les buts que vous poursuivez sont-ils réalistes ou non? Grâce à des questions pertinentes et des encouragements chaleureux, vous serez soutenus dans votre recherche.

Cette connaissance de soi peut sembler inaccessible; bien que nos motifs soient purs et entiers, nous nous les cachons souvent. Cette connaissance est pourtant capitale pour vivre en paix avec notre identité sexuelle.

Voyez donc cette partie du livre comme un ami honnête et fiable, capable de vous aider à voir au-delà de vos attitudes conscientes et de vos comportements. Il se peut que vous trouviez difficile d'accepter ce que cet ami vous montre; cependant, vous bénéficierez de son aide puisqu'il vous permettra d'identifier vos intérêts réels.

La troisième partie du livre vous aidera aussi à évaluer les conséquences, tant du partage que du non partage des secrets. Pour deux raisons, il peut être difficile de prévoir celles-ci. En premier lieu, nous préférons ignorer certaines conséquences, parce qu'en les regardant bien en face, nous sommes forcés de choisir une démarche qui nous fait peur ou qui nous intimide.

En second lieu, l'acte de choisir lui-même peut nous submerger de culpabilité ou d'autres sentiments, puisque nous croyons qu'il est inapproprié de réfléchir consciemment au secret et au partage.

Quel que soit votre choix, je vous soutiens dans votre prise de décision. Au lieu de jouer le rôle passif de la victime, vous ferez consciemment des choix. Bien sûr, cela marque une étape positive. Comme les premières parties l'ont fait jusqu'ici, la troisième partie de ce livre vous soutiendra en se basant sur les principes suivants:

- Choisir les choses précises que vous voulez partager devient un processus continu et non un événement ponctuel.
- Ce choix se fait consciemment.
- Vous comprenez les critères qui guident votre choix.
- Ni le secret ni le partage des secrets ne vont de soi dans une situation donnée; chaque circonstance doit être jugée individuellement.
- Puisque nous faisons tous des suppositions sur notre sexualité, ces suppositions doivent être périodiquement réexaminées.

Dans cette partie du livre, certains chapitres sont consacrés au partage et d'autres au non partage des secrets. J'ai procédé ainsi pour vous aider à voir la légitimité de l'un ou de l'autre. Toutefois, pour que leur conception repose sur les mêmes idées concernant l'intimité, le pouvoir personnel et la sexualité, ces chapitres se ressemblent à plusieurs égards.

Réfléchir à un partage conscient de vos secrets implique un examen de vos plus importantes images intérieures. Quelle est votre relation? Quelle est votre sexualité? Quelle responsabilité voulez-vous assumer pour chacune des deux?

Prendre conscience de ces questions constitue une démarche sérieuse. Y répondre est encore plus sérieux. Parce que vous décidez d'entreprendre ce processus, vous méritez du respect et de l'appréciation; peu importent vos décisions, vous avez les miens sans réserve.

En amorçant la troisième partie du livre, reposez-vous sur le soutien réel qu'il vous offre. «Nourrissez-vous» en vous laissant être «nourri».

8 QUAND DEVRIEZ-VOUS PARTAGER VOS SECRETS SEXUELS?

> *« Même si je ne suis pas de nature honnête,*
> *il m'arrive par hasard de l'être. »*
> **Conte d'une nuit d'hiver, Shakespeare**

C'est dans ce chapitre que vous verrez s'il convient ou non de partager vos secrets sexuels. Nous y parlerons des problèmes qui y sont reliés. Nous verrons comment vous pouvez évaluer ce que vous êtes et vos relations, en rapport avec ces problèmes. Après avoir lu ce chapitre, vous devriez être en mesure de porter un jugement informé sur le partage d'un ou plusieurs de vos secrets.

La plupart de ceux qui décident de garder des secrets n'ont pas suffisamment réfléchi à la question. Comme je l'ai expliqué dans la première partie du livre, le besoin de garder le secret se développe inconsciemment et se manifeste d'une manière tout à fait inopportune dans les relations adultes. Quand le secret est délibérément choisi, il constitue fréquemment une réaction à une forme ou une autre de peur.

D'une manière ou d'une autre, vous pouvez envisager maintenant un changement. Peut-être aussi pouvez-vous percevoir les conséquences de votre secret sous un autre angle. Enfin, vos besoins ont pu changer avec le temps.

Choisir de partager vos secrets est un acte sensé quand vous avez: 1) une bonne raison de le faire, 2) les ressources suffisantes pour composer avec les conséquences de votre geste.

Voyons chacune de ces options en détail.

OBJECTIFS SAINS DU PARTAGE

Quand des partenaires se sentent en colère, craintifs, confus, humiliés, tristes ou seuls, ils peuvent l'exprimer s'ils vivent une relation saine. Quand ils le font, ils s'attendent à être entendus. Pour bien des personnes, c'est là une idée radicale.

Une bonne relation vous permet d'exprimer ces sentiments sans les partager d'une manière hostile ou manipulatrice. Partager un secret n'est pas une chose à faire à quelqu'un, c'est plutôt une chose à faire avec quelqu'un. Ce choix accroît ainsi l'intimité et l'estime de soi.

Pourtant, le processus peut s'avérer délicat. Ainsi, les révélations suivantes manifesteraient, dans la plupart des circonstances, de l'hostilité:

- « Je pense à ta sœur quand nous faisons l'amour. »
- « J'ai eu de bien meilleurs orgasmes avec cet inconnu, que j'ai rencontré un soir l'an dernier. »
- « Maman, laisse-moi te raconter en détail comment je fais l'amour avec mon ami. »
- « Avant que tu ne me quittes, je veux que tu saches que j'ai déjà eu une aventure. »

Voici maintenant quelques facettes positives du partage des secrets:

- Le partage souligne spécifiquement les conséquences de la dissimulation sur celui qui garde des secrets, et/ou sur la relation.
- Le partage ne manipule pas le partenaire et ne l'induit pas en erreur.
- Le partage contribue positivement à la santé de celui qui garde des secrets et/ou sur sa relation à l'autre.

À partir de la liste suivante, vous pourrez constater qu'il existe des raisons valables de partager des secrets. Quand vous les partagez de bonne foi et dans un contexte favorable, les objectifs positifs décrits ici deviennent accessibles:

- Vous vous rapprochez de votre partenaire.
- Vous améliorez vos relations sexuelles.
- Vous accroissez votre estime de vous-même.
- Vous réduisez le stress physique ou émotionnel provoqué par le secret.
- Vous amorcez ou soutenez un changement dans votre relation.

Voyons maintenant chacun de ces objectifs en détail.

Vous vous rapprochez de votre partenaire

Le partage peut rapprocher deux personnes en les aidant à mieux se comprendre l'une l'autre. Il est vrai que votre partenaire peut se montrer en désaccord avec vos perceptions, désappointé par vos sentiments, ou encore qu'il ne veuille pas vous donner ce que vous désirez. Mais, tout au moins, il sera davantage conscient de votre perception des choses.

Le partage peut fournir le « chaînon manquant ». Comme un mari m'a confié un jour à propos des révélations de sa femme: « Je n'ai pas aimé ce qu'elle m'a dit, mais j'étais content de l'entendre. Je ne sais pas encore ce que je vais faire, mais au moins, je sais pourquoi elle évitait de faire l'amour avec moi. »

Bien sûr, le partage permettra éventuellement à votre partenaire d'entrer en contact avec votre honte ou votre colère; même cela peut faire une différence. Les effets positifs ne seront pas forcément évidents tout de suite; ils se manifesteront, dans certains cas, plus tard. Les changements ne s'opéreront peut-être même pas dans le rapport sexuel. Il se peut qu'ils apparaissent dans un domaine connexe, tel l'équilibre du pouvoir dans la relation, vos échanges verbaux ou simplement ce que vous ressentez quand vous êtes ensemble.

Quand les gens partagent des sentiments ou des émotions fortes même si ces expériences sont douloureuses, ils se rapprochent souvent. C'est pourquoi vous éprouverez possiblement une sorte d'ivresse si vous prenez le risque de révéler ce que vous êtes vraiment ou de jeter sur votre relation un regard différent. Vous serez excités lorsque vous constaterez que vos secrets sont bien reçus et acceptés. Enfin, vous serez sans doute heureux de voir votre partenaire manifester son estime de soi.

Le partage d'un secret signifie parfois le partage de la douleur. Les gens éprouvent souvent de la tristesse d'avoir caché une partie d'eux-mêmes. Le ou la partenaire avec lequel l'on partage son secret peut se sentir honteux ou embarrassé. En même temps, ce partage peut inclure une reconnaissance de la douleur éprouvée par son partenaire. En effet, celui-ci se sentira probablement ébranlé à l'idée d'avoir été trompé ou d'avoir provoqué votre tromperie sans le savoir.

Finalement, le partage peut aussi vous faire prendre conscience que vous traversez tous les deux un moment de transition. Vous vous sentirez alors tous deux très fiers de votre relation. Comme il est possible que vous appréciez ses ressources, il est possible que vous craigniez les changements à venir et que ceux-ci se révèlent difficiles à orchestrer.

Les émotions fortes qui entourent le partage peuvent rapprocher deux partenaires de bien des façons. Qu'elles soient causées par une tornade dévastatrice ou par un million gagné à la loterie, de telles expériences nous offrent toujours cette chance.

Vous améliorez vos relations sexuelles

Si vous avez le désir d'améliorer vos relations sexuelles, vous possédez une autre raison valable de partager vos secrets sexuels. Le partage vous apparaît peut-être comme une étape assez facile à traverser, mais il est aussi possible que vous l'utilisiez par désespoir.

Certaines personnes ne décident de partager leurs secrets qu'après avoir enduré une vie sexuelle insatisfaisante durant longtemps. D'autres se sentent relativement satisfaites, mais découvrent ou décident que celle-ci pourrait être plus emballante. Un livre, une émission de télévision, une conversation ou même une aventure extra-conjugale sont autant d'éléments déclencheurs à une telle prise de conscience.

Nous désirons parfois que la situation change après avoir appris des choses sur nous-mêmes. Lonnie Barbach et d'autres thérapeutes considèrent la masturbation comme moyen privilégié pour les femmes de connaître davantage leurs réactions sexuelles. Les femmes n'ayant jamais connu d'orgasme procèdent souvent ainsi; cela les prépare à vivre ensuite des expériences avec un partenaire.

Le partage améliore la vie sexuelle lorsqu'il permet à une personne d'être plus détendue. Rappelez-vous le cas de Diane présenté au Chapitre 4. Si elle cessait de cacher aux hommes qu'elle se sent mal à l'aise à cause de son corps, sa vie sexuelle pourrait changer de façon spectaculaire. Elle n'aurait plus à se punir elle-même en faisant l'amour. Ses partenaires pourraient apprécier son corps et lui donner un « feedback » positif. Elle pourrait alors se montrer moins timide.

Et puis, bien sûr, en partageant des secrets — des informations — avec vos partenaires, vous leur donnez l'occasion de vous stimuler sexuellement selon vos désirs. Ainsi, un homme honteux d'aimer qu'on lui caresse les fesses pourrait se mettre à aimer cela sans vivre de conflit intérieur.

Heureusement, le partage ne se vit pas à sens unique. Il provoque celui de votre partenaire, ce qui peut être très avantageux pour elle ou lui. Catherine et Serge, un couple âgé avec lequel j'ai travaillé il y a plusieurs années, étaient des professeurs à la retraite; ils vivaient un mariage heureux et menaient des vies très actives. Ils étaient venus écouter une de mes conférences et vinrent me voir pour que je les conseille sur de nombreuses questions concernant leurs enfants adultes et leurs petits-enfants adolescents.

Nos rencontres étaient des plus agréables. Lors d'une rencontre, je donnai à Catherine quelques-uns de mes magazines pour qu'elle les partage avec sa fille. La semaine suivante, elle paraissait plus sérieuse que d'habitude.

« Serge, commença-t-elle une fois que nous fûmes tous trois assis, un des articles que j'ai lus m'a fait réfléchir. Je sais que tu m'aimes et veux me donner du plaisir mais je dois te dire que, sexuellement, j'ai changé. Désormais, j'ai envie d'autre chose que de me faire pénétrer par toi. »

Le visage de Serge exprimait à la fois de l'inquiétude, de l'affection et de l'excitation. « Tu veux dire que je n'ai plus besoin de suivre la même routine tout le temps? C'est merveilleux, dit-il, à la grande surprise de Catherine. Tu sais, moi non plus, je ne suis plus aussi jeune qu'avant. » Le partage de sa femme avait suscité le sien.

En constatant qu'ils avaient entretrenu ce qu'ils croyaient être leurs désirs mutuels, ils se mirent à rire. En vérité, le coït représentait beaucoup d'efforts pour eux. Les deux préféraient être stimulés oralement ou manuellement. Catherine ne voulait pas blesser Serge dans son orgueil d'amant. En retour, Serge ne voulait pas que Catherine croie qu'elle ne l'excitait plus sexuellement.

« N'oublions tout de même pas de faire encore l'amour », dit une Catherine enjouée. Serge cligna des yeux et sourit. « Si seulement la thérapie était toujours aussi stimulante », me suis-je dit alors.

Parfois, le partage vous permet de satisfaire davantage votre partenaire. Prenez le cas d'Arlette et Renaud, un couple fondamentaliste chrétien. Ils aimaient faire l'amour. En privé, cependant, chacun reconnut que leur vie sexuelle manquait de piquant.

Arlette était désappointée par plusieurs choses; entre autres, elle n'avait jamais fait l'amour oral à Renaud. « Le lui avez-vous déjà suggéré? », lui demandai-je alors que j'étais seul avec elle. « Oh! non, répondit-elle, il est trop religieux pour ça. J'ai peur qu'il me croie une femme facile et qu'il s'interroge sur mon passé. »

Lors de son entrevue privée avec moi, Renaud m'exprima aussi du désappointement. «Arlette est très aimante, très généreuse, dit-il, mais parfois, j'aimerais bien qu'elle me suce.» Je demandai à Renaud s'il avait déjà exprimé ou demandé la chose à Arlette. «Il n'en est pas question, dit-il avec emphase. Je ne voudrais pas l'offenser. Elle ne comprendrait peut-être pas que c'est une chose courante et normale à faire. »

En commençant la réunion à deux la semaine suivante, je leur servis plusieurs clichés. « La plupart des partenaires mariés se cachent des choses l'un à l'autre, commençai-je. L'intimité est fondamentale dans les relations et certains secrets peuvent se révéler inutiles, voire dangereux. Je ne force jamais personne à révéler des secrets, mais si l'un de vous désire partager quoi que ce soit, c'est le temps ou jamais. »

La pièce restait silencieuse. Alors Arlette se tourna vers Renaud et parla. «Je ne me sens pas totalement libre, dit-elle. Parfois, j'aimerais… ». Elle hésitait. « …j'aimerais te plaire de *différentes* manières.« Elle avait de la difficulté à trouver ses mots. Elle avait peur.

Mais elle finit par le lui dire. Quand Renaud comprit ce que lui disait sa femme, il fut ravi. En retour, Arlette fut émue par l'acceptation de son mari. Leur thérapie avait été une réussite sur toute la ligne.

Vous accroissez votre estime de vous-même

Voici une autre bonne raison de partager des secrets sexuels: cela vous permet de soutenir ou d'accroître votre estime de soi. Dans un partenariat sain, chaque personne est au plus haut point intéressée à l'estime de soi manifestée par l'autre. Aussi le partage des secrets est-il une bonne façon d'utiliser les ressources du couple.

Qu'est-ce que l'estime de soi? C'est savoir s'accepter soi-même, peu importe ce que l'on fait. Mais cela n'est pas facile à réaliser. Le manque d'estime de soi prend racine dans la petite enfance, alors que nous avons pour la première fois affronté les critiques et l'appréciation de nos parents.

Les enfants ont le besoin vital de comprendre que même s'ils font parfois des choses inacceptables, eux-mêmes sont acceptables. Cette acceptation nous permet d'acquérir la conviction profonde que nous sommes des personnes « bien ». Mais comme le remarque la psychologue suisse Alice Miller, les parents ont tendance à critiquer leurs enfants en parlant de ce qu'ils sont plutôt que de ce qu'ils font.

Combien de fois n'entendons-nous pas un parent dire: « Tu es une mauvaise fille », plutôt que « Tu peux renverser ton lait si tu es distraite. Tu dois donc être plus attentive. » Ou bien « Un bon garçon ne joue pas avec son corps » au lieu de « Je sais que ça te donne du plaisir mais il ne faut pas se toucher en public. Attends d'être seul dans ta chambre pour le faire. »

C'est ainsi que la plupart des enfants intègrent cette terrible leçon. Ils déduisent que s'ils font quelque chose de *mal* , eux-mêmes sont mauvais. Et ils apprennent (de parents qui, par ailleurs, les aiment beaucoup) qu'ils sont « paresseux », « négligents », « malicieux », etc., au lieu d'apprendre qu'ils sont de merveilleux petits êtres, bien qu'ils fassent parfois des choses inconvenantes, incorrectes ou autodestructives.

Les gens qui, d'une manière ou d'une autre, acquièrent une haute estime de soi sont capables d'établir la différence entre eux-mêmes et leurs échecs. Il peut leur arriver de ne pas aimer un de leurs actes ou un de leurs comportements, sans pour autant cesser de s'aimer eux-mêmes. Et, parce que l'idée qu'ils se font d'eux-même n'est pas basée essentiellement sur leurs réalisations individuelles, ils n'exagéreront pas non plus leurs réussites.

Un partage sain est une expression de l'acceptation, et donc, de l'estime de soi. Ainsi, le partage vous aide à maintenir ou à renforcer votre image intérieure de personne honnête. Cela peut s'avérer important après un événement précis ou lors d'un processus de croissance.

Mon voisin Thomas me conta un jour une histoire exemplaire à ce sujet: « Je me suis toujours cru une personne assez honnête, me dit-il, plus que bien des gars que je connais. Un jour, mon enfant de six ans m'a demandé ce qu'était un « mensonge pieux ».

En lui expliquant, j'ai réalisé que, depuis des mois, j'avais caché des choses à ma femme. Je n'aimais pas la façon dont elle m'embrassait parfois. Je décidai de le lui dire le soir même. Résultat? Nous avons eu une longue conversation sur toutes sortes de sujets. »

Pour certains, les enjeux sont beaucoup plus élevés: ils ne veulent plus continuer à «vivre dans le mensonge». Un homme dira à sa femme qu'il aime porter des vêtements féminins. Une femme dira à son mari qu'elle a été stérilisée avant leur rencontre. Pour certains, le soulagement et le contentement qu'ils éprouvent, après avoir révélé leur secret, contrebalance pratiquement toutes les difficultés provoquées par le partage.

Des secrets peuvent sembler relativement peu importants à des étrangers et avoir une réelle signification pour la personne impliquée. Se dévoiler peut signifier s'habiller de telle manière qu'on ne cache plus une petite poitrine, refuser la présence du chat dans la chambre quand on fait l'amour ou accepter qu'on a déjà vu et aimé regarder de la pornographie.

Vous avez peut-être déjà gardé un ou plusieurs secrets sexuels parce que, dans le passé, votre partenaire a violemment réagi à la vérité. (Note: nous parlons ici d'expérience vécue et non de supposition.) Vous pouvez avoir décidé de ne plus éviter toute forme de confrontation; à cet égard, le partage des secrets peut vous aider. Il peut même avoir un impact profond sur votre estime de soi. Un partage fait avec assurance peut traiter de l'une des choses suivantes:

- Jouir autrement que par pénétration.
- Vouloir rencontrer d'autres personnes ou tout simplement mettre fin à une relation.
- Désirer des caresses orales-génitales.
- Regarder des films érotiques pendant qu'on se masturbe.
- Se masturber même si l'on est marié.

Depuis longtemps, je dis à mes clients: «Une fois que vous avez décidé que votre premier objectif est d'éviter la douleur, vous ne pouvez plus prendre d'autre décision. » Éviter la confrontation est un « travail » à temps plein et émotionnellement coûteux. Tout le reste s'y subordonne; il vous faut sans cesse vous rattraper et deviner ce que les autres pensent. Quand on décide de mettre fin à cette épuisante routine, l'estime de soi connaît un regain.

Le partage accroît aussi l'estime de soi en signifiant que vous êtes l'égal de votre partenaire. Bien des personnes vivent des relations où le pouvoir est inégal, ignorent qu'un autre mode relationnel est possible ou qu'un changement peut survenir. Le partage vient intervenir puissamment dans une situation autrement immuable.

En voyant vos désirs comme aussi importants que les désirs d'un partenaire, d'un parent ou d'un enfant, vous pourrez radicalement changer votre vie. Cette nouvelle conscience rééquilibre le pouvoir dans une relation. Bien sûr, cela signifie aussi que vous devrez assumer la responsabilité de votre propre frustration au lieu de blâmer quelqu'un (ou quelque chose) de plus puissant que vous. Cela peut être, à la fois, apeurant et stimulant.

Vous réduisez le stress physique ou mental provoqué par la dissimulation.

Le partage est une façon efficace de réduire les fardeaux physiques et mentaux du secret. Rien n'illustre cela mieux que l'histoire d'un homme avec lequel je travaillai, il y a un an environ.

Léo me fut envoyé par un collègue de la Clinique de sommeil de l'université. Il faisait des cauchemars environ deux fois par semaine et toujours sur le même thème. « Je suis si fatigué d'être poursuivi, me dit ce père de trente ans qui avait des jumeaux. Parfois, ce sont des Nazis, parfois des prisonniers échappés, parfois des policiers. Je me réveille toujours en essayant d'échapper à la mort. »

Je demandai à Léo de me parler de sa famille, de son travail, de son état de santé en général et lui donnai un questionnaire à remplir. À la dernière question posée « En un mot, décrivez vos relations sexuelles », Léo répondit « Schizophréniques ».

« Ça va bien quand je me masturbe, me répondit-il. J'ai des fantasmes extraordinaires sur mes anciennes amies de filles et je fais durer le plaisir longtemps. Mais avec ma femme, c'est un peu ennuyant. Je fais semblant d'être plus intéressé que je ne le suis réellement. »

La réponse de Léo, ses cauchemars récurrents, pouvaient signifier diverses choses mais, à tout prendre, je pensai qu'ils exprimaient des sentiments de stress et de conflit. Je demandai à Léo de me parler davantage de son secret.

« Eh bien, je n'aime pas me cacher, me dit-il avec tristesse. Ni me sentir comme si j'étais deux personnes. » Je lui demandai s'il lui arrivait souvent d'avoir peur de se faire prendre. « Autrefois, j'y pensais beaucoup, dit-il; un soir, j'avais entendu à un programme de radio que les femmes sont capables de deviner quand leurs maris les trompent. » « Une façon intéressante de décrire sa vie secrète », pensai-je.

« Je me suis entraîné à ne jamais y penser, poursuivit Léo. Je profite de ce que j'ai et j'essaie d'éviter les problèmes. »

Je crois qu'il est pratiquement impossible d'ignorer des sentiments aussi forts. Les cauchemars de Léo manifestaient sa peur réprimée et sa culpabilité. « Qu'arriverait-il si vous parliez tout simplement à votre femme de votre »autre vie«? », demandai-je. « Je ne pourrais pas, répondit-il simplement. D'ailleurs, pourquoi admettrais-je quelque chose comme ça? »

Il fallut quelques séances. Finalement Léo comprit qu'il n'était pas mal de se masturber « même s'il était marié ». Je lui expliquai que même les fantasmes les plus fous sont normaux. « Pensez-vous que votre femme soit d'accord pour venir avec vous pour un counseling, de manière à ce que vous soyez tous les deux sexuellement plus satisfaits », suggérai-je.

Léo ne se sentait pas prêt à cela, aussi poursuivîmes-nous une thérapie individuelle. Je me souviens l'avoir entendu dire, un mois plus tard: « Nos conversations sur la normalité m'ont beaucoup fait réfléchir. » Deux semaines plus tard, Léo me dit encore: « Vous savez, ces rencontres m'apportent beaucoup de soulagement. Je ne me rendais pas compte à quel point toute cette histoire me rendait tendu. Au fait, dit-il vers la fin de notre rencontre, je n'ai presque plus de cauchemars. »

Léo ne s'est toujours pas ouvert de son secret à sa femme; mais il en est venu à l'accepter. Pour l'instant, c'est assez. En sortant de mon bureau, il semblait plus sûr de lui. Sa vie a changé irrévocablement.

Vous changez une relation ou alimentez un changement en cours

Si vous souhaitez une transformation de votre relation, le partage planifié avec soin peut vous aider. Cela peut se dérouler de diverses manières. En voici un exemple. Jean-Pierre était un travailleur de la construction qui buvait beaucoup. Aussitôt rentré du travail il ouvrait un paquet de six bières pour « se détendre ». À huit heures trente, il dormait sur le divan du salon, ses six canettes de bières vides à côté de lui. Sa femme Céline et lui n'avaient pratiquement aucune vie commune et profitaient rarement de la compagnie l'un de l'autre.

Céline l'avait quitté et s'était remise en ménage avec lui à deux reprises. Pour compliquer les choses, ils avaient eu une fille. Jean-Pierre refusait de parler du fait qu'il buvait, que ce soit à la maison ou durant nos rencontres. Il insistait, disant qu'il n'était pas alcoolique puisqu'il pouvait arrêter de boire n'importe quand. Quand Céline lui demandait d'établir avec elle une relation plus affectueuse, cela tombait toujours dans l'oreille d'un sourd.

Désespérée de trouver une solution, Céline choisit de forcer les choses en confrontant la vanité de mâle de Jean-Pierre. Elle apporta un calendrier à notre rencontre; trois dates étaient encerclées de rouge.

« Ça, ce sont les trois fois où nous avons fait l'amour cette année, commença-t-elle, et nous sommes déjà en octobre. Nous ne faisons jamais l'amour parce que, ou bien tu es saoul, ou bien tu dors. J'ai eu deux offres d'aventures de collègues de travail et je songe à en accepter une. Vas-tu changer et sauver notre mariage ou nous faudra-t-il divorcer? »

Jean-Pierre l'accusa de bluffer, de ne pas le comprendre et finalement, d'être une traînée. « J'ai lu un article où il était dit que la plupart des couples de moins de trente ans font l'amour au moins une fois par semaine, riposta Céline. Alors, vas-tu devenir normal ou pas ? »

Comme Céline le craignait, Jean-Pierre refusa de tenir compte de sa douleur et de s'entendre avec elle pour sauver leur mariage. Mais elle eut finalement suffisamment d'information pour passer à l'action. Le temps était venu pour elle d'opérer le plus grand changement de tous, soit celui de se séparer et d'obtenir le divorce. « C'est la chose la plus difficile que j'aie jamais faite de ma vie, me dit-elle un an plus tard, mais je ne l'ai jamais regretté une seconde. »

Parfois, le partage amène un changement, tout aussi draconien mais donnant des résultats fort différents.

Une comptable avec laquelle je travaillai se sentait démunie dans son mariage, alors que tout le monde croyait celui-ci parfait. Bien que Brigitte soit capable de dire à son mari Jacques qu'elle était malheureuse, en fin de compte, il ne se produisait jamais rien.

Elle décida finalement de se servir de la question sexuelle pour faire comprendre sa frustration à son mari. « Nous faisons toujours l'amour à ta manière, dit-elle. C'est toujours toi qui est par-dessus, jamais moi. Pourquoi ne pouvons-nous pas essayer des choses nouvelles ? demanda-t-elle. Je suis très malheureuse sexuellement. Le savais-tu ? » Brigitte venait de laisser tomber une bombe.

« Quelle différence est-ce que ça peut faire, la position que nous prenons ? répliqua Jacques. D'habitude, je te laisse le temps de jouir, non ? Alors, pourquoi devrions-nous nous compliquer la vie ? » Devant la résistance de son mari, je vis s'affaisser le visage de Brigitte. « Je ne sais pas quoi dire, me dit-elle, presque en larmes. Comme toujours, il a raison. Est-ce que je suis anormale ? »

Je les encourageai à se parler davantage mais les mêmes choses revenaient toujours. J'intervins plus directement. «Jacques, dis-je, Brigitte aimerait obtenir ce qu'elle désire. Vous voulez aussi avoir ce que vous voulez. Mais vous semblez croire qu'une personne n'obtient ce qu'elle désire qu'en ayant une bonne raison. N'est-ce pas exact?»

Instinctivement, Jacques esquiva ma remarque, en disant qu'il ne désirait que le bonheur de Brigitte. «Je crois que vous le pensez vraiment, dis-je doucement, mais est-ce que Brigitte n'obtient ce qu'elle veut que lorsque vous considérez qu'elle a une bonne raison pour ce faire?»

Jacques me donna quelques exemples sans grande importance. Soudain, le visage de Brigitte s'éclaira. «Jacques ne devrait donc pas prendre toutes les décisions? demanda-t-elle tout excitée. Voilà pourquoi je me sens folle — je dois toujours me défendre et Jacques me fait croire que c'est normal ainsi.»

«Et que se passe-t-il alors?», lui demandai-je d'une manière encourageante.

«Tôt ou tard, répondit Brigitte, ça m'est plus facile de faire ce qu'il croit être bien.»

«Et, dis-je en complétant le tableau, Jacques croit que vous faites ce que vous voulez tandis que vous, vous ne comprenez pas pourquoi vous êtes malheureuse.»

Jacques et Brigitte se regardèrent l'un l'autre, songeurs. «J'ignore ce que nous devrions faire, dit Jacques calmement, mais ce n'est pas bien de se sentir comme ça.»

Sans le savoir, ils venaient de commencer à changer leur relation.

En fin de compte, le partage peut alimenter des changements relationnels ou personnels déjà en cours; c'est une chance que le partage offre et que les gens oublient trop souvent. Prenons l'exemple d'un homme qui, grâce à des cours ou à des lectures, commence à s'affirmer lui-même. Sa partenaire aime ce changement et peut alors partager son secret avec lui: «J'ai toujours désiré que tu sois plus dominateur au lit.» Son partage vient alors soutenir le changement déjà amorcé.

RAISONS INAPPROPRIÉES DE PARTAGER SES SECRETS

De même qu'il existe des raisons constructives de partager ses secrets, de même il en existe qui sont destructives. Un partage qui repose sur de mauvaises raisons ne pourra vraisemblablement pas garder en santé des individus ou des relations. Au lieu de cela, ce partage mobilisera la colère du partenaire, son désir de vengeance et celui-ci pourrait se mettre à voir la sexualité comme une arme.

Quand on partage pour les mauvaises raisons, on est d'une certaine manière malhonnête. Tandis que le partage lui-même peut apparemment manifester de l'intimité ou du regret, il est, de fait, une manière déguisée d'exprimer sa colère. Ne peut-on pas définir la manipulation comme étant prétendre éprouver un sentiment alors que, dans son for intérieur, on en éprouve un autre. Comme la plupart des téléromans le montrent, la manipulation entraîne habituellement des situations impossibles.

Je vous déconseille fortement d'utiliser les secrets, la surprise ou les tactiques déloyales pour exprimer des sentiments extrêmes, comme la colère, même si nous ressentons tous parfois le désir de le faire.

Quand on agit de la sorte, on reste accroché au niveau de nos sentiments enfantins et vulnérables. Cela nous empêche d'éprouver suffisamment de sécurité pour nous attaquer aux problèmes de façon productive. De plus, l'autre partenaire réagit alors souvent avec des tactiques déloyales de son propre cru; bien entendu, cela éloigne encore plus les deux partenaires d'une solution à leurs vrais problèmes.

Si, à quelque niveau que ce soit, vous éprouvez un besoin de vengeance, procédez prudemment. Que devriez-vous faire si vous ressentez le désir de blesser ou de punir votre partenaire? Plutôt que de le faire, dites-lui que vous *désirez* le faire. Dites par exemple: « Écoute, chérie, quand tu flirtes comme ça, ça me fâche. Parfois ça me donne le goût de flirter avec une de tes amies seulement pour que tu comprennes ce que je peux éprouver. Ou encore de te raconter certains de mes exploits sexuels passés pour que tu te sentes mise à l'écart, comme je me sens parfois. »

C'est là une manière plus productive d'exprimer ses sentiments et, dans la plupart des relations, vous obtiendrez alors l'attention de votre partenaire. Assurez-vous que votre partenaire comprend la raison pour laquelle vous n'exprimez pas votre sentiment. Montrez ainsi que votre intérêt pour la relation est plus grand que votre blessure intérieure.

Si vous êtes déterminé à blesser votre partenaire, faites-le directement et explicitement. Dites par exemple : « Tu n'arrêtes pas de me parler de tes anciennes amies filles bien que je t'aie supplié de ne pas le faire. Je pense qu'il est temps que je te raconte certains de mes exploits passés. » Votre partenaire comprendra alors clairement que vous désirez le punir.

Voici certaines raisons improductives de partager ses secrets :

- Pour se venger.
- Pour punir ou humilier votre partenaire.
- Pour se libérer d'un lourd fardeau de culpabilité.
- Pour qu'on vous critique ou qu'on vous punisse.
- Pour mettre la relation à l'épreuve.
- Pour créer un écran de fumée ou filtrer la vérité.

Voyons chacune de ces raisons négatives en détail.

Vengeance et punition

« La vie étant ce qu'elle est, disait Paul Gauguin, chacun de nous rêve de vengeance. » Le désir de punir les autres semble être un sentiment humain naturel. La question est de savoir si vous désirez ou non vivre avec les conséquences de la poursuite de ce désir.

Voici quelques façons dont les gens punissent parfois les autres en partageant leurs secrets sexuels :

- Une jeune adolescente en colère apprend à ses parents sévères qu'elle couche avec son ami depuis six mois.

- Une femme dit à son mari qui ne cesse de la critiquer que, loin d'être «frigide», elle a sans cesse des fantasmes sexuels très excitants.

- Un homme apprend à son père, lors des funérailles de sa mère, que cette dernière l'a molesté quand il était enfant et lui demande pourquoi il ne l'a pas protégé.

Le fait de révéler une information sexuelle délicate peut exprimer une manière auto-destructive ou contraire à vos intérêts de blesser les autres. Tout d'abord, vous vous abaissez vous-même car vous dites alors, en réalité: «Cette vérité à mon sujet est si laide que je m'en sers comme d'une arme.»

Ensuite, vous éveillez la méfiance de votre partenaire et portez atteinte à la confiance qu'il vous porte; il sait maintenant que vous répéterez éventuellement ce stratagème. Si vous utilisez une révélation pour punir quelqu'un et trouvez cette idée acceptable, vous pouvez donner à votre partenaire l'idée de se comporter ainsi avec vous.

Enfin, et d'une manière plus poignante, quand on se sert d'informations délicates pour punir fréquemment quelqu'un, on ne réussit pas à communiquer à l'autre pourquoi et combien l'on souffre. L'autre personne peut être tellement en colère, blessée et confuse qu'elle ne voit même pas votre chagrin.

Soulagement de la culpabilité

Il n'est pas valable de soulager sa culpabilité en partageant un secret sexuel; en agissant de la sorte, on abuse de la relation. Je sais que je vous ai encouragé à vous servir de votre relation comme d'une ressource, mais il y a une limite à cela. Vous pouvez déterminer partiellement ce qu'est cette limite en identifiant d'autres ressources alternatives, telles que vos amis, votre confesseur ou votre thérapeute.

Demandez-vous si votre partenaire en souffrira et si cela lui causera problème. Cela vaut-il le soulagement que vous recevrez? Si vous ne faites que troquer votre douleur contre la sienne, cela n'est pas juste.

Et puis, avez-vous l'intention de travailler à changer la situation après vous être déchargé de votre culpabilité? Si votre réponse est non, vous transférez votre culpabilité à quelqu'un d'autre sans qu'il en résulte quelque chose de positif. Ça, c'est de l'égoïsme.

Un exemple? Une femme a une aventure, se sent coupable et l'apprend à son mari. Cet aveu est douloureux pour les deux, mais elle se sent soulagée. Deux mois plus tard, elle a une autre aventure. Dans les circonstances, je dirais que son partage a été irresponsable et abusif.

Le plus souvent, la culpabilité constitue une motivation destructive. La culpabilité ne manifeste pas le sens du fair-play, le désir de bien choisir ou une conscience active. Elle exprime notre conviction d'être « mauvais ». Naturellement, nous voulons tous nous libérer de la pression que ce sentiment exerce sur nous. Cela est votre problème, non celui de votre partenaire.

Voici l'un des rares cas où Ann Landers et moi sommes d'accord: le soulagement de la culpabilité est une raison destructive de partager une information délicate, tel une aventure que l'on vit.

Le thérapeute Fritz Perls croyait que la culpabilité et la colère sont intimement liées. Il remarqua que lorsqu'on se sent coupable — c'est-à-dire lorsqu'on se critique soi-même — on fustige souvent une personne qui, à nos yeux, nous juge. Révéler des secrets sexuels qui blessent les autres est une des manières de faire cela.

Besoin d'être critiqué ou puni

Elles le nieraient probablement si vous le leur demandiez; pourtant, certaines personnes recherchent inconsciemment les critiques d'autrui. Pourquoi? Parce que cela vient corroborer l'idée qu'elles se font d'être inutiles, difficiles à supporter, ineptes ou mal-aimées. Ainsi, j'ai souvent vu des gens très habiles se montrer incroyablement maladroits en public, renversant même leur verre sur la robe de leur hôtesse, et cela, simplement parce qu'ils se sentaient indignes de la compagnie des autres.

La punition soulage aussi les gens qui craignent de manquer de contrôle de soi. Ils se sentent alors « contrôlés »; et cela signifie pour eux, qu'on s'occupe d'eux. Cela les rassure; ils considèrent alors que leur partenaire — souvent quelqu'un qui a besoin de contrôler une autre personne — a besoin d'eux.

À moins que leur désir d'être critiqués ne soit vraiment exagéré, nous ne considérons d'habitude pas ces gens comme des « malades ». Au contraire, nous les complimentons souvent sur leur modestie, leur discrétion, leur gentillesse. Mais beaucoup de ces gens « normaux » ont simplement peur de leurs fantasmes, pensées et impulsions.

Inconsciemment, ils se disent ceci: « Il n'y a que moi qui sais combien je suis mauvais. Si je suis puni par mon partenaire, c'est que je le mérite, même si ce n'est pas pour la bonne raison. »

Mise à l'épreuve des relations

Certaines personnes ne cessent de mettre à l'épreuve toute relation qui leur semble trop bonne pour être vraie. Pour voir si leur partenaire les quittera, une fois en colère, elles l'irritent. Ou bien elles montrent et exagèrent leurs défauts et leurs limites très rapidement, pour réduire l'anxiété qu'elles éprouvent face à un rejet.

Au lieu de mettre ainsi nos partenaires à l'épreuve, nous devrions leur permettre de négocier et d'exprimer leurs griefs. Nous devrions prendre le temps de parler avec eux des problèmes en cause. Il est toujours possible qu'ils souhaitent régler le conflit en partenaires plutôt qu'en adversaires.

Mettre une relation à l'épreuve sans crier gare se révèle aussi très injuste. Les gens sont rarement à leur avantage quand on les surprend. Ils se sentent facilement menacés et réagissent souvent par la défensive ou avec agressivité. Par contre, si on leur en donne la possibilité, ces mêmes personnes seront probablement heureuses de négocier une solution.

Mettre psychologiquement à l'épreuve une relation, un autre truc courant employé dans les téléromans, est une façon lâche de recueillir de l'information. Et comme les téléromans le démontrent, vous ne pouvez jamais compter sur la qualité de l'information reçue.

Seule une personne insécure ou instable a besoin de cacher ses mobiles pour se sentir en sécurité. Si tel est le cas, vous devriez parler ouvertement de ce qui arrive, parce que cela signifie qu'une crise se prépare pour l'individu ou le couple ou les deux.

Écrans de fumée

Certaines personnes partagent des secrets avec l'intention de tromper leur partenaire sur le futur. Il en est qui ont l'intention d'avoir des aventures ou de cacher de l'information sur ce qui les excite ou les « refroidit » sexuellement. Quand on planifie de futurs secrets, on utilise le partage de façon cynique; il est alors permis de mettre en doute l'engagement d'une personne dans une relation. Cela signifie que vous prévoyez encore des cachettes dans l'avenir. Cela signifie aussi que vous avez décidé que vous ne pouvez être vous-même dans la relation. Si vous partagez un secret pour cette raison, il est clair que votre relation présente des problèmes.

L'ÉVALUATION DE VOS MOBILES

Comment pouvez-vous être certain qu'aucun des six mobiles inappropriés de partager que je viens de décrire n'*est pas* à votre programme? Après tout, nous pouvons aborder le partage avec un esprit très bienveillant et généreux et pourtant nous en servir pour manipuler l'autre ou exprimer son hostilité.

Voici des lignes de conduite qui vous aideront à évaluer vos mobiles:

- Imaginez-vous la commotion, la surprise, la douleur ou le ressentiment de votre partenaire avec délice ou avec le sentiment d'être dans votre droit?

- Cherchez-vous une confrontation orageuse au sujet de ce que vous désirez partager?

- Vous sentez-vous en colère ou blessé au moment où vous vous préparez à dévoiler votre secret? Est-ce que votre colère ou votre blessure croît quand vous allez passer à l'action?

- Songez-vous déjà à la manière dont vous allez vous en tirer après vous être adonné à une activité défendue préméditée ou non?

- Envisagez-vous de partager seulement pour voir la réaction de votre partenaire?

- Avez-vous prévu avec qui vous parlerez des conséquences de votre partage?

- Vous sentez-vous comme un enfant malicieux tandis que vous vous préparez à partager votre secret?

Chaque réponse positive à l'une de ces questions indique un mobile improductif. Considérez cette possibilité avec soin avant d'aller plus avant. Quel est votre but véritable? Y a-t-il un moyen plus honnête ou plus direct d'obtenir ce que vous désirez?

RESSOURCES

N'importe qui peut partager un secret sexuel. Pour que cela soit un succès — pour obtenir les résultats escomptés — il faut des ressources, à la fois personnelles et relationnelles. Ces ressources permettent à deux partenaires d'intégrer l'information dévoilée d'une manière constructive.

Presque tous les êtres humains ont du mal à résoudre les questions délicates. Cette difficulté, nous l'exprimons par des sentiments tels la jalousie, la peur, l'anxiété et la colère. Ces sentiments sont si forts que la bonne volonté seule n'est pas suffisante pour rendre un partage productif. Quels atouts devriez-vous avoir en main au moment où vous vous décidez de partager ou non un secret?

La communication

Votre capacité, votre volonté de communiquer sont sûrement vos meilleurs atouts. Une communication de bonne qualité permet aux couples de se servir de leur amour, leur intelligence, leur histoire partagée et leurs bonnes intentions d'une manière productive. Voici quelques lignes de conduite pour une communication efficace:

- Nous pouvons écouter l'autre sans nous sentir attaqué ou critiqué.
- Nous pouvons être en désaccord sans ressentir le besoin de nous détruire.
- Nous pouvons exprimer pleinement notre colère sans avoir besoin de nous blesser l'un l'autre.
- Nous sommes certains qu'aucun des deux partenaires ne deviendra violent ou tyrannique.
- Nous ne nous faisons pas de menaces ni ne nous crions des noms.
- Nous mettons fin à des discussions importantes sans permettre qu'on nous interrompe en cours de discussion, sans claquer les portes, sans piquer une crise, etc.
- Nous ne craignons pas de nous attaquer à nos désaccords.
- Nous croyons que la colère n'est pas destructive.
- Nous savons comment exprimer nos critiques et notre colère de manière productive.
- Nous exprimons fréquemment notre amour de façon verbale et non-verbale.
- Nous ne ramenons pas à la surface de vieilles blessures ou des éléments hors de propos quand nous sommes en désaccord.
- Nous ne croyons pas que désaccord équivaut échec.

Voyons maintenant comment un couple utilise sa capacité de communiquer pour réussir une expérience de partage très délicate. Voici des extraits d'une conversation entre Suzanne et Albert, deux professeurs dans la trentaine. Je ne les avais pas vus depuis qu'ils avaient, l'été précédent, suivi un counseling conjugal couronné de succès.

Suzanne m'avait appelé en me disant qu'elle voulait venir me voir avec Albert pour partager une information bien particulière avec lui. Elle croyait qu'ils pouvaient y arriver seuls, « mais je ne veux prendre aucune chance », me dit-elle. Pour vous aider à voir leur bonne communication, j'ai mis entre parenthèses les messages clairement exprimés dans leurs propos. Vous verrez comme ces messages clairs permirent au partage du secret de Suzanne d'être couronné de succès.

Suzanne: Ça me rend nerveuse de te dire ça (voici comment je me sens) mais je veux te le dire, parce que cela me rend folle et me fait me sentir loin de toi (je veux me sentir proche de toi même quand je suis troublée). Quand j'étais petite fille, j'ai été agressée par mon oncle Jean-Paul pendant plus d'un an. Je suis certaine que ça te met en colère (je suis sensible à la manière dont tu te sens), mais je ne veux pas que tu t'emportes. Je veux seulement que tu me dises que tout va bien (voici ce que je veux) et je veux que nous décidions ensemble comment régler le problème (je nous vois comme une équipe).

Albert: Je suis stupéfait. Comment cela est-il arrivé? Comment as-tu pu garder le silence jusqu'ici? Je me sens vraiment en colère (voici comment je me sens). As-tu manqué de confiance en moi tout ce temps? (j'aimerais que tu me donnes plus d'informations).

Suzanne: Je comprends que tu puisses te sentir ainsi (tu peux exprimer tes sentiments sans que je me sente attaquée). Mais je ne pouvais tout simplement pas te le dire avant. Maintenant je le peux. J'ai changé, mûri (je sais quoi faire avec tes sentiments, je n'ai pas à te faire sentir que tu es dans ton tort). Je pense que je suis aussi plus brave. Et je crois davantage à notre union (je peux compter sur ton amour quand ça va mal).

Tandis qu'un et l'autre évitaient de se regarder, un silence étrange remplit la pièce. Chacun voulait parler, aucun n'y parvenait. Finalement, Albert donna un coup de poing sur la table. Il versa quelques larmes.

Albert: Je suis vraiment peiné qu'une chose aussi horrible te soit arrivée (voici comment je me sens). Et je suis heureux de voir que tu te sens mieux de me l'avoir dit (je suis content d'aider à soulager ta peine, même si je suis moi-même troublé). Mais que dois-je faire maintenant? Je suis complètement dérouté. J'ai été en relation avec ce salaud des années durant, ignorant qu'il a déjà essayé de gâcher la vie de ma femme. Il doit penser que je suis, ou bien une mauviette, ou bien un con (je peux exprimer ma colère sans avoir besoin de te détruire ou te discréditer).

Suzanne: Je ne pense pas qu'il croit cela. Je comprends pourtant que tu te sentes ainsi (je sais que les sentiments sont plus importants que les faits, je ne vais donc pas t'amener à changer tes sentiments). Nous reparlerons de ça quand tu seras moins ébranlé (nous venons toujours à bout de nos discussions difficiles).

Albert: Crois-moi, je vais me venger de ce salaud.

Suzanne: Il faut que l'on parle encore de cela avant d'entreprendre quoi que ce soit. Je ne veux absolument pas que tu fasses quelque chose sous le coup de la colère (j'ai besoin de ta coopération pour résoudre ce problème).

Tandis que tous deux se débattaient avec leurs sentiments, le silence s'alourdit encore. Comme le visage d'Albert se rembrunissait, Suzanne eut peur.

Suzanne: J'aimerais que tu me prennes dans tes bras pour sentir que tout va bien (je veux être proche de toi même si nous sommes en conflit).

Albert: Je n'ai pas le cœur à ça. Je pense que je veux être seul (voici ce que je désire).

Suzanne: Me diras-tu au moins que tu m'aimes (je suis prête à te demander ce que je veux même quand c'est risqué)?

Albert: Bien sûr que je t'aime. Je suis seulement très troublé. Je sais bien que je surmonterai ça... je ne sais pas encore comment, mais je suppose que j'y arriverai (je suis prêt à rester en contact avec toi même si nous ne sommes pas complètement branchés l'un à l'autre).

Suzanne: Puis-je faire quelque chose pour t'aider?

Albert: Dis-moi que tu comprends pourquoi je suis si ébranlé (voilà ce dont j'ai besoin pour me sentir plus proche de toi).

Suzanne donna son assentiment et la séance se poursuivit. À la fin de celle-ci, Suzanne et Albert décidèrent qu'ils voulaient parler du problème seuls pendant un certain temps. Nous convînmes de nous revoir deux semaines plus tard.

J'étais fier de voir comment ils faisaient face au secret de Suzanne. Bien qu'imparfaite, leur communication se montrait de toute évidence très efficace. Suzanne et Albert savaient comment régler leurs problèmes. Ils formaient une équipe au lieu de se comporter en adversaires.

La relation

En plus d'une bonne communication, d'autres aspects d'une relation solide contribuent à couronner de succès un partage de secret. Voici quelques lignes de conduite à suivre:

- Chaque semaine, nous passons du temps à parler d'autres sujets que des enfants ou des tâches domestiques.
- Nous sommes soucieux de nos bonheurs et de nos chagrins réciproques.
- Chacun de nous est satisfait de l'engagement de l'autre dans la relation.
- Nous respectons l'expérience intérieure de chacun, même si nous ne sommes pas d'accord avec elle ou ne la comprenons pas.
- Nous nous aimons.
- Nous nous aimons d'amour.
- Chacun de nous se sent en droit d'attendre que l'autre s'attaque aux problèmes difficiles sans trop se retirer, se plaindre ou punir.
- Nous croyons tous deux que notre partenariat est plus important que les sentiments temporaires éprouvés par l'un ou l'autre.

- Chacun de nous est capable de se mettre à la place de l'autre. Il sait tenir compte des réactions et des sentiments de l'autre vis-à-vis un événement particulier. Il ne considère pas uniquement sa vision des choses.

- Chacun de nous croit que son partenaire ne veut pas lui causer de douleur. Au pire, son attitude est irréfléchie plutôt que délibérée.

Vous n'avez pas besoin de tous ces atouts pour que votre partage soit couronné de succès. Bien évidemment, plus vous êtes fort d'éléments positifs, plus le partage saura donner les résultats que vous désirez.

L'individu

Pour partager vos secrets sexuels d'une manière productive, vous disposez d'un atout majeur: celui de vous percevoir comme une personne correcte. Ou, comme le dit l'éducatrice Gloria Blum, « celui d'être « capable » de vous approuver vous-même ».

Rappelez-vous la définition du besoin impérieux de dissimuler (« Ma sexualité et moi sommes mauvais, alors je dois les cacher »); constatez comme le sentiment d'être une personne bien élimine cette nécessité du secret.

Quand vous vous estimez réellement, vous n'avez plus à blâmer les autres de vos mauvais sentiments. Vous ne cherchez plus à utiliser votre secret comme une arme, ce qui est toujours avilissant. En vous considérant partenaire plutôt qu'adversaire ou victime, vous voyez le partage comme une expérience relationnelle et non comme une agression envers quelqu'un. En même temps, vous réglez plus facilement les désaccords, puisque vous avez réalisé que l'amour ne requiert pas qu'on s'entende toujours et sur tout.

L'intelligence, le sens de l'humour, la tolérance au stress, la patience et l'objectivité — toutes ces merveilleuses qualités tant convoitées — sont autant de ressources personnelles qui vous aideront si vous décidez de partager un secret. Tout cela me rappelle une histoire: un homme avait passé sa vie à chercher la femme parfaite: « Et quand je l'ai finalement trouvée, dit-il avec tristesse, elle cherchait l'homme parfait. »

SIGNAUX D'AVERTISSEMENT

Bien sûr, il n'est pas approprié de partager ses secrets dans toutes les situations. Certaines relations manquent des ressources nécessaires pour contrer le stress provoqué par un partage lourd de conséquences. Elles présentent souvent ces symptômes:

- Je projette sérieusement de mettre fin à la relation.
- Mon partenaire ne tient aucunement compte de moi.
- En réalité, je ne fais aucun cas de mon partenaire.
- Il n'y a entre nous qu'une communication minimale ou pauvre.
- Il y a peu de confiance entre nous.
- Mon partenaire m'a montré qu'il ne sait pas garder mes confidences.
- Mon partenaire et moi sommes en compétition.
- Notre relation semble ne permettre qu'à l'un de nous à la fois de se sentir correct.
- Mon partenaire me punit quand il est contrarié.
- Je punis mon partenaire quand je suis contrarié.
- Mon partenaire et moi ne sommes pas en mesure d'échanger sur des sujets importants pendant plus de vingt minutes, sans nous disputer.
- Je ne peux jamais prévoir les réactions de mon partenaire eu égard à ce que je lui dis.
- Mon partenaire me dit toujours: « Ne parle surtout pas de ça. »
- Tout le monde m'a conseillé de ne pas partager le secret que je voulais révéler.
- Il y a déjà eu des incidents violents ou des menaces dans notre relation.

Comment une personne règle-t-elle des situations dans lesquelles les individus manquent de ressources? Un partage productif devient alors difficile, voire même impossible. Quels sont les signaux d'avertissement?

Tout d'abord, toute forme de manque d'estime de soi est un signal d'avertissement. C'est le cas si vous vous excusez constamment, vous croyez stupide, souhaitez être quelqu'un d'autre, ne comprenez pas pourquoi les gens passent du temps avec vous et ne vous attendez jamais à obtenir ce que vous désirez.

Toutefois, si ces indices de manque d'estime de soi sont présents, n'y voyez-là qu'une « mise en garde » contre les dangers du partage. Ne soyez ni découragé, ni dissuadé de partager. Après tout, ceux qui manquent d'estime de soi et leurs proches peuvent énormément profiter d'un partage. Et, bien sûr, le partage est une manière valable d'accroître votre estime de vous-même.

Vous devriez aussi rester sur vos gardes si vous manquez des ressources plus haut mentionnées, soit l'intelligence, le sens de l'humour, etc. Voici quelques signaux d'avertissement supplémentaires dont vous devriez tenir compte:

- Vous ne pouvez tolérer que votre partenaire soit contrarié.
- Vous avez tendance à vous sentir coupable de tout.
- Vous êtes toujours en colère.
- Vous avez déjà été violent à quelques reprises.
- Vous croyez devoir mettre fin à votre relation à cause de votre sexualité, votre âge, votre intelligence, etc.
- Vous croyez que les relations sont inutiles ou constituent une perte de temps.

Si ces signaux d'avertissement personnels ou relationnels vous sont familiers, que devriez-vous faire? Prioritairement, il vous faut y prêter attention. Évaluez avec soin le message que vous envoient ces signaux d'avertissement au lieu de les ignorer ou d'y réagir de manière exagérée. Servez-vous de votre jugement et de votre expérience, ces choses que nous acquérons grâce à nos erreurs passées.

Dans ce chapitre, vous avez vu les raisons qui vous incitent à partager vos secrets et les ressources dont vous disposez. Comment percevez-vous votre situation maintenant? Si vous vous sentez très perturbé, assurez-vous d'avoir quelqu'un avec qui parler, qu'il s'agisse de votre partenaire ou d'une autre personne. Il n'est pas nécessaire que vous révéliez aucun secret en particulier; exprimez seulement que vous êtes déstabilisé.

Dans une situation idéale, la relation peut composer avec le dévoilement de secrets. Le partenaire s'ouvre pour les bonnes raisons et sent que la vie sexuelle est saine et acceptable.

Vous êtes seul à pouvoir décider si le partage est approprié dans votre vie. Votre expérience peut guider votre choix. L'expérience…ce qui nous permet de reconnaître une erreur une fois que nous l'avons faite de nouveau.

Quelles sont les meilleures circonstances pour un partage? Le chapitre suivant traite de cela.

PENSEZ-Y BIEN!

Je songe à partager un secret; ai-je l'une ou plusieurs des bonnes raisons suivantes?:

- Je me rapproche de mon partenaire.
- J'améliore notre vie sexuelle.
- J'accrois mon estime de moi-même.
- Je réduis le stress physique ou mental provoqué par le secret.
- Je transforme ma relation ou j'alimente un changement en cours.

Je songe à partager un secret; ai-je l'une ou plusieurs des mauvaises raisons suivantes?:

- Je veux me venger.
- Je punis ou j'humilie quelqu'un.
- Je me libère du lourd fardeau de ma culpabilité.
- Je désire être critiqué ou puni.

- Je mets la relation à l'épreuve.
- Je crée un écran de fumée.

Je pense à partager un secret; puis-je compter sur certaines des ressources suivantes?:

- Une bonne capacité de communiquer.
- Un bon système de communication.
- Une relation solide.
- Le sentiment d'être une personne bien.
- Le sens de l'humour.
- La capacité de contrôler mon stress.
- Ma propre patience et mon objectivité.

9 COMMENT SE PRÉPARER À PARTAGER DES SECRETS SEXUELS

Voilà, vous avez décidé de partager un secret sexuel. Je présume que vous le faites pour de bonnes raisons et je vous en félicite!

Vous vous sentez probablement excité et nerveux. Vous vous préparez éventuellement à être embarrassé, honteux ou en colère. Tous ces sentiments sont normaux.

Dans ce chapitre, je traite de la préparation au partage d'un secret. Idéalement, même si cela semble paradoxal, avant un partage, il importe que vous vous sentiez bien dans votre peau et libre de formuler clairement vos sentiments et vos besoins; que vous sentiez que votre relation est un partenariat coopératif; que vous vous munissiez du soutien concret nécessaire, tel que l'intimité, la confidentialité ou même un massage amical à mi-temps du partage.

Il y a quatre façons principales de se préparer à partager un secret:

- Vous vous préparez vous-même.
- Vous préparez votre partenaire et la relation.
- Vous préparez les circonstances.
- Vous préparez les conséquences.

Voyons chacune en détail.

COMMENT SE PRÉPARER SOI-MÊME

Le plus important. Quand on prépare le partage d'un secret, le plus important est de se préparer soi-même. Après tout, vous donnerez le ton au déroulement de l'expérience, fournirez l'ordre du jour et guiderez les interactions avec votre partenaire.

Être prêt, cela signifie être conscient de vos ressources, de telle sorte que vous êtes capable de vous en servir efficacement. Dans cette partie du livre, nous verrons que ces ressources prennent des formes variées.

Les étapes 1 à 7 sont, en quelque sorte, des étapes de révision. Elles s'appuient sur l'information utile que vous connaissez déjà; elles rassemblent de manière pertinente des faits qui semblent n'avoir aucun lien entre eux. Ces étapes vous aident à transformer vos sentiments et pensées en ressources.

L'étape 8, celle de la visualisation, fait la synthèse de toutes les étapes précédentes. Elle vous apprend comment « projeter » mentalement les résultats que vous escomptez en partageant un secret.

Les huit étapes suivantes ont été conçues pour soutenir votre sentiment d'être *dans votre droit* . Ce sentiment vous permet de reconnaître que vos besoins sont avant tout raisonnables et que votre réalité émotionnelle mérite d'être reconnue. Vous n'avez pas à défendre ce sentiment d'être dans votre droit en étant « correct ». Tous les êtres humains naissent avec ce sentiment, vous y compris. Pourquoi? Simplement parce que vous êtes quelqu'un de bien. Pas parfait — seulement parfaitement adéquat.

La conscience de ce droit est un aspect important de la préparation d'un partage de secret; cette conscience vient soutenir ce qu'il y a d'aimant et d'éclairé en vous. Quand l'échange occasionné par le partage devient difficile, le sentiment d'être dans votre droit vous permet de rester ouvert et d'avancer. Vous pouvez vous sentir ainsi plus proche de votre partenaire au lieu de le voir comme un adversaire.

En prenant connaissance de ces étapes, voyez comment chacune vous concerne. Vous trouverez probablement utile de prendre des notes sur certains éléments pour mieux réfléchir à ce que vous pourrez appliquer lors du partage projeté.

1. Comment clarifier vos objectifs

Nous commençons le chapitre 9, comme nous avons commencé le précédent — en examinant et en clarifiant vos objectifs. Quand ceux-ci sont bien identifiés, ils vous sont un support pour affronter la confusion, la gêne, la culpabilité.

Gisèle, par exemple, gardait un secret assez courant: elle aurait aimé faire l'amour plus souvent. Son mari Vincent était depuis toujours considéré comme l'expert sexuel du couple; elle, pour sa part, n'avait même pas songé à affirmer ses propres besoins. Au lieu de ça, elle cachait son secret en silence.

La thérapie de Gisèle consista à lui apprendre qu'elle avait le droit de vouloir ce qu'elle voulait. Comme c'est souvent le cas, elle jugeait ses propres besoins en se servant des critères des autres. Elle craignait souvent que ces critères montrent que ses désirs étaient inconvenants.

Au cours de sa thérapie, Gisèle décida d'exprimer son véritable intérêt sexuel à son mari. Améliorer sa vie sexuelle, tel était son objectif. Elle souhaitait commencer à s'affirmer et devenir la partenaire égale de Vincent. Je la soutins dans la planification de son geste.

Gisèle se prépara durant plusieurs semaines avant de passer à l'action. Le partage lui-même fut une expérience difficile. Elle m'a confié plus tard: « Comme je le craignais, je suis devenue nerveuse et troublée quand j'ai parlé à Vincent. Il n'était pas ouvertement en colère mais ne s'est pas montré coopératif non plus. « C'est trop dur, me suis-je dit à un moment. Peut-être devrais-je arrêter. »

« Puis, je me suis souvenu de nos conversations, me dit-elle en souriant. Je me suis rappelé les buts que je m'étais fixés, mon sentiment d'être dans le bon chemin. Je me suis souvenu que nous avions reconnu que mes objectifs étaient valables et même aimants et que je n'avais aucun désir de blesser ou d'insulter Vincent. »

« Alors, j'ai pris mon courage à deux mains et j'ai foncé. Vincent était surpris et un peu impressionné, je le sais. Mais nous avons continué à parler. Tout semble se régler pour le mieux. » Gisèle n'avait pas été déstabilisée à l'idée d'une confrontation car elle s'était fixé des objectifs clairs. Ceux-ci apportèrent une bouffée d'oxygène à sa détermination et ses résolutions.

L'expérience de Gisèle démontre combien il est important de revoir vos objectifs et vos mobiles avant de partager un secret. Servez-vous des données fournies dans le chapitre 8, rappelez-vous ce que vous avez appris sur vous-même. Si votre approche vous semblait positive alors que vous lisiez ce chapitre, elle l'est toujours. Sinon, il n'est pas trop tard pour reformuler ou remettre à plus tard vos plans de partage.

2. Comment évaluer et renforcer votre réseau de soutien

Aucune personne bien portante n'est complètement autosuffisante. Nous avons besoin des autres pour nous soutenir dans les risques et les décisions que nous prenons, pour célébrer nos victoires et pour sympathiser avec nos frustrations et notre désespoir. Au moment où vous vous débattrez avec le stress causé par la préparation du partage, et, plus tard, avec ses conséquences, vous apprécierez l'attention des autres.

Un réseau de soutien repose sur une ou plusieurs personnes dont l'aide est inconditionnelle dans vos moments de doute et de souffrance. Il peut s'agir d'un ami intime, un prêtre, un thérapeute, une sœur ou même un cercle de couture.

Bien souvent, vous partagez un secret sexuel avec la personne dont vous escomptez normalement le plus d'aide. Si cette personne est troublée, ce soutien peut devenir inaccessible. Pourtant, à ce moment, vous en avez un urgent besoin.

Alors, au lieu de compter uniquement sur le soutien de votre partenaire, pensez à vos amis, à votre famille ou à des collègues de travail. Si vous le désirez, tâtez d'abord le terrain en leur soumettant un problème mineur et observez leur réaction. Vous serez peut-être surpris de voir qui a vraiment envie de vous aider. Si la chose est appropriée, songez à consulter un professionnel, comme un membre du clergé ou un thérapeute.

Certains livres peuvent aussi vous offrir un soutien, surtout si vous vous sentez isolé ou un peu fou. Parmi ces livres susceptibles d'être utiles, mentionnons *Women Who Love Too Much, Necessary Losses, It Will Never Happen to Me, The Hite Report, Why Men Are the Way They Are, When Living Hurts* et *Night Thoughts*.

Au moment où vous songez à partager votre secret, demandez-vous quel type de soutien psychologique vous est accessible. Assurez-vous que la sorte de soutien que vous désirez recevoir est disponible.

3. Comment clarifier votre manière de voir la sexualité

La plupart d'entre nous ne formulons jamais nos idées sur la sexualité. Et pourtant, nous avons tous des convictions, des sentiments et des intuitions en ce qui la concerne.

Cette nécessité de garder le secret est un héritage qui rend presque inévitable la négativité sexuelle. Parfois criarde («La fornication est un péché»), elle est souvent plus subtile (pensons aux magazines qui acceptent de la publicité sur les douches vaginales dommageables, tout en refusant celle sur les vibrateurs qui donnent du plaisir).

Une vision cohérente constitue un atout précieux quand vous partagez un secret. Si vous considérez la vie sexuelle comme une chose saine, morale et porteuse de vie, vos croyances sauront vous servir de balises au moment du partage. Comme un navire est guidé quand il vogue vers un point de repère ou une bouée, votre vision vous évite d'être désarçonné, lorsque vos phrases ou vos intentions sont utilisées contre vous.

L'une de mes propres expériences illustre bien cela. Le fils d'un ami m'appela un jour et demanda à me voir. Je connaissais ce jeune homme depuis son enfance et je l'aimais bien. Devenu un athlète remarquable et représentant une grande université, il était en vacances pour le temps des Fêtes. Il semblait troublé.

Comme il n'était pas question d'une séance de thérapie, je l'invitai chez moi. En arrivant, pressé de me parler tout de suite, il refusa tout rafraîchissement. « C'est ce qui se passe dans le vestiaire des joueurs, dit-il simplement. Cela ressemble à un club privé dont je ne serais pas membre. » Je lui demandai de m'en dire davantage.

« La seule chose dont les gars parlent entre eux, c'est des filles, poursuivit-il. Ça va. J'aime bien parler des filles. Mais chacun parle de ce qu'il fait avec elles. Et parce que je suis une vedette du stade…. » Il hésita.

« …les gars s'imaginent que tu es aussi une vedette dans la couchette? », suggérai-je.

Guy était soulagé. « Oui, c'est ça, dit-il. Ils veulent savoir avec qui je couche, quand et combien de fois je fais l'amour et tout ça. Mais je ne… je n'ai… je n'ai jamais… ».

Le sujet était de toute évidence délicat pour lui. « Guy, lui dis-je, beaucoup d'adolescents sont encore vierges quand ils entrent à l'université. Beaucoup en sortent de la même manière. Tu n'as rien d'anormal, si c'est ce qui t'inquiète. »

Il se détendit un peu. « Ça, c'est la moitié de l'histoire seulement. L'autre moitié, c'est ce que je dois dire. Dois-je faire semblant? Dois-je dire aux gars de se taire? Je me sens vraiment seul dans la situation. »

Se sentir seul dans une pièce remplie de pairs et d'admirateurs constitue une triste expérience. « Tu es un héros sportif et un brillant élève que tout le monde aime, dis-je, et, de toute évidence, tu as *choisi* de ne pas faire l'amour. À part le fait que tu subis une grande pression, te sens-tu correct par rapport à ton choix? Crois-tu que c'est ce qu'il y a de mieux pour toi? Rappelle-toi, tu n'as ni à t'excuser, ni à parler de quoi que ce soit contre ton gré. Si un choix te convient, tu n'as aucune raison d'en changer. »

Je fis une pause pour le laisser s'imprégner de ce que je venais de lui dire.

« Il est bien évident que tu aimerais partager ton inquiétude avec quelqu'un », poursuivis-je. En effet, Guy avait besoin de se sentir normal; d'une certaine manière, il voulait aussi se débarrasser de la pression qu'il subissait. « Y a-t-il un gars de l'équipe en qui tu peux avoir confiance?, demandai-je. Il pourrait t'aider à changer le sujet de conversation quand celui-ci vient sur le tapis ou détourner une partie de l'attention. Tout au moins, tu pourrais te sentir toi-même avec lui. »

Comme il commençait à voir l'aspect positif de sa décision plutôt que la critique implicite de ses coéquipiers, l'idée le ravit. En utilisant sa propre vision de la sexualité comme boussole et repère, Guy se sentait mieux dans sa peau et pouvait voir le sens réel d'un partage. Avec toute son énergie et sa jeunesse, il commença aussitôt à établir une stratégie personnelle.

Quand je le revis le printemps suivant, il semblait plus heureux, plus satisfait de lui-même. Il avait parlé à quelques-uns de ses coéquipiers et s'était rendu compte qu'eux aussi se sentaient mal à l'aise. Il se sentait moins seul et percevait son propre jugement comme crédible et correct. « Une fois conscient que notre décision est la bonne, me dit-il, il est plus facile de manœuvrer les autres, non? »

En fait, la maturité de Guy a partiellement influencé ses coéquipiers. Il dit qu'ils ne se forcent plus à parler de sexe comme ils avaient tous l'habitude de le faire.

4. Comment clarifier votre manière de voir la relation

Arrêtez-vous un moment et: voyez quelle sorte de relation vous désirez. Offrez-vous un instant le luxe de rêver les yeux ouverts tandis que vous élaborez une image mentale de ce qui vous arriverait, si votre relation était exactement celle que vous désirez vivre.

Maintenant, imaginez comment votre secret, une fois partagé, pourrait faire partie intégrante de cette solide relation. Si votre partenaire est effrayé ou en colère par votre partage, il peut dire que votre comportement a mis la relation en péril. N'allez alors surtout pas vous défendre, car cela peut souvent provoquer des querelles désagréables et destructives.

Au lieu de cela, établissez *vous-même* la manière dont tout conflit qui peut résulter de votre partage doit être réglé. En vous basant sur la vision que vous avez de votre relation, vous pourrez inviter votre partenaire à confronter sa vision du partage avec la vôtre.

Pendant que vous imaginez la relation que vous souhaitez, prenez en considération les questions suivantes:

- Quels types de droits et de pouvoir chacun doit-il vivre dans la relation?
- Quel rôle désirez-vous pour chacun dans la relation?
- Comment voulez-vous partager les tâches domestiques?
- Quelle quantité et quel type de communication désirez-vous entre vous?
- Quelle quantité de partage et de contacts routiniers désirez-vous entre vous?

La vision consciente de votre relation actuelle a une incidence sur le partage d'un secret. Voyons comment.

Charles était un menuisier heureux en affaires. Il n'avait jamais été marié. Partenaire sexuel de nombreuses femmes, dans diverses villes des environs, il savait bien qu'il n'avait pas envie d'être père. « Ça me suffit de jouer les oncles ». Le jour de ses trente ans, il décida de subir une vasectomie dans une clinique de planning familial.

Quatre mois plus tard, la famille de Charles se réunit à la maison de ses parents pour le Jour de l'Action de Grâces. Le matin suivant, il demanda à son père et à sa mère d'avoir une conversation avec eux.

« Je sais que vous avez très hâte que j'élève une famille, dit-il, aussi j'ai pensé que je devais vous le dire. Je n'aurai pas d'enfants. J'ai vu un médecin et subi une vasectomie. Je sais que ce n'est pas ce que vous désiriez. J'espère pourtant que vous l'accepterez. »

Après un silence stupéfait, les parents de Charles lui dirent tout ce qu'il avait craint entendre: «Tu es si égoïste, cria sa mère. Comment as-tu pu être aussi impulsif?» «Tu regretteras ta décision!, lui cria son père enragé. Et tu regretteras aussi amèrement d'avoir pu croire que tu pouvais prédire l'avenir. D'ailleurs, comment as-tu osé faire cela sans d'abord nous en parler?»

Bien sûr, Charles se sentit mal. À l'instar de beaucoup d'hommes qui ont subi une vasectomie, la chose l'excitait. Il ne regrettait rien — jusqu'à présent, du moins. Maintenant, Charles voulait se défendre, s'excuser, demander qu'on le comprenne. Il se sentait coupable et blessé.

Mais, comme Charles me le raconta: «Je me suis dit, minute, cela n'a aucun sens! Comment ma bonne décision put-elle devenir mauvaise du soir au matin?» Charles respira profondément et regarda ses parents droit dans les yeux. «Écoutez, les interrompit-il, ce que nous avons maintenant, ce n'est pas une conversation. Vous dites que vous êtes fâchés parce que je ne vous en ai pas parlé. C'est ce que je suis en train de faire et vous en faites toute une histoire.»

Tout ce que vous avez fait jusqu'ici, c'est de me dire que ma décision était stupide, dit-il. Vous ne m'avez pas demandé pourquoi j'ai fait ça, comment ça s'est passé, comment je me sens maintenant, rien.» Sa voix tremblait d'émotion. «Vous êtes blessés et fâchés? Eh! bien, moi aussi je le suis!»

La pièce fut soudainement calme. «Vous m'êtes tous les deux très chers, dit finalement Charles. Je veux avoir une relation spéciale avec vous. Mais...». Charles se tut un moment, aussi malheureux que ses parents de la vérité. «...mais il nous reste un bon bout de chemin à faire.»

Je crois que Charles s'est fort bien sorti de la situation. Sa mère et son père étaient prêts à engager un combat sur sa «terrible» erreur. Toutefois, Charles ne se laissa pas emporter dans cette dispute du «mauvais enfant» et des «parents en colère». Il s'en tint à l'idée de la relation qu'il souhaitait vivre avec eux, en communiquant avec eux aussi directement et affectueusement que possible.

Bien sûr, ses parents ne sont pas heureux de sa décision. Cependant, ils font du progrès pour revivre avec Charles une relation satisfaisante, relation qui leur avait déjà procuré tant de joie. Ils remarquent et apprécient la façon dont il aime sa nièce par exemple. Et ils sont ravis du dernier cadeau qu'il leur a fait: des agrandissements de photos des filles, prises pendant les dernières fêtes de Noël.

5. Comment évaluer et accepter vos sentiments

Comme chacun le sait, la connaissance, c'est le pouvoir. Nous n'appliquons généralement pas cette idée à nos sentiments. Pourtant, au moment de partager un secret, plus vous comprenez vos sentiments, plus vous pouvez diriger les interactions en vue d'un meilleur résultat.

Dans notre monde bruyant et trépidant, il n'est pas facile de savoir ce qu'on ressent profondément. Pourtant, si nous l'écoutons, notre corps nous le dit: *si nous savons regarder et écouter*, celui-ci nous envoie des signaux clairs tels que l'insomnie, le mal de gorge ou de tête, la moiteur des mains, le mal d'estomac, le manque ou le surcroît d'appétit. Nous disposons d'outils pour mieux identifier nos sentiments, par la rédaction d'un journal intime, de longues promenades, l'observation des réactions des autres à notre égard, par exemple.

Quiconque se prépare à partager un secret éprouve certains sentiments, le plus souvent désagréables. Plutôt que de les ignorer ou de les nier, il est préférable d'y prêter attention. Il vous sera plus facile de les accepter et de vous en accommoder directement.

Voici quelques-uns de ces sentiments:

- La **peur**: je serai mal jugé; je serai rejeté; je vais causer du tort à la relation.
- La **culpabilité**: j'ai fait de vilaines choses; je suis mauvais; j'ai induit mon partenaire en erreur.
- La **colère**: je ne puis croire que j'ai caché des choses si longtemps; comment oses-tu me juger?
- L'**autocritique**: je ne puis croire que j'étais prêt à mentir; je suis désappointé d'être si insécure; je me suis menti.

Il est possible que vous éprouviez un sentiment de pouvoir ou d'orgueil parce que vous prenez un risque, affirmez vos besoins, cessez de mentir et restaurez votre intégrité. Le mélange de la culpabilité et de l'orgueil peut être déroutant, mais c'est une réaction normale à la croissance émotionnelle.

Que veut dire identifier ses sentiments? Cela signifie en partie *savoir s'arrêter un moment et s'écouter intérieurement* . Si vous êtes blessé intérieurement, il faut que vous soyez capable de sentir cette blessure. Quand vous vous sentez vraiment blessé (anxieux, en colère ou triste), vous ne désirez pas continuer à vaquer à vos occupations comme si de rien n'était.

Nous avons tous besoin d'exprimer nos sentiments. Parce que le cerveau humain opère selon une certaine méthode, nous voyons qu'en empêchant l'expression de nos sentiments par des mots, des larmes ou des gestes, nous nous mettons inévitablement à le faire indirectement — par des accidents, l'abus de l'alcool, un manque de désir sexuel, des luttes inutiles ou en « sabotant » en cachette notre partenaire.

La première étape dans l'expression de nos sentiments, c'est leur acceptation. Cela n'a rien à voir avec aimer ou approuver ces sentiments. Vous ne faites alors qu'accepter votre réalité intérieure, qu'accepter *ce qui existe déjà* .

Votre voix intérieure peut décrire ainsi l'acceptation de vos sentiments:

- « Il est bien de se sentir ainsi. »
- « Je sais que ce sentiment n'est que passager. »
- « Je vaux plus que ce sentiment particulier. »
- « J'ai déjà éprouvé ce sentiment et n'en ai pas moins continué à vivre. »
- « D'autres gens raisonnables se sentent comme ça. »
- « Ce sentiment est partie intégrante de ce que je suis. »
- « Ce sentiment ne nie aucune autre partie de moi. »

Accepter vos sentiments, c'est vous accepter vous-même. Cela vous permet de rester fidèle à vos objectifs. Cela vous aide aussi à surmonter votre douleur et vous empêche de croire que, parce que vous vous sentez mal à l'aise, vous faites quelque chose de mal. En fait, pendant un processus de croissance, le contraire est le plus souvent vrai.

6. Comment être sensible à soi-même

En vous préparant à partager un secret, considérez vos propres besoins et vos humeurs, de même que ceux de votre partenaire. Respectez-vous vous-même.

Nous avons parlé de l'importance de la détente, du besoin d'être soutenu, de la nécessité d'avoir des objectifs précis. Voici comment certaines personnes que je connais ont rendu leur expérience de partage plus satisfaisante:

- « Mon mari m'accuse souvent de manquer de désir sexuel, aussi ai-je pris un bain chaud avant de partager mon secret de manière à me sentir plus sexy. »

- « J'étais si nerveux que je n'étais même pas sûr de vouloir poursuivre le partage, aussi ai-je décidé d'avoir notre conversation après mon jogging parce que je me sens alors plein d'énergie. »

- « J'avais peur de devenir « vache » dans toute cette affaire. Aussi, de manière à garder une attitude positive, j'ai décidé de partager mon secret le jour de notre anniversaire, car je savais que je me sentirais alors plus proche de lui. »

Que pouvez-vous faire pour personnaliser votre propre partage?

7. Comment transformer votre peur du rejet

Certaines peurs humaines sont universelles. Parmi celles-ci, mentionnons la peur de l'obscurité, de la vieillesse, de l'inconnu et de la mort. Il y a aussi la peur du rejet. Jamais cette peur n'est aussi grande qu'au moment où vous songez à vous ouvrir d'un secret à quelqu'un.

Nous avons déjà parlé de l'origine et de la manière d'exprimer cette peur à plusieurs reprises. Portons-lui un autre regard et voyons-y une source d'énergie à être transformée et utilisée.

Pour ce faire, nous devons regarder sous les apparences, et nous demander ce qui se cache sous la peur du rejet. La réponse comporte trois volets. Tout d'abord, il y a notre désir d'intimité et de relation avec l'autre. Ensuite, il y a notre idéalisation de l'autre personne. (Si ce n'étaient de ceux-ci, jamais le rejet ne représenterait une telle menace.) Enfin, nous nous critiquons car le sentiment que nous méritons d'être rejetés vient, à un certain niveau, nourrir notre peur que cela n'arrive.

Qu'elles aient du sens ou non, et à moins que nous nous y attaquions consciemment, ces émotions primitives guident notre peur. C'est pourquoi vous devez cesser d'avoir peur et découvrir les sentiments qui se cachent sous cette peur. Alors, vous pourrez vous souvenir de vos bonnes intentions — dont l'une est de vous rapprocher de votre partenaire — de vos plus hautes aspirations, de l'idéalisation de votre partenaire et enfin, de votre négativité réfléchie, c'est-à-dire de votre sens critique de vous-même.

Si vous faites cela, vous court-circuitez votre propre peur. Vous commencerez bientôt à remarquer que vous dites beaucoup moins souvent: « Je n'y puis rien; j'ai tout simplement peur. »

Une manière de devenir conscient de vos émotions consiste à examiner les suppositions que vous faites sur l'interaction du partage. Qu'entrevoyez-vous comme événements? Comment imaginez-vous les sentiments de votre partenaire? Comment réagira-t-il vis-à-vis de vous? Comment ferez-vous face à sa réaction? Quels seront les effets à long terme? Cela ressemble-t-il à une situation douloureuse que vous avez déjà vécue? Croyez-vous que les choses se passeront cette fois comme les fois précédentes?

Si nous étions comme le Docteur Spock (de la série Star Treck), nous prévoirions le futur en nous servant de données précises et d'une logique impeccable. Au lieu de cela, notre jugement est normalement teinté par de simples peurs et désirs humains. Vous pouvez vous préparer à partager en examinant les suppositions que vous faites sur vous-même et sur votre partenaire.

Prenez alors l'attitude du Docteur Spock: Est-il *vraiment* certain que mon mari hurlera après moi, que je perdrai tous mes moyens s'il le fait, qu'il va me quitter si je le fais? Ou bien, est-il *vraiment* certain que ma fille adulte va me dire qu'elle est dégoûtée et qu'elle refuse de rencontrer mon nouvel amant? Imaginez les pires scénarios et évaluez leur vraisemblance. Vous découvrirez fort probablement que, dans les faits, les scénarios seront plus positifs que ceux que vous redoutez.

Une autre façon de contrôler vos peurs, c'est d'en parler. Dites à votre partenaire que vous avez peur du rejet, en expliquant ce que cela signifie pour vous. Le fait de parler de votre désir d'intimité et de votre peur de le perdre peut devenir un des moments les plus intimes de toute relation. L'énergie émotive est puissante; servez-vous en consciemment. Au lieu de la laisser vous isoler en ayant peur, servez-vous en pour créer des liens.

En parlant de votre peur, vous renforcerez votre relation et deviendrez capable de partager vos secrets efficacement.

8. Comment «répéter» et visualiser le partage

Bernie Zilbergeld a écrit dans *Mind Power* (1987) que la «répétition» mentale positive peut améliorer les performances dans presque toutes les épreuves de la vie. Les athlètes se servent, eux aussi, de la visualisation depuis des années et obtiennent ainsi des résultats spectaculaires. Vous le pouvez également.

En premier lieu, apprenez à vous détendre. Pour commencer, respirez un peu plus lentement et profondément. Laissez tomber vos épaules et détendez les mâchoires. Laissez-vous aller au doux sentiment de bien-être que cela produit dans votre corps.

Incroyable! Vous pouvez créer ce sentiment de bien-être à volonté, dans n'importe quelle circonstance, par simple choix. Décidez maintenant que vous vous souviendrez de le faire tout au long de votre partage.

Fermez maintenant les yeux. Imaginez-vous en train de dire votre secret à votre partenaire et voyez comment vous demeurez calme même si vous êtes stressé. Respirez — en souriant même parfois — restez confiant et gardez vos objectifs bien présents. Répétez cela trente secondes par jour avant le partage. En procédant ainsi, vous ferez de votre désir une réalité.

Maintenant que vous avez répété mentalement la scène, faites-le physiquement. Il se peut que vous vous sentiez ridicule au début, mais cette étape vous aidera vraiment. Imaginez que vous êtes avec la personne à qui vous parlerez. Commencez votre conversation à voix haute. Répétez quelques-unes des phrases que vous direz alors, comme: « Doris, ça m'est difficile mais je veux vraiment partager ce que j'ai dans l'esprit avec toi. » Ou bien: « Conrad, je veux te dire quelque chose qui va probablement te surprendre. J'aimerais seulement que tu m'écoutes jusqu'à ce que j'aie fini. »

Notez le ton de votre voix, votre manière de vous tenir debout ou d'être assis et tous les autres signes émis par votre corps. Recommencez à parler à voix haute, en ajustant votre style pour mieux exprimer vos intentions. Désirez-vous être plus sûr de vous-même? Pratiquez-vous à parler avec assurance, comme si vous en aviez déjà.

En fin de compte, visualisez — répétez mentalement — les résultats que vous désirez obtenir de votre partage. Cela peut signifier que vous êtes compris d'une manière nouvelle, que vous négociez des changements spécifiques dans la relation, que vous avez un sentiment plus profond d'intimité avec votre partenaire ou que vous vous sentez fier de vous-même.

Si vous avez de la difficulté à visualiser la scène, respirez profondément et restez-en là pour le moment. Par-dessus tout, si votre visualisation vous pousse à voir des problèmes et des drames, prenez le temps nécessaire à l'élaboration d'une fin différente, positive cette fois. Partage n'a pas à égaler fiasco. Ne soyez pas de ceux qui ne peuvent accepter un oui.

COMMENT PRÉPARER VOTRE PARTENAIRE ET VOTRE RELATION

C'est la nature de votre secret qui détermine s'il faut longuement préparer votre partenaire et votre relation pour vivre un partage réussi. Dans certaines situations, une telle préparation peut s'avérer inutile; par ailleurs, des semaines, voire même des mois de préparation peuvent être requis dans certaines situations.

Cette partie du livre veut vous aider à 1) vous rappeler et réaffirmer le lien particulier, l'histoire et les ressources dont vous et votre partenaire disposez et 2) considérer votre couple comme une *équipe* qui cherche des solutions aux problèmes plutôt que comme des individus aux intérêts divergents.

Quand un couple est bien conscient de ces deux choses, le partage s'engage sur un meilleur terrain.

Commencez par vous demander ce qui « nourrit » le plus votre relation. Une promenade au parc? Une demi-heure passée ensemble à regarder un album de photos? Lire ensemble au lit? Autre chose? Le seul fait d'y penser sera révélateur; celui de parler avec votre partenaire, aussi. Vous verrez ainsi quels sont les rouages de votre intimité.

Pratiquez quelques-unes de ces activités avant le moment du partage. Cela vous aidera à créer une atmosphère chaleureuse et lénifiante.

Ensuite, examinez et assainissez le type de communication qui existe dans votre relation. Discutez de votre communication non verbale (et de ce que vos signes expriment). Voici quelques exemples de cette communication non verbale et leur interprétation:

COMPORTEMENT	SIGNIFICATION HABITUELLE
Flatter quelqu'un sur la tête.	Ne pas tenir compte de ce que dit quelqu'un.
Vaquer à des tâches domestiques.	Refuser d'appuyer une idée tout en refusant de confronter votre partenaire durant une conversation.
Lire le journal en écoutant quelqu'un vous parler.	Garder ses distances, exprimer un manque d'intérêt.
Caresser quelqu'un d'une manière séduisante tandis qu'il vous parle.	Vouloir éviter une conversation sérieuse, essayer d'obtenir ce qu'on veut ou manipuler quelqu'un.
Casser des allumettes ou déchirer des petits papiers en morceaux.	Manifester de l'impatience, du ressentiment ou de l'anxiété.

Les partenaires parlent rarement de leur communication non verbale. Au lieu de cela, la plupart d'entre nous présumons que nous savons ce que ces gestes signifient, même si un doute se manifeste de temps à autre. Pour vous aider à rendre votre partage plus efficace, voyez en quoi consiste la communication non verbale dans votre relation. Commencez par parler d'une incompréhension dont vous avez déjà souffert ou d'une question qui vous préoccupe maintenant.

De la même manière, prêtez attention à votre communication verbale. Nous aimons tous croire que nous nous comprenons toujours avec nos mots, mais cela n'est pas toujours vrai. Lewis Carroll l'exprime ainsi dans *Through the Looking Glass:* « Quand *je* me sers d'un mot, dit Humpty Dumpty, il a uniquement le sens que je choisis de lui donner, ni plus ni moins.» «La question, dit Alice, c'est de savoir si vous *pouvez* faire signifier tant de choses différentes aux mots.» «La question, répliqua Humpty Dumpty, c'est de savoir qui est le maître, c'est tout.»

Vous sentez-vous généralement compris par votre partenaire? Si la réponse est non, parlez-en avec lui. Votre but ne vise pas à blâmer. Vous cherchez plutôt à découvrir ce que vous ressentez, quels sont les résultats et comment améliorer ces résultats. Alors seulement pourrez vous commencer à changer votre système de communication.

Ainsi, est-ce qu'un des partenaires (ou même les deux) coupe fréquemment la parole à l'autre? Sentez-vous qu'on ne vous écoute pas assez? Souhaiteriez-vous que votre partenaire vous donne plus de feedback? Vous désirez un type différent de réaction? Au lieu d'essayer de vous comprendre, beaucoup de vos interlocuteurs essaient d'apporter une «solution» à vos sentiments. Ils essaient de vous convaincre que vous n'avez pas à être troublé, vous disent qu'il n'est pas convenable de pleurer en public, veulent régler votre problème sans respecter votre rythme personnel, etc.

Est-ce qu'un des deux partenaires se sert de mots ou d'expressions particulières qui irritent toujours l'autre? Certains parents harcèlent toujours leur enfant sous prétexte qu'il n'est pas à la hauteur de son «potentiel». Des épouses critiquent le manque de «virilité» de leurs maris, tandis que beaucoup d'hommes se plaignent de ce que leurs femmes soient «trop sensibles».

Quand des mots donnés ont revêtu un sens négatif entre deux personnes, ils peuvent perturber et même bloquer toute communication productive entre elles . Prenez un moment pour établir la liste de quelques-uns de ces mots que vous employez dans votre relation. Montrez cette liste de mots à votre partenaire qui voudra peut-être en ajouter certains. Entendez-vous pour vous servir de termes différents et neutres chaque fois que cela est possible.

Voici des exemples de termes « chargés » que m'ont indiqués mes clients:

- Tolérant.
- Égoïste.
- Fils à sa maman.
- Un homme viril.
- Une vraie femme.
- « Un peu plus de patience! »
- « Essaye encore plus fort! »
- Un vrai rabat-joie.
- Une vieille croûte.
- « Sois un peu plus coopératif! »

Bien sûr, les gens réagissent différemment à différents mots.

Comme prochaine étape, pour préparer votre partenaire à un partage, assurez-le de votre engagement. Dites-lui explicitement que votre intention est de communiquer, de le critiquer ou de le punir. Faites-lui savoir que vous tenez compte des sentiments qui émergeront après votre partage: « Chéri, cela m'est difficile; alors, j'imagine que ce le sera pour toi aussi. Je promets d'écouter tout ce que tu auras à me dire — je veux vraiment savoir ce que tu penses. » Vous aidez votre partenaire à ne pas se sentir votre adversaire.

La plupart des gens éprouvent de l'anxiété quand ils s'engagent dans ce processus et il est toujours approprié de partager cette anxiété avec votre partenaire. Ce partage éveille le souci naturel que votre partenaire éprouve pour vous. De plus, cela lui permet de savoir que vous ne procédez pas froidement, sans aucune délicatesse envers lui. Comme nous l'avons noté auparavant, gardez à l'esprit qu'en parlant de votre anxiété, vous contribuez à la réduire.

Comment chacun de vous compose-t-il avec le stress? Voici des réponses données couramment:

- « J'essaie de l'ignorer, de prétendre que ça n'existe pas. »
- « Nous faisons l'amour. »
- « Nous ramenons sur le tapis de vieilles disputes. »
- « Je mange et, le plus souvent, des choses que je ne devrais pas. »
- « Je sors et je dépense de l'argent. »
- « Nous regardons la télévision pour nous éviter l'un l'autre. »
- « L'un de nous (ou même les deux) prend un verre. »
- « Nous invitons des gens à la maison pour éviter d'avoir des relations entre nous ».
- « Nous accomplissons quelques tâches domestiques ou nous mettons à jour dans notre travail de bureau. »
- « Je vais au centre commercial faire des achats. »

Vous n'avez probablement pas beaucoup pensé à cette question; faites-le maintenant et voyez que le fait de partager votre secret provoque probablement du stress. Vous avez vos solutions pour diminuer le stress. Ces solutions portent-elles fruit ou aggravent-elles le problème? Renforcent-elles votre sentiment d'impuissance? Rendent-elles inévitable le retour du stress?

Pouvez-vous trouver de meilleures avenues pour contrôler le stress présent dans votre relation? Il peut être utile de demander à votre partenaire (qu'il s'agisse d'un conjoint, d'un enfant ou d'un collègue de travail) de faire du « remue-méninge » avec vous. Ainsi, vous pourriez ensemble regarder des époques de votre vie où vous vous êtes sortis de situations difficiles. Aviez-vous alors parlé dans la nuit, plusieurs fois par semaine, passé un jour à la plage en réfléchissant à diverses choses, acheté un livre ou consulté un expert?

La plupart des relations ont connu au moins quelques expériences couronnées de succès; même si cela ne s'est pas produit récemment, redevenez conscient de cette époque où chacun de vous se sentait écouté et communiquait en partenaires. La manière de recréer ce sentiment, c'est souvent de s'en souvenir.

Une fois cette réflexion faite, vous avez bien préparé votre partenaire et votre relation. D'une manière ou de l'autre, l'amour devrait être au rendez-vous. Les ressources de votre relation devraient vous être familières et facilement accessibles. Et le partage, de plus en plus facile à réaliser.

Pour vous récompenser d'avoir travaillé si fort, allez faire une autre promenade au parc. D'autres tâches vous attendent au retour à la maison.

COMMENT PRÉPARER LE MOMENT ET LES CIRCONSTANCES DU PARTAGE

Des fleurs et des chandelles? Un bon petit repas bien mijoté? Des fouets et des chaînes? La préparation du « décor » et le choix du moment du partage peuvent être délicats.

Il est évident que ce que vous désirez le plus, c'est que votre partenaire se montre réceptif et coopératif. Il existe des façons de rendre cela possible, mais vous devez rester réaliste. Même si vous faites tout comme il le faut, vous n'obtiendrez pas sa coopération spontanée. N'y voyez pas un drame et ne vous empêchez pas de partager.

Certaines personnes croient qu'un verre d'alcool est la meilleure façon de se calmer. Mais le partage d'un secret exige qu'on soit lucide et sincère. L'alcool empêche cela. Ne choisissez donc jamais un moment où vous savez qu'un de vous a bu.

Cela peut exclure aussi un dimanche après-midi, après que vous ayez regardé une partie de football avec vos invités. Même si vous vous sentez proches à ces moments-là, l'alcool peut rendre le partage frustrant ou même désagréable.

S'il vous semble impossible de trouver un moment où vous êtes tous les deux sobres, prêts à échanger, c'est que votre relation connaît des problèmes graves.

Évitez aussi de partager s'il existe entre vous une colère irrésolue ou des sentiments similaires. Dans une telle situation, le partage est souvent interprété comme une manière d'exprimer un problème émotionnel négligé depuis longtemps. Il peut même être considéré comme une punition. Un partenaire peut croire que vous lui dites: « Parce que tu veux continuer à flirter dans les réceptions où nous allons (ce sur quoi nous nous sommes disputés hier), je te dis (et seulement pour te blesser) que je suis insatisfait de notre façon de faire l'amour. »

Voici quelques exemples de sentiments qui, s'ils sont employés lors du partage, peuvent interférer:

- « Tu n'as toujours pas fait la tâche que tu avais promis de faire. »
- « Depuis quelque temps, notre vie sexuelle est vraiment moche (ou même inexistante)! »
- « Quand ton frère va-t-il finalement s'en aller? »
- « Je ne peux pas croire que tu aies dépensé autant d'argent pour cette chose! »
- « Quand vas-tu enfin apprendre à vivre à notre enfant? »
- « Tu m'as encore embarrassé hier soir. »
- « Ça m'inquiète de voir que tu passes tant de temps aux courses. »
- « J'aimerais que tu consultes un médecin sur cette douleur que tu éprouves depuis quelque temps. »

Ce sont là des sentiments importants dans une relation. Vous savez déjà que vous ne devriez jamais les ignorer. Pareillement, n'ignorez pas leur signification en compliquant les choses avec les sentiments générés par le partage d'un secret.

Quel devrait être votre principal atout? La réponse, c'est *le temps*: le temps d'exprimer vos sentiments, d'entendre la réponse de votre partenaire, de discuter de ce qui est en jeu. Temps aussi pour deux autres étapes: afin de traiter l'événement lui-même et de rétablir ensuite le lien avec votre partenaire. Tout cela n'arrive pas forcément le même jour; aussi, gardez de la disponibilité pour en parler davantage, plus tard durant la semaine.

Avant le partage, obtenez l'accord de votre partenaire pour que votre conversation dure le temps nécessaire. S'il est incapable ou s'il refuse d'avoir une longue conversation avec vous main-tenant, demandez-lui quand ce sera possible. Ne vous plaignez pas, ne faites que demander l'information. Dans toute relation, les partenaires doivent s'être entendus d'avance pour pouvoir se demander l'un l'autre et sur un ton neutre: « D'accord, si ce n'est pas maintenant, alors, quand parlons-nous? »

Le complément du temps, c'est l'intimité. Pour que le partage devienne l'expérience aimante et enrichissante que vous désirez, il faut que vous puissiez être seuls tous les deux et n'être aucunement dérangés. Cela signifie ne pas répondre au téléphone, ne pas arroser le rôti, ne pas déplacer le boyau d'arrosage du jardin, ne pas surveiller le lavage. Ne vous attaquez pas à des activités qui requièrent ce genre d'attention quand vous planifiez votre partage. Et ne commencez pas à partager si vous êtes déjà engagé dans une de ces activités.

Enfin, assurez-vous d'avoir le niveau de confidentialité requis. Même si cela peut paraître évident, tenez compte de ce qui pourrait arriver si vous n'avez pas clairement exprimé vos souhaits à ce sujet.

Cette histoire témoigne bien de ce qui peut se produire dans un tel cas. Claire avait quarante-cinq ans. Elle était la femme d'un officier de marine quand je la rencontrai.

« Il y a un an environ, j'ai été violée sur la base même où travaille mon mari, me dit-elle. Cela a complètement bouleversé nos vies. Je suis restée longtemps en état de choc. Mon nez avait été brisé et j'ai eu l'air affreuse durant des mois. Au début, nous avons dit aux enfants que j'avais eu un accident. »

Un tel mensonge n'est pas inhabituel. Voyons-y un refus d'admettre qu'on a vécu une expérience terrible et une tentative d'épargner à ceux qu'on aime, de la peine, de la culpabilité et de la honte.

« Le mensonge a fonctionné un certain temps, poursuivit Claire, bien que les appels périodiques de la police et mes crises de larmes imprévisibles rendaient l'histoire de plus en plus invraisemblable. Finalement, encouragés par le travailleur social de la base, Julien et moi avons décidé de partager ce secret avec nos deux filles. À l'époque, elles avaient six et dix ans. »

« Le simple fait de leur expliquer ce qu'est un viol fut une expérience pénible. Aujourd'hui encore, je ne suis pas bien sûre qu'elles ont compris tout ce que je leur disais. Mais je me suis sentie mieux, plus « propre », comme si je n'avais plus à traîner avec moi le mensonge que je leur avais conté. »

Jusque-là, tout s'était bien passé. Le problème survint une semaine plus tard quand une amie de Karine, la petite fille de six ans de Claire, l'interrogea sur le viol. « Je n'en revins pas, dit-elle. Karine et ses amies avaient parlé un jour de leurs mères et Karine avait raconté aux autres enfants ce qui m'était arrivé. »

En soi, la chose était grave. « Mais la même semaine, continua Claire, la mère d'un enfant du voisinage m'appela et me hurla de garder mes problèmes pour moi. Quand je lui demandai ce qu'elle voulait dire, elle parla de mon « maudit viol ». Elle disait que cette histoire avait pratiquement rendue folle de peur sa fille de onze ans. »

« Quand je racontai cela à ma petite fille de dix ans ce soir-là, elle se mit à pleurer. » J'étais si triste pour toi, dit-elle entre deux sanglots, et je ne savais pas quoi faire. Finalement, mon amie Sylvie m'a demandé ce qui n'allait pas et je le lui ai dit. Maintenant, tu t'emportes après moi. »

« J'étais en colère contre mes deux filles, dit Claire, mais j'ai réalisé que c'était aussi de ma faute. J'aurais dû préciser qu'il s'agissait d'un événement qui devait rester secret et prendre du temps pour en parler encore. » Claire et Julien auraient été plus satisfaits des résultats de leur partage s'ils avaient été plus sensibles aux besoins et aux sentiments de leurs petites filles. Il est important de montrer une telle sensibilité quand on prépare le grand moment du partage d'un secret.

Vous savez probablement qu'à certains moments de la semaine, votre partenaire est plus détendu. Ce peut être lors du brunch dominical, après une cueillette de fruits dans votre verger ou un bain dans la soirée. Prenez le temps de découvrir ces moments où votre partenaire est le plus disponible.

Mais ne cherchez pas à tout prix le moment parfait. Ce moment n'existe pas. D'ailleurs, ce souci peut simplement refléter le problème exact que vous tentez de résoudre; encore une fois, vous essayez de rendre les choses parfaites pour votre partenaire; encore une fois, vous vous dites que la vérité doit être « emballée » d'une manière « acceptable ».

COMMENT PRÉPARER LES CONSÉQUENCES DU PARTAGE

De même que les conséquences complètent une expérience de partage, de même la préparation de ces conséquences complète la préparation du partage. L'une ne va pas sans l'autre.

Presque toutes les personnes qui partagent un secret craignent les conséquences de leur geste. Elles ignorent quel sera l'impact ultime du partage et craignent que les résultats produits ne soient permanents. Et la plupart d'entre nous croyons que ces conséquences seront pénibles pour nous-mêmes et nos partenaires.

Je crois aussi que nous craignons inconsciemment que notre partage ne provoque en retour un partage de la part de notre partenaire. Que faire s'il nous apprend une chose que nous ne voulons pas savoir?

Quand vous vous préparez à partager, tenez compte de ces peurs. Reconnaissez, en parlant à voix haute, quelles pourraient être les pires conséquences, et les autres, moins dramatiques mais plus vraisemblables. Les gens ont fréquemment peur des conséquenses suivantes:

- Mon partenaire va me rejeter.
- Mon partenaire va partager avec moi un secret qui me fera très mal.
- Mon partenaire ne me prendra pas au sérieux.
- Mon partenaire va me punir.
- Mon partenaire va trahir mon secret.
- Je vais découvrir que nous avons de graves problèmes.

- Cela va créer des problèmes pour les autres.
- Je vais regretter d'avoir partagé mon secret.

Il vaut la peine de noter que peu de gens se rendent compte de leur peur de résultats potentiels tels que:
- Mon partenaire va désirer un changement autant que moi.
- Mon partenaire va m'encourager à partager davantage.
- Je vais découvrir que mon partenaire me comprend mieux que je ne le croyais.
- Je vais découvrir que notre relation est plus solide que je ne le croyais.

C'est paradoxal, mais chacun de ces résultats peut faire aussi peur que les résultats les plus négatifs. Une seule chose apeure autant que l'isolement et c'est l'accroissement des contacts avec l'autre. Voici pourquoi nous nous sentons mal à l'aise quand les gens nous fixent ou lorsque nos yeux rencontrent ceux d'une personne inconnue dans un ascenseur. Cela explique aussi pourquoi les gens se disputent parfois après avoir passé des moments de grande intimité ensemble.

En plus de confronter vos peurs, une autre façon de vous préparer consiste à vous demander: «À qui cette conséquence posera-t-elle un problème?» La réponse n'est pas toujours: «À moi.»

Bien sûr, certaines conséquences *vous* concernent toujours. Par exemple, vous révélez que vous aviez l'habitude de jouer à être l'esclave avec votre ex-mari et votre amant actuel décide que ça ne l'intéresse pas du tout. L'idée que vous avez été ainsi intime avec une autre personne l'empêche d'y trouver quelque plaisir que ce soit. C'est triste, mais vous devrez l'accepter, pour l'instant du moins.

D'un autre côté, certains problèmes concernent d'abord la personne avec laquelle vous avez partagé votre secret. Ainsi, vous révélez à votre mari que vos pulsions sexuelles sont plus fortes que ce qu'il croit et maintenant, il se sent jaloux quand vous êtes ensemble en public. En présumant que vous ne faites rien de spécial pour éveiller ces sentiments en lui, c'est une chose avec laquelle *il* doit vivre.

Certaines conséquences ne doivent être assumées ni par vous, ni par votre partenaire, mais bien par la relation.

Prenons comme exemple le cas d'Emmanuelle et de Christian qui me consultèrent à cause des problèmes d'éjaculation de ce dernier. Christian pouvait jouir quand il était stimulé par la bouche ou la main d'Emmanuelle mais ne pouvait éjaculer dans son vagin. Ce qui les poussait à me consulter, me dirent-ils, c'était leur désir d'avoir un enfant dans un an ou deux. «Nous voulons commencer à nous préparer maintenant», me dit Emmanuelle avec empressement.

D'habitude, au début d'un counseling conjugal, je rencontre chaque partenaire individuellement. Lors de notre rencontre privée, je demandai à Emmanuelle si leur vie sexuelle la satisfaisait. «Bien sûr, me répondit-elle aussitôt. Christian est prévenant et aimant; le plus souvent, j'obtiens un bon orgasme manuellement ou oralement.» Je lui posai la question sous d'autres formes et reçus la même réponse. Les choses en restèrent là.

Quand nous nous rencontrâmes tous trois, nous en vînmes à parler de satisfaction sexuelle. Emmanuelle me regarda. «Vous n'avez pas vraiment cru que j'étais satisfaite de notre vie sexuelle?» Elle avait raison: j'avais bien senti que sa réponse n'avait pas été complète. «Pourquoi ai-je répondu si rapidement?» demanda Emmanuelle avec emphase. «J'ai tellement peur de faire des vagues et de déranger les gens. La vérité, c'est que notre vie sexuelle me déplaît au plus haut point. Christian, je déteste te voir éjaculer en me sentant étrangère à ton plaisir. Bien sûr, je veux que nous fassions un enfant; mais je veux aussi que ça change maintenant. Pour *moi*.»

Le chat était sorti du sac. En homme de science rationnel qu'il était, Christian garda son sang-froid. «Comme c'est triste pour toi!, dit-il calmement. J'espère que tu seras moins malheureuse dans l'avenir.» Toutefois, dans les semaines qui suivirent, Emmanuelle devint de plus en plus malheureuse. La raison en était simple. Christian avait cessé de faire l'amour avec elle. « Je ne suis pas dans mon assiette dernièrement, dit-il platement. Par ailleurs, je ne veux pas qu'Emmanuelle porte un jugement sur notre vie sexuelle chaque fois que nous faisons l'amour. »

Tous deux semblaient dans une impasse. Emmanuelle se sentait en colère et exaspérée par le sentiment qu'avait Christian d'être dans son bon droit. Combien de temps cela durerait-il? « Personne ne peut prédire l'avenir », dit Christian. « C'est vrai, Emmanuelle, répondis-je. Vrai, mais hors de propos. Ce qui est évident, poursuivis-je, c'est que vous avez tous les deux perdu une de vos formes d'intimité. Je crois qu'il ne s'agit pas du problème d'Emmanuelle. Je pense qu'il s'agit du problème de votre mariage. J'aimerais savoir ce que votre couple a l'intention de faire à ce sujet. Et si votre couple ne s'attaque pas au problème, pourquoi ne le fait-il pas. »

Cela devint dès lors le sujet central de notre thérapie. Que signifiait pour eux « vivre en couple »? Comment allaient-ils maintenir un équilibre avec leurs sentiments contradictoires sur l'attachement et la dépendance? Ces questions, je le sentais, étaient cruciales; elles pouvaient résoudre le symptôme dont souffrait leur relation. Quand Emmanuelle avait cessé de prétendre que tout était parfait, des changements dans la relation étaient devenus inévitables.

Christian acceptait-il que leurs deux vies s'accordent davantage l'une à l'autre? À son crédit, je dois dire que, même à contre-cœur, il accepta d'examiner plus avant cette idée et d'en faire le thème central de notre thérapie de couple. C'est alors que chacun des deux commença à ressentir qu'il vivait une relation qui allait bien au-delà de son moi respectif. Jusqu'à maintenant, Emmanuelle et Christian ont gardé cette manière précieuse de voir leur relation.

Que se passe-t-il si votre partenaire vous rejette? Tout d'abord, assurez-vous que votre sentiment correspond à la réalité. Êtes-vous vraiment rejeté? Voici des phrases courantes qui expriment souvent un rejet véritable:

- « Ce n'est pas vraiment ce que tu ressens. »
- « Je n'ai pas de temps à perdre avec de telles conneries. »
- « J'ai déjà entendu ça et ça ne m'intéresse absolument pas. »
- « Si tu étais un vrai homme, tu aurais depuis longtemps réglé ça. »
- « Si tu veux commencer à te plaindre, je vais le faire moi aussi, alors, laisse tomber tout ça. »
- « Tu te trompes du tout au tout. »
- « Si c'est comme ça que tu te sens, alors peut-être serais-tu plus heureux avec quelqu'un d'autre. »

Si votre partenaire réagit à votre partage en affichant ce genre d'attitude, faites-lui savoir que vous vous sentez ignoré et rejeté. Suggérez-lui de recommencer la conversation et décrivez vos sentiments et votre secret de manière différente. Il se peut que le point de vue et la réaction de votre partenaire en soient changés.

Si votre partenaire se sent justifié de vous rejeter, vous pouvez essayer une ou plusieurs des approches suivantes:

- Demandez ce que vous pouvez faire pour être plus clair.
- Souvenez-vous des raisons qui ont motivé votre partage et rappelez-les à votre partenaire.
- Exigez que votre partenaire continue à discuter de ce sujet avec vous.
- Suggérez à votre partenaire une discussion sur le sens de l'amour et de l'engagement dans votre relation.
- Mettez fin à la discussion pour la reprendre plus tard.
- Réévaluez ce que vous espérez du partage.
- Réévaluez votre relation elle-même.

Qu'est-ce qui vient vous soutenir dans la poursuite de ces objectifs? La patience et l'objectivité sont des ressources précieuses pour régler le problème du rejet. Elles contribuent à vous rappeler qu'entretenir des liens à long terme avec quelqu'un exige parfois qu'on traverse de courtes périodes d'isolement et de douleur. Elles vous aident aussi à voir que vous êtes parfois la cible des sentiments douloureux d'une autre personne.

Tandis qu'un partage couronné de succès requiert que vous soyez sensible aux besoins de votre partenaire, gardez à l'esprit que tout va bien même s'il est dérangé par votre partage.

Et puis, comme nous l'avons vu, servez-vous de votre réseau de soutien. Sans trahir les secrets de votre partenaire, partagez vos soucis et vos sentiments avec des gens qui vous comprennent. Découvrez comment d'autres personnes se sont tirées de situations similaires. Laissez-les vous rappeler que vous êtes une personne formidable.

Enfin, le sens de l'humour est un atout précieux. C'est, selon Steve Martin, « l'art de faire rire les gens sans leur donner l'envie de vomir ». Ou, me permets-je d'ajouter, sans qu'ils se sentent en colère ou avilis. Un humour doux et affectueux vient vous confirmer que votre relation compte plus que tout ce qui peut se passer à un moment donné. N'est-ce pas le plus beau cadeau à vous faire, comme individu ou partenaires?

En réfléchissant à la question des conséquences de votre partage, il se peut que vous remettiez en question votre décision de partager un secret. Gardez ce sentiment de prudence et de réserve. Après tout, il ne convient peut-être pas de partager, du moins pas avec cette personne. Certaines situations sont plus faciles à régler avec d'autres personnes de votre réseau de soutien qu'avec votre partenaire. Il est possible que vous ayez besoin de plus de temps. Lisez le prochain chapitre et imaginez quelle sera votre vie et comment vous vous sentirez si vous décidez de *ne pas* partager votre secret.

PENSEZ-Y BIEN!

Tandis que je me prépare à partager mon secret, ai-je?:

- Clarifié mes objectifs.
- Évalué et renforcé (si nécessaire) mon réseau de soutien.
- Clarifié ma vision de la sexualité.
- Clarifié ma vision de la relation.
- Évalué et accepté mes sentiments, mes besoins et mes humeurs.

- Examiné et réglé ma peur du rejet.
- Répété et visualisé le moment du partage.
- Identifié mes peurs.
- Pensé à qui les conséquences anticipées du partage causeront problème.
- Pensé aux conséquences de *ne pas* partager.

Tandis que je me prépare à partager mon secret, je pense à ce qu'il me faut faire:

- À toutes les activités qui « nourrissent » ma relation.
- « Nettoyer » le système de communication (verbale et non verbale) de ma relation.
- Assurer mon partenaire de mon engagement dans la relation.
- Me préparer à régler le stress provoqué par mon partage.

Tandis que je me prépare à partager mon secret, j'examine et prépare les circonstances suivantes:

- Aucun de nous n'a bu d'alcool.
- Il n'y a pas de mauvais sentiments non réglés entre nous.
- Nous disposons d'assez de temps pour faire le tour de la situation et arriver à une solution.
- Nous avons assez d'intimité.
- Le contexte offre la confidentialité suffisante.

10 SI VOUS DÉCIDEZ DE NE PAS PARTAGER VOTRE SECRET

« Aucun homme n'est seul quand il mange des spaghetti. »
Robert Morley

Non, vous n'avez pas manqué votre coup.

Non, vous n'êtes pas mauvais ou émotionnellement inhibé.

Oui, vous avez seulement décidé de ne pas partager un ou plusieurs de vos secrets sexuels.

Non, vous n'êtes pas seul.

Après tout, la plupart des gens gardent des secrets sexuels. Toutefois, votre secret est maintenant le résultat d'un choix conscient, non d'un sentiment d'impuissance.

Votre compréhension vous donne un grand avantage. Il est vrai que vous pouvez croire que votre comportement est le même qu'avant. Mais maintenant, après y avoir mûrement réfléchi, vous avez *choisi* votre comportement. Vous avez pris votre vie en main et vous n'êtes plus une victime. Peu importe votre choix, le fait d'avoir pris une telle décision marque un jalon important de votre vie.

Pour garder les choses en perspective, rappelez-vous que votre décision de garder un secret sexuel n'est pas fixée à tout jamais. Vous pourrez changer d'idée et décider de partager un secret quand vous le désirerez. Vous pouvez aussi considérer que votre secret comporte plusieurs volets et choisir d'en partager seulement un ou deux.

Dans ce chapitre, vous verrez les raisons pour lesquelles vous avez choisi de ne pas révéler vos secrets, ce qui peut résulter de ce choix et comment vous pouvez vivre les conséquences. Nous parlerons brièvement des situations où une psychothérapie peut se révéler utile.

RAISONS SAINES ET MALSAINES DE NE PAS PARTAGER VOS SECRETS

Nous avons vu au Chapitre 8 que certaines raisons de partager sont meilleures que d'autres. Les bonnes raisons nous rapprochent de notre partenaire ou améliorent une relation. Les mauvaises raisons visent à punir un partenaire ou mettent à l'épreuve une relation. Nous avons aussi parlé des indices susceptibles d'indiquer qu'un partage peut être inopportun, dans le cas par exemple où cela susciterait de la violence ou dans le cas où l'on constate un grand manque de confiance entre les partenaires.

Comme vous le savez maintenant, le besoin impérieux de dissimuler nous fournit la plupart des mauvaises raisons de cacher nos secrets. Celles-ci englobent la croyance que la sexualité et l'être humain sont source de mal, la peur de perdre notre relation et la fausse perception que personne d'autre ne vit les sentiments, les pensées et les expériences que nous vivons.

Rappelez-vous les raisons pour lesquelles vous avez choisi de garder vos secrets. Sont-elles saines? (Il peut vous être utile de revoir les lignes de conduite données au début du chapitre 8.) Comment vous sentez-vous vis-à-vis de ces raisons? Défait, à l'aise, confus, sur la défensive, satisfait ou frustré?

La conscience de soi s'acquiert par l'apprentissage et la croissance. Cela peut parfois s'avérer pénible. Riche de votre nouvelle compréhension des secrets sexuels, vous êtes peut-être devenu douloureusement conscient que vos raisons de cacher vos secrets sont malsaines. Dans ce cas, il est normal que vous vous sentiez mal — stupide, en colère, triste, désappointé ou trompé. Vous vous sentirez éventuellement déprimé.

Voici exactement ce qui arriva à Joseph, un homme âgé envoyé en consultation par son ministre du culte. Joseph était allé voir des prostituées durant plusieurs années. Il mit fin à cette pratique lors de ses fiançailles avec Rose avant qu'elle ne devienne sa seconde épouse.

« Je voulais le lui dire, dit-il d'une voix rauque de fumeur, et je veux toujours le faire. Mais je croyais que je la protégeais en ne parlant pas de choses qu'elle ne pourrait comprendre. Maintenant, je me rends compte que j'avais peur qu'elle me quitte. J'étais insécure, mais pas pour la bonne raison. La vérité, dit-il, c'est qu'elle est folle de moi. Je me sens vraiment embarrassé, poursuivit-il, comme si je nous avais trahi tous deux. Et puis, je ne peux m'empêcher de penser à la question du SIDA. De plus, maintenant, je suis angoissé à propos d'autres choses que je ne lui ai pas dites. J'avais de bonnes raisons de faire ce que je faisais, du moins je le croyais. Maintenant, j'ai du mal à avoir confiance en moi. Quand j'y regarde de plus près, ça me met dans tous mes états. »

Vous ne serez probablement pas surpris de ma réponse. « Découvrez quels sont vos sentiments véritables, lui dis-je. Ceux-ci sont compréhensibles. Ce n'est pas la dernière fois que vous vous sentirez comme ça, vous savez. Mais ne vous accrochez pas à ces sentiments plus longtemps que nécessaire, ajoutai-je. Après tout, c'est la première fois que vous avez délibérément gardé un secret. Soyez moins dur avec vous-même et ne vous critiquez pas. »

Ces mots soulagèrent Joseph; j'espère qu'ils le feront pour vous. Comme Joseph, je suis sûr que vous avez fait du mieux que vous avez pu. Que votre choix actuel de garder vos secrets soit vraiment bon ou non pour vous, le fait d'avoir agi en toute connaissance de cause — d'avoir *choisi* de garder vos secrets — constitue une étape importante.

Par ailleurs, vous pourrez toujours revoir la question quand vous le désirerez, que ce soit dans un mois, trois mois ou trois ans d'ici. Vous aurez toujours une autre occasion de décider de garder ou non vos secrets.

Voici une autre méthode pour profiter d'une prise de décision volontaire: examinez comment celle-ci cadre avec le reste de votre vie. En effet, la façon dont nous dissimulons nos secrets reflète souvent la manière dont nous nous comportons envers nos émotions en général.

Prenez dès maintenant le temps d'examiner cette importante source d'information sur vous-même. Voici trois façons courantes de dissimuler qui peuvent refléter votre attitude face à la vie.

1. Vous vous voyez en train de peser vos décisions avec soin et refusez malgré tout de faire des choix sûrs et sains.

Jacques était un homme marié, affamé d'affection et d'expressions sexuelles « J'ai lu des livres d'aide de soi qui disent que je dois être honnête sur ce que je désire sexuellement, dit-il. En parlant avec les gens, je me suis rendu compte que ce que je désire est raisonnable. Je ne peux vraiment plus souffrir qu'Elizabeth et moi ayons si peu de relations sexuelles. Mais je sais que, si je lui disais combien cela me dérange, nous aurions une dispute terrible. Je n'ai pas envie de parler de cela avec elle maintenant, aussi vais-je laisser les choses telles qu'elles sont pour un temps. »

En plus de son impact sur votre secret sexuel, une telle passivité peut s'observer dans d'autres secteurs d'activités:

- Vous ne répliquez rien à votre patron même si vous avez raison.
- Vous manquez parfois de fermeté dans vos décisions parentales.
- Vous dites non aux vendeurs, mais les écoutez quand même débiter leurs boniments; vous êtes parfois si intimidé par eux que vous achetez des choses que vous ne voulez même pas.

2. Vous laissez la peur obscurcir votre jugement, d'habitude lucide.

À l'insu de son mari, Marthe se masturbe environ deux fois par semaine. « Je sais qu'il n'y a rien de mal à ça, dit-elle, et François semble n'avoir aucune restriction sexuelle. Alors je n'ai pas de raison de cacher mon secret. Mais j'ai quand même peur qu'il ne se sente insulté s'il le découvre. Je mourrais là! Je ne peux pas prendre ce risque. »

Une telle crainte peut s'exprimer aussi d'autres façons:

- Vous ne vous portez pas volontaire pour un emploi ou une activité bénévole que vous savez pouvoir faire.
- Vous ne laissez pas vos enfants jouir d'une indépendance raisonnable.
- Vous empêchez les gens de voir vos travaux artistiques de peur qu'ils ne les aiment pas ou qu'ils prétendent les aimer seulement pour être polis.

3. Vous devenez complètement «possédé» par un sentiment et, malgré l'évidence des faits, vous vous accrochez désespérément à lui.

La mère de Gustave abusa sexuellement de lui quand il avait six ans. « J'aimerais pouvoir dire à ma fiancée ce qui est arrivé, dit-il calmement. À la télévision et dans les magazines, on dit que l'enfant n'est pas fautif, que la victime mérite notre sympathie et non le blâme. Mais je me dis toujours que j'aurais pu mettre fin à ça. Et je me sens coupable d'avoir profité de l'attention de Maman même si je haïssais ce que nous faisions. Alors, je ne peux rien dire à Ginette. Je crois sincèrement que c'est ce qui m'empêche d'être d'accord avec elle pour avoir des enfants. Mais je ne peux m'empêcher de penser que je suis pervers, que j'ai d'une certaine manière séduit ma mère. »

Voici d'autres exemples de sentiments obsessifs:

- Vous croyez que le mari de votre meilleure amie ne vous aime pas même s'il s'est toujours montré amical avec vous.

- Vous vous attendez à être, d'une manière ou d'une autre, puni pour votre ambition professionnelle ou votre esprit de compétition.

- Vous persistez à croire que votre père vous traite comme un enfant même s'il ne le fait plus depuis longtemps.

Si vous vous rendez compte que vous n'aimez pas vos raisons de garder des secrets, vous pouvez en arriver à vous juger impitoyablement. Cette attitude punitive et sévère n'est qu'une autre version de l'autocritique et du manque d'estime de soi qui font croire que les secrets sont essentiels.

Cessez ce manège et faites un effort conscient pour vous apprécier dès maintenant. Souvenez-vous des bonnes intentions que vous aviez et des efforts honnêtes que vous avez faits dans une relation actuelle ou récente.

Même si vos raisons de ne pas partager sont saines, il est fort possible que vous éprouviez des sentiments très lourds envers votre secret, maintenant que vous y faites face honnêtement. Pour vous sentir en harmonie avec ces sentiments, trouvez d'autres modes de partage et de rapprochement avec votre partenaire, tout en respectant les peurs qui vous ont fait choisir le silence.

Prenez le cas d'une femme qui désire explorer un nouvel univers sexuel tandis que son partenaire s'en tient à ses idées étroites sur ce qu'est l'expression acceptable de la sexualité. Ce couple peut explorer d'autres univers sensuels ensemble: marcher dans des parcs inconnus, partager de nouvelles manières de se toucher, avec un massage des mains ou des pieds, par exemple.

Une telle stratégie est particulièrement importante quand vous avez des mobiles sains de partager vos secrets, mais que vous recevez aussi des signes clairs de la non pertinence d'un partage. Dans ce genre de situation, essayez l'une ou plusieurs des possibilités suivantes:

- Lisez un livre ensemble (vous pouvez même vous le lire l'un à l'autre à voix haute).

- Participez ensemble à un atelier de découverte de soi.
- Suggérez à votre partenaire un counseling conjugal.
- Développez ensemble un projet ou trouvez-vous un passe-temps commun.
- Passez plus de temps ensemble en famille.
- Renégociez d'autres parties de votre relation comme la quantité de temps que vous passez seul ou la façon dont l'argent du ménage est dépensé.
- Changez votre comportement sexuel: soyez plus entreprenant ou cessez de vous soumettre à des activités qui vous déplaisent.

LES CONSÉQUENCES DES SECRETS

Vous vous êtes familiarisé au Chapitre 2 avec les conséquences du maintien du silence que sont la culpabilité, la colère, l'isolement et l'insatisfaction sexuelle. Quand vous choisissez consciemment de ne pas communiquer, la perte de votre innocence s'ajoute à ces conséquences.

Se sentir forcé de camoufler une partie de soi ou de sa sexualité est une chose. Cela vous amène à refuser d'identifier beaucoup d'autres aspects pénibles de la réalité. Mais quand nous choisissons consciemment le secret, nous admettons que notre relation et notre partenaire ne sont pas parfaits. Qui plus est, nous commençons à abandonner le rêve que notre partenaire ou notre relation puissent être parfaits dans l'avenir. Ultimement, nous réalisons une perte vraiment importante: nous nous rendons compte que, peut-être, *aucune* relation, jamais, ne sera parfaite. Nous perdons nos illusions.

Nous souffrons aussi de la perte d'une partie de l'image que nous nous faisons de nous-même. Une personne qui garde consciemment ses secrets peut difficilement (elle peut même en être incapable) se dire maintenant: « Je suis toujours honnête » ou « Jamais je ne pourrais vivre une relation avec quelqu'un sans être ouvert ». En un sens, nous perdons le moi que nous avions cru si bien connaître.

Rien n'illustre mieux cela que le cas de Caroline. «J'ai un très lourd secret et ça me tue, commença-t-elle par me dire quand nous nous rencontrâmes pour la première fois. En fait, je l'ai révélé à plusieurs personnes mais jamais à ma mère. Je ne vois pas comment je le pourrais. Aussi, tout en suivant le «droit chemin», je me fais du mal. De quoi régaler un psychiatre!»

Dessinatrice de bijoux, Caroline devait épouser un programmateur d'ordinateurs. Tous deux étaient jeunes, charmants, en pleine ascension. Tout le monde les considérait comme le couple idéal. Quand leur mariage fut brusquement annulé, de vagues explications, puis des rumeurs circulèrent. Leurs proches sentaient bien que quelque chose n'allait pas.

«Très peu de gens savaient que je n'avais jamais couché avec Luc, dit prosaïquement Caroline. Peut-être est-ce étrange mais je voulais que la sexualité soit quelque chose de très spécial pour nous. Nous allions recommencer à zéro une nouvelle vie ensemble. Au début, Luc n'était pas très emballé par cette idée mais il m'aimait et il gardait son sens de l'humour.»

«Tout alla bien jusqu'à la veille de Noël, poursuivit Caroline. Comme la plupart des gens, ce soir-là, nous bûmes un peu trop. Mais nous avions beaucoup de plaisir. Nous décidâmes d'aller faire une randonnée en auto.» Je me souviens avoir malgré moi froncé les sourcils. «Oh! oui, je sais bien que nous n'aurions pas dû prendre l'auto après avoir bu. Je connais la chanson.»

«L'important, c'est qu'il me viola, dit Caroline avec amertume. Il me dit que j'étais belle, qu'il fallait qu'il me touche. Je dis non, il dit oui, je dis non et il devint fou. Il déchira ma robe, me fit un bleu au bras et, égoïstement, brutalement, abusa de moi... sa future femme.»

La chose s'était produite il y avait plus d'un an et Caroline s'en était remise dans la mesure où une femme peut le faire. Mais elle n'avait toujours rien dit à sa mère.

« Quand j'ai quitté Luc, Maman était effondrée, dit-elle. Elle l'aimait comme un fils, plus que moi avait-elle l'habitude de dire en blaguant. Toute une blague! Les gens se sentaient mal à l'aise quand elle disait ça parce qu'ils y décelaient un fond de vérité. »

« En fait, Maman m'avait déjà dit que jamais elle ne me pardonnerait que je le perde ou l'éconduise. Quand je lui ai appris que Luc et moi étions séparés, elle m'a regardée et m'a dit: « Tu y es finalement arrivée. Par ta faute, tu as perdu la seule bonne chose qui te soit jamais arrivée. » Ce n'est que plus tard qu'elle m'a demandé ce qui était arrivé. »

« J'ai bien réfléchi et j'ai décidé que ce serait mieux pour tout le monde que je ne lui dise rien. Le seul problème, c'est qu'elle croit que tout est de ma faute et qu'elle m'en veut toujours. Ça fait très mal de voir ainsi sa mère s'éloigner de soi. » Elle pleurait doucement.

Caroline a vécu une expérience terrible et vit maintenant un secret terrible. Elle le garde non parce qu'elle se considère inférieure ou incorrecte, mais parce qu'elle a décidé en toute connaissance de cause que dans notre monde si imparfait, garder le silence reste la meilleure solution.

Caroline a mal, très mal, à cause de la vérité sur sa relation avec sa mère. Elle a été confrontée à la perte de sa dignité et de ses illusions. Elle ne sera jamais tout à fait celle qu'elle était avant cette perte, comme elle ne sera jamais plus la femme qu'elle était avant le viol.

La perte de leur innocence et de leurs illusions affecte les gens à divers égards. Certaines personnes se sentent dépouillées d'une chose à laquelle elles ont droit et se mettent en colère. Elles pourront attaquer le partenaire qui semble « responsable » de cette perte, même si le partenaire en question est inconscient du bouleversement. Il se peut aussi qu'elles retournent la colère contre elles et que celle-ci se manifeste sous forme de dépression.

Cette dernière expérience, je l'ai entendue décrite ainsi:

- « Émotionnellement, j'ai été complètement vidé. »
- « Mon univers n'est plus ce qu'il avait l'habitude d'être et ce qui en reste, je n'y tiens pas vraiment. »
- « C'est complètement injuste. »
- « C'est mon destin que d'être malheureux et je n'y peux rien. »
- « C'était stupide d'avoir confiance et de croire en quelqu'un. Je jure que, plus jamais, je ne le ferai. »
- « Aujourd'hui, plus rien ne me semble attirant dans la vie. »

La perte de l'innocence provoque ces sentiments primitifs et destructifs parce que, comme l'écrit le psychologue Sheldon Kopp: « Les croyances qui nous ont un jour servi de solutions ont été transformées en problèmes. » La survie de l'enfant exige que celui-ci croie en un monde juste et ordonné. Quand, devenus adultes, on voit que notre survie exige de cacher des choses aux gens qu'on aime, cette croyance est remise en question et se transforme en un dilemme existentiel.

En thérapie, je conseille vivement à mes clients d'accepter la perte de leur innocence et de s'en servir pour s'affirmer dans la vie. Dans la prochaine partie du livre, nous verrons la peine profonde qu'il nous faut traverser et d'autres stratégies d'adaptation.

VOS RESSOURCES

Si le maintien conscient du secret entraîne de nouveaux défis, il fait émerger aussi de nouvelles ressources pour en régler les conséquences. Vous souvenez-vous de la différence entre l'intimité et le secret dont nous avons parlé au Chapitre 2? Si vous avez choisi le secret pour des raisons valables, vous avez transformé votre secret en intimité. Cela vous octroie des ressources et des possibilités particulières. Voyons-en cinq de celles-ci:

1. Vous êtes capable d'apprécier votre décision.

Où en seriez-vous sans votre capacité de penser, d'analyser et de faire des choix? Vous seriez une victime des événements toute votre vie. Qu'arriverait-il si vous manquiez de jugement? D'une certaine manière, ce serait pire encore. Une décision planifiée et menée à bien est quelque chose dont vous devriez être fier, et d'autant plus quand il s'agit d'une décision que vous auriez pu facilement éviter.

Prenez un moment et écrivez toutes les bonnes raisons pour lesquelles vous avez pris votre décision. Dans les semaines à venir, référez-vous à cette liste aussi souvent que nécessaire, surtout quand vous vous sentirez coupable, triste ou seul.

Il est difficile de choisir de garder des secrets, mais cela peut se révéler une revendication décisive du contrôle de sa vie. Le légendaire entraîneur de football Vince Lombardi avait l'habitude de dire: « Quelques personnes font les événements; beaucoup de personnes les regardent se produire; toutes les autres demandent ce qui s'est passé. » Maintenant que vous avez choisi d'être de ceux qui font les événements, célébrez!

2. Vous pouvez soutenir les manières dont vous et votre partenaire établissez des rapports mutuels.

Cela peut sembler évident. Pourtant, au moment où vous éprouvez le plus de désappointement et souffrez de la perte de votre innocence, il est parfois difficile de garder à l'esprit les aspects les plus agréables de votre partenariat. La plupart des relations, que ce soit avec un conjoint, un parent, un enfant, un frère ou une sœur connaissent des moments récurrents où les rapports sont affectueux. En vous rappelant et en donnant de la valeur à ces moments, vous vous aidez à surmonter votre colère et votre solitude.

Prenez le cas d'Elsa, une mère chaleureuse de deux enfants. Elle me rencontra pour la première fois lors d'un programme de cours pour adultes. Elle prit ma carte d'affaires durant la période de repos et m'appela une semaine plus tard.

Il semble qu'elle ait été si troublée depuis quelques mois que ma causerie l'avait poussée à agir. « Cela m'a aidée à voir clair dans ma situation, me dit-elle, et j'ai pu « faire le ménage » dans ma tête. J'ai aussi pu me rendre compte que je n'étais pas seule. »

Elsa commença notre rencontre en me montrant des photos de ses deux fils. Elle avait nourri au sein le plus vieux et allaitait toujours son fils de dix mois. Autant la mère que l'enfant en retiraient du plaisir.

« Mais il y a un problème entre Jim et moi, dit-elle avec tristesse. Nous avons encore beaucoup de plaisir à faire l'amour, mais je ne veux pas qu'il touche ou presse mes seins. » Je hochai la tête pour lui montrer que je comprenais. « Parfois, cela fait jaillir mon lait et ça m'embête; pourtant, ce n'est pas là le principal. » Elle s'arrêta net et rougit.

« Poursuivez, dis-je doucement. Tout va bien. »

« Eh! bien, recommença-t-elle, je me sens si proche de mon bébé! Nous avons tant partagé de choses, nous avons été ensemble jour et nuit depuis presque un an. Quand il me tète, je... je deviens parfois excitée sexuellement. L'intimité que je partage avec lui est si agréable. J'ai presque eu un orgasme il y a quelques semaines. »

Elsa rougit de nouveau. Quand je lui appris que beaucoup de femmes vivaient la même expérience, elle se détendit un peu. « D'accord, je vais vous dire la vérité, dit-elle. De temps à autre, j'ai un orgasme. » Elle semblait soulagée.

« Le problème, c'est que Jim ignore combien j'adore allaiter Christophe et à quel point je ne veux pas qu'il touche mes seins. J'ai voulu le lui dire plusieurs fois mais il m'agace toujours avec ça. Il m'a même dit que « mon temps achevait » et que je n'allais pas « gâter-pourrir » Christophe comme je l'ai fait avec son frère. »

« J'ai beaucoup pensé à tout ça et il me semble clair que je ne dois rien lui dire. Mais je me sens terriblement mal! Est-ce la bonne façon pour des garçons de commencer leurs vies? Comment Jim et moi pouvons-nous être proches de nouveau? Je me sens presque infidèle. »

Nous passâmes presque toute la séance à parler de la dynamique de ses relations tant avec ses parents qu'avec son mari. Quand elle revint la semaine suivante, elle était toujours agitée, particulièrement inquiète d'avoir à choisir entre se séparer (elle employa le verbe « s'éloigner ») ou ne pas se séparer de son mari.

En plus de continuer à étudier la dynamique familiale avec elle, je voulais aider Elsa à remettre les choses en perspective. Je lui demandai d'écrire comment elle et Jim étaient toujours en rapport. De quelles façons « fonctionnaient-ils » en tant qu'équipe? Dans quels domaines avaient-ils confiance l'un dans l'autre?

Quand elle revint pour sa troisième séance de thérapie, elle se sentait beaucoup mieux. « J'ai comme perdu le contact avec la réalité pendant un certain temps », dit Elsa. Elle et Jim étaient encore proches l'un de l'autre à bien des égards: ils chantaient ensemble dans la chorale de l'église, ils passaient du temps avec un couple qu'ils aimaient tous les deux, ils avaient appris l'espagnol ensemble et le parlaient de temps à autre. « Pas très bien. Le plus souvent, dit-elle, cela nous fait beaucoup rire. Et puis, autre chose, nous faisons l'amour et, la plupart du temps, très bien. »

Je dois admettre que je fus déçu quand Elsa choisit de ne pas s'ouvrir de son secret à son mari. Mais je fus heureux de voir comment, en fin de compte, elle composa avec son secret.

Pensez à vos interactions avec votre partenaire; partagez un univers spécial. Cela pourrait se traduire sous une ou plusieurs formes suivantes:

- Vous donnez des « petits noms » à vos parties génitales.
- Vous lisez le journal du dimanche au lit.
- Vous vous soutenez de manière efficace dans l'éducation de vos enfants.
- Vous regardez ensemble des émissions à la télévision.
- Vous avez une vie sexuelle agréable.
- Vous recevez des amis.
- Vous vous aidez l'un l'autre dans vos carrières.

- Vous passez du temps avec vos deux familles.
- Vous prenez une douche ensemble pour le seul plaisir de le faire.

Les sentiments de distance et d'isolement surviennent le plus souvent quand vous gardez des secrets. Mais l'une des raisons pour lesquelles vous avez choisi de garder le silence, c'est que vous avez considéré cela comme important pour conserver l'intimité que vous avez déjà avec votre partenaire. Si vous voulez profiter de cette intimité, soyez conscient de ce processus de dissimulation.

3. Vous pouvez explorer et confronter le sens véritable de votre culpabilité.

Beaucoup de ceux qui gardent des secrets sexuels se sentent coupables automatiquement . Pour donner un sens à leur culpabilité, ils imaginent que les conséquences et les interprétations qui en découlent seraient terribles. Mais garder des secrets *ne signifie pas* nécessairement que votre relation mourra, que votre vie sexuelle est condamnée, que vous vous fichez de votre partenaire ou que vous êtes mauvais.

Une fois de plus, ces inquiétudes démontrent que lorsque des personnes éprouvent des sentiments de honte et de doute envers elles-mêmes, leur secret représente tout ce qui leur fait honte, ce qui en retour crée plus de culpabilité.

Mais, si vous avez consciemment choisi de garder le secret, vous n'avez pas besoin de vous sentir coupable. Vous savez que votre sexualité n'est pas mauvaise. Vous savez que votre secret sexuel n'est pas mauvais. Vous ne méritez pas d'être puni pour ça. Vous n'avez aucune raison de vous sentir coupable.

Pourtant, la culpabilité peut persister. Plutôt que de la nier ou en devenir la victime, *examinez-la* de plus près. Elle représente possiblement une forme de colère: il vous déplaît de perdre certains de vos rêves ou d'être forcé d'accepter votre imperfection. Votre culpabilité peut aussi éventuellement vous permettre de sympathiser avec votre partenaire qui ignore être l'objet de votre secret.

Quand vous savez que votre sexualité n'est pas mauvaise, le fait de se sentir coupable envers elle peut être révélateur. Prenez le temps d'examiner votre culpabilité. Peut-elle vous apprendre quelque chose?

Gardez à l'esprit que vous pouvez être triste, embarrassé ou plein de regrets sans vous sentir coupable. Assurez-vous qu'il y a dans votre vie des gens qui soutiennent cette attitude saine, même si ce n'est qu'en vous prêtant des livres ou en discutant à votre lieu de travail. De nombreuses attitudes sociales et bien des institutions en place vous poussent à vous sentir coupable de vos pensées et de vos comportements. Utilisez tout le soutien nécessaire pour combattre cette tyrannie sexuelle.

4. Vous pouvez vous confier aux autres

Cette stratégie est disponible principalement quand vous choisissez consciemment de garder votre secret. Il est plus vraisemblable que vous révéliez des informations personnelles quand vous vous sentez dans votre bon droit ou correct.

Se confier à quelqu'un peut être une importante source de soutien, de libération émotionnelle, de mise à l'épreuve de la réalité et d'énergie. Toutefois, vous serez peut-être tenté d'utiliser le temps où vous vous confiez pour échapper à votre peine, plutôt que de chercher une manière productive d'en venir à bout. Il se peut aussi que vous idéalisiez la personne à qui vous vous confiez.

Pour empêcher que cela n'arrive, posez-vous les questions suivantes:

- Quand je me confie, est-ce que je le fais de façon compulsive ou est-ce que cela me rend dépendant? Est-ce que je me sens euphorique avant ou après m'être confié à quelqu'un?

- Est-ce que je confie plus que mon secret? Est-ce que je me sers de cette occasion pour me rapprocher de la personne à qui je me confie? Est-ce que je ne fais pas tout ça pour justifier une action future?

- Comment me sentirais-je si les rôles étaient renversés et que quelqu'un me confiait les mêmes choses que celles que je lui communique? Dirais-je que cette personne se confie à moi sainement ou qu'elle se sert de moi pour fuir ses problèmes?

- Le choix de la personne à qui je me confie est-il sûr? Comment puis-je justifier ce choix?

- Est-ce que je me sens jaloux des autres relations de la personne à qui je me confie? Est-ce que j'éprouve pour la personne à qui je me confie plus de sentiments qu'il ne convient?

- Après avoir confié mon secret ou en avoir parlé, est-ce que je me sens plus proche ou plus distant de mon partenaire? (Cela permet d'établir la différence entre obtenir du soutien et chercher une échappatoire.)

Dans certaines circonstances, le fait de partager son secret avec quelqu'un d'autre que votre partenaire peut vous soulager, vous permettre de vous affirmer et vous enrichir. Se confier à quelqu'un c'est quelque chose. Comme lorsque vous gardez le secret, faites-le consciemment et pour des raisons valables.

5. Vous pouvez être attristé de la perte de votre innocence.

La perte de l'innocence est un résultat particulier du secret conscient. L'affliction est ce sentiment de vide qui suit la prise de conscience d'une perte. L'affliction est la manière de s'accommoder de ce sentiment.

Judith Viorst appelle l'affliction «le processus d'adaptation aux pertes qui surviennent dans notre vie». C.S Lewis nous rappelle quant à lui que «le chagrin n'est pas un état mais un processus». La peine indique aussi souvent l'acceptation du changement. Ainsi, l'affliction peut-elle être à la fois libératrice et douloureuse.

Nous avons une bonne raison d'éprouver de la peine quand nous sommes confrontés à la réalité de la solitude existentielle. Nous vivons dans l'ignorance bénie de cette solitude jusqu'à environ l'âge de six mois. Nous connaissons le riche et original instant du Paradis Perdu dans notre enfance quand nous acquérons la capacité mentale de faire la différence entre nous-même et les autres. Nous passons le reste de notre vie à tenter futilement de nier cette réalité.

La seule manière de transcender cette perte est d'en éprouver de la peine, de l'accepter et de comprendre que tous les êtres humains vivent cette tragédie. Nous pouvons aussi, comme le suggère Sheldon Kopp, considérer cela sous un angle complètement différent: « La seule manière de résoudre certains problèmes consiste à ne plus y accorder d'intérêt sérieux. »

Aussi, peut-être devrions-nous souhaiter la perte de l'innocence pour mieux nous attaquer à une tâche de toute manière inévitable. Résister à cette perte ou la nier signifie qu'on abandonne le peu de contrôle que nous avons face à la situation. Et, de toute manière, cela n'empêche ni ne remet à plus tard la perte de notre innocence.

L'affliction peut donc exprimer le point de vue adulte qui dit: « Je suis responsable même si je n'aime pas le monde tel qu'il est. Je ne jouerai pas les victimes même si cela me permet de me sentir mieux. » Quand nous souffrons de nos pertes, nous pouvons mieux apprécier ce qui nous reste, y compris la capacité de nous attrister et de « laisser aller » ce qui ne nous appartient plus.

Comme le rappelle Melba Colgrove, en vous affligeant, ne vous punissez pas à coups de « si seulement... ». Comme le veut le dicton, « Si nous avions des œufs, nous pourrions faire cuire des œufs et, nous pourrions faire cuire du jambon, si seulement nous en avions ». Et n'oubliez pas de pardonner à la personne avec laquelle vous ne pouvez partager votre secret. Le psychologue et philosophe Kopp fait remarquer que cette personne est exactement dans le même bateau que vous. « C'est ça la condition humaine », dit-il.

LA THÉRAPIE, POUR LE MEILLEUR ET POUR LE PIRE...

Le counseling conjugal et la psychothérapie sont des outils précieux. Ils peuvent vous aider à mieux vous comprendre et à mieux comprendre votre partenaire. Ils peuvent vous faire porter un autre regard sur les choses en vous amenant à les aborder sous un angle différent et nouveau.

Vous n'allez pas voir un dentiste ou un mécanicien pour des raisons inopportunes (pour apprendre à mieux sourire ou pour faire laver votre auto); vous ne devriez pas non plus consulter un thérapeute en attendant l'impossible.

Il y a cinquante ans, les gens qui allaient voir des psychiatres étaient considérés comme malades ou fous. Nous savons aujourd'hui que la thérapie est utile aux gens qui répètent les mêmes erreurs, qui éprouvent des difficultés à se rapprocher des autres, qui ignorent comment développer une vision objective de la réalité ou qui ne parviennent pas à se sentir bien dans leurs sentiments.

Voici quelques objectifs réalistes d'une thérapie:

- Comprendre les raisons véritables pour lesquelles on a choisi de garder le secret.
- Accepter qu'on ait choisi de garder le silence.
- Comprendre les conséquences véritables du secret.
- Trouver de nouvelles manières de vivre avec ces conséquences.
- Trouver de l'aide en préparant des choix futurs.
- Réduire la quantité de culpabilité qu'on éprouve du fait de son choix.

Toutefois, compte tenu de la « structure » de certaines situations, il existe des limites à ce que peuvent faire les outils de la thérapie. Si vous désirez que votre thérapeute accomplisse l'une des choses suivantes, vous serez fort probablement déçu:

- Créer magiquement plus d'intimité que celle pouvant être tolérée par deux partenaires, surtout sans changer la structure de la relation.

- Améliorer votre vie sexuelle sans accroître votre partage ou sans réduire votre anxiété.

- Considérer la garde du secret comme un choix judicieux, même si vous le faites pour les mauvaises raisons.

- Approuver le secret quand celui-ci est autodestructif.

- Réduire les chances que votre partenaire se sente en colère ou trahi s'il découvre que vous gardez des secrets.

- Vous donner des conseils.

La thérapie peut vous fournir un soutien psychologique quand vous vous sentez isolé; vous pouvez aussi la considérer comme une base fiable à partir de laquelle vous pouvez tenter des changements et une alliée qui refuse d'ignorer ou d'approuver que vous vous détruisez vous-même.

Néanmoins, avec ou sans thérapie, en fin de compte, chacun de nous est irréductiblement seul. La *bonne nouvelle* , c'est que nous ne sommes pas seuls dans cette solitude. Nous sommes tous dans le même bateau vide.

11 ENTRE LES ENFANTS ET LES PARENTS

« N'ayez jamais d'enfants, seulement des petits-enfants. »
Gore Vidal

« Les êtres humains sont sexuels, de la matrice à la tombe. »
Mary Calderone

Dans les Chapitres 1 à 10, nous avons parlé des questions soulevées par le fait que les enfants cachent des secrets sexuels à leurs parents. Ce chapitre-ci traite des secrets sexuels que les parents cachent à leurs enfants.

« Mais, disent beaucoup de parents, cela n'est pas garder un secret, c'est naturel. Ils s'empressent d'ailleurs d'ajouter:

- « Ça me gêne trop d'en parler. »
- « Si je me tais, c'est pour le bien de mon enfant. »
- « Je ne sais pas quoi lui dire. »
- « Je reste neutre. Je ne veux pas l'encourager. »
- « Il n'a pas encore besoin de ce genre d'information. »

Rappelez-vous notre définition du secret sexuel: le fait de cacher aux êtres qui nous sont chers des informations pertinentes sur notre sexualité. On ne peut en réalité parler d'attitude « naturelle ». En réalité, il est très courant que des parents se sentent mal à l'aise envers la sexualité de leurs enfants. C'est ce malaise qui pousse le plus souvent les parents à cacher des secrets sexuels à leurs enfants.

Voici des sujets courants tenus secrets:

- La masturbation.
- La contraception.
- Le caractère foncièrement sain de la sexualité.
- Le fait que l'activité sexuelle « fait du bien ».
- La sexualité des parents, surtout des parents célibataires.
- L'importance de parler sérieusement du sexe.
- Les manières saines de prendre des décisions sexuelles.
- Les informations sur le corps.
- La réalité que les enfants éprouvent, eux aussi, des sentiments sexuels.

RAISONS DE CACHER DES SECRETS SEXUELS AUX ENFANTS

Vous savez maintenant que nous gardons des secrets sexuels pour des raisons dont nous ne sommes pas entièrement conscients. En gardant le secret, nous exprimons en quelque sorte certaines peurs: sur nous-mêmes, sur nos relations, sur notre sexualité. La même chose prévaut pour nos enfants. En leur cachant des secrets sexuels, nous exprimons nos peurs et nos anxiétés.

Voyons les dynamiques qui se profilent derrière ce silence.

La dénégation de la réalité sexuelle

Au Chapitre 5, nous avons décrit la dénégation comme une manière d'éviter les sentiments pénibles. Certains parents ont du mal à accepter que leurs enfants sont sexués. Pour camoufler cette réalité, ils préfèrent croire que leurs enfants n'ont pas besoin d'information sur la sexualité.

Cela me rappelle une cliente, Josiane; elle était venue me consulter parce que son fils de dix ans était, disait-elle, «obsédé par le sexe». Selon toute apparence, Thierry était un garçon très curieux, «il se pose toujours des questions, veut regarder des magazines de sexe, regarde les livres de biologie de sa sœur…récemment il l'a même regardée à plusieurs reprises prendre sa douche», me dit-elle.

Tandis que Josiane était profondément dérangée par l'«obsession» de Thierry, je me demandai s'il ne s'agissait pas là tout simplement, d'une curiosité sexuelle normale. Rien de ce qu'elle m'avait dit ne laissait présager que le garçon avait des problèmes graves. Elle ne cessait de répéter qu'il était intéressé par le sexe; cela semblait lui faire très peur et la troubler.

Je savais que Josiane était une mère célibataire aux prises avec ses propres problèmes sexuels. «Je n'ai plus besoin de relations sexuelles, me dit-elle platement. Quand j'étais mariée, ma vie sexuelle était minable et maintenant je suis bien débarrassée de tout ça.» La compagnie d'un amant ou d'une maîtresse ne lui manquait-elle pas? «Non, insista-t-elle, Thierry et moi sommes de grands amis. Ça me suffit.» Je commençai à suspecter qu'inconsciemment, Josiane ne voulait pas voir son fils grandir et la quitter.

Je demandai à Josiane quelle différence elle faisait entre l'intérêt sain et l'intérêt malsain d'un enfant pour le sexe. Même si je la lui posai deux fois, elle ne semblait pas comprendre la question. Je lui demandai alors si Thierry n'essayait tout simplement pas de découvrir ce qu'est le sexe de la manière dont il le pouvait. Après tout, son père n'était pas là et elle n'était pas très ouverte sur cette question.

«Il ne *peut* avoir besoin d'une telle information, dit-elle, perplexe et un peu en colère. Il n'a que dix ans.» Contrairement à la curiosité qu'il manifestait pour les machines employées en sylviculture, l'intérêt de Thierry pour la sexualité n'avait aucune légitimité aux yeux de sa mère. «Il ne peut tout simplement pas être intéressé par ça, dit-elle. Il est si pur. C'est pratiquement un bébé.»

Peu à peu, nous commençions à toucher du doigt la vérité. L'éducation de Josiane lui avait appris que la sexualité est sale. Durant son mariage, l'activité sexuelle s'était révélée lourde et pénible, ce qui n'avait fait que renforcer sa croyance. Josiane ne pouvait croire que son fils chéri puisse être curieux d'une chose aussi sale et destructive que la sexualité. Elle fuyait la pénible réalité en la niant.

Au lieu de reconnaître que Thierry représentait un problème, je travaillai avec Josiane sur ses propres problèmes sexuels. Elle devint consciente de sa peur et de sa colère envers la sexualité et vit combien celles-ci avaient affecté son mariage. Elle devint aussi plus consciente de la façon dont ces sentiments l'affectaient maintenant.

Avec le temps, Josiane en vint à admettre que Thierry devrait avoir une vie sexuelle saine quand il serait marié, « pas comme ce que j'ai eu », dit-elle avec regret. Et nous servant de la visualisation, nous explorâmes le futur et imaginâmes que Thierry était marié et avait des relations sexuelles saines avec sa femme. « Je suis jalouse », dit Josiane en riant à un moment donné. Revenus ensuite au présent nous visualisâmes quelle sorte d'enfance et d'adolescence seraient propices à Thierry pour qu'il devienne un adulte accompli. Cela signifiait bien sûr la reconnaissance *actuelle* de son intérêt sexuel tout à fait normal.

« Ça me fait mal, mais je dois le faire, dit Josiane en commençant à pleurer. Que je me raconte des histoires ou pas, il va grandir, non? » D'une manière prévisible, le fait de travailler sur sa propre sexualité permit à Josiane de s'occuper de celle de son fils. Elle eut à peine besoin de conseils sur ce qu'elle devait lui dire.

Tandis que j'étais assis avec Josiane, je me souvins des mots du docteur Mary Calderone, une pionnière en éducation sexuelle: « Vous ne donnez pas seulement une éducation sexuelle à votre enfant, vous donnez aussi une éducation sexuelle au futur conjoint et au futur parent de quelqu'un. »

Certains parents se sentent très menacés parce que leurs enfants devront naturellement se séparer d'eux un jour; même si cette expérience fait partie des cycles habituels de la vie. Le défi de cette séparation douloureuse est mis en évidence par les rapports qu'un enfant entretient avec les autres. Parce que la sexualité symbolise le transfert de l'intimité d'un enfant de ses parents à un partenaire, le rejet de cette sexualité peut représenter pour les parents une issue de secours face à cette perte cruelle.

Ces familles seraient beaucoup plus heureuses si les adultes apprenaient à confronter leurs propres sentiments sexuels et émotionnels. Beaucoup de parents n'ont même pas encore accepté leur *propre* sexualité; il ne faut donc pas s'étonner qu'ils acceptent avec encore plus de difficulté la sexualité *de leurs enfants*. Ici encore, la garde du secret peut être pour les parents une avenue empruntée pour éviter leurs pénibles réalités sexuelles.

L'embarras

« Dites la vérité et couvrez le Diable de honte », écrivait l'humaniste français Rabelais en 1552. Manquant de ce courage — ou de ce dédain du décorum — la plupart des gens se taisent prétextant le besoin du secret, alors qu'ils sont tout simplement trop embarrassés pour s'exprimer.

La sexualité met les parents dans l'embarras pour diverses raisons. Vous avez peut-être appris qu'aucune conversation sérieuse ou sereine ne peut traiter de la sexualité. Les mots vous semblent difficiles à trouver quand il s'agit de parler de sexualité. Il y a toute la différence du monde entre dire « minou » et « vulve ». La plupart d'entre nous rougirions d'entendre nos enfants dire le mot « queue » et il ne nous est pas plus facile de le dire.

Une grande partie de l'embarras que nous ressentons provient de ce que nous croyons ne pas être à la hauteur. « Je ne peux supporter de dire à mon fils que je ne sais pas grand chose des trompes de Fallope alors que je fais l'amour depuis vingt ans », me dit un jour une mère.

Nous ne croyons pas tout savoir sur les cuisinières simplement parce que nous faisons la cuisine. Alors, pourquoi nous attendons-nous à être techniquement raffinés quand nous parlons de sexualité?

Il nous est plus difficile d'affronter la sexualité de nos enfants, car nous nous sentons mal à l'aise devant la nôtre. « Il me demande si son pénis est assez gros, m'écrivit un jour un père de famille. Je ne suis même pas sûr que le mien le soit. Alors, qu'est-ce que je suis sensé lui dire? »

Un peu plus loin, je parle en détail de solutions pour venir à bout de cet embarras. Pour l'instant, dites-vous que l'embarras est normal; vous pouvez toujours répondre aux questions de vos enfants en commençant par leur dire: « Eh! bien, Eric, ça me gêne d'en parler, mais voici... ».

La peur de faire du tort aux enfants

En général, notre culture reconnaît les bienfaits de la connaissance. Les Nord-Américains accordent beaucoup de valeur à leurs écoles, à leurs bibliothèques et à leurs diplômes. Nous poussons nos enfants à apprendre autant qu'ils le peuvent et le plus rapidement possible.

Quel contraste avec les cultures qui perçoivent la connaissance comme dangereuse, comme ce fut le cas en Europe durant le Moyen-Âge. Les Nord-Américains sont fiers de leur approche non superstitieuse de la connaissance. Ainsi, ils savent que l'éducation des automobilistes ne provoque pas d'accidents d'autos.

Cela paraît si simple; pourtant, de nombreux parents trouvent difficile d'appliquer ce concept à la sexualité. Mais les données le prouvent depuis des années: une information sexuelle sérieuse n'engendre pas de comportements sexuels dangereux chez les adolescents.

Ainsi, selon une étude bien connue publiée en 1977, les sociologues Zelik et Kantner ont découvert que les enfants américains provenant de familles où l'on parle ouvertement de sexualité prennent des décisions sexuelles plus saines. Comparés à leurs pairs, ces enfants ont tendance à remettre à plus tard la première relation sexuelle avec pénétration et ont plus de chance de se servir de moyens de contraception, le moment venu. Une étude commandée par le système scolaire de Baltimore donna en 1987 les mêmes résultats.

Pareillement, dans les familles suédoises où l'on parle plus librement de sexualité que dans des familles américaines, environ 90% des adolescents utilisent un moyen de contraception la première fois qu'ils font l'amour. Aux États-Unis, les chiffres sont d'environ 10%. Et ce n'est pas parce que les enfants suédois sont au départ plus intelligents que les enfants américains.

La plupart des problèmes sexuels des adolescents sont causés par l'incapacité de prendre des décisions. L'alternative, c'est la capacité de prendre des décisions; cela requiert de l'information, des conseils et le sens des valeurs. L'ignorance de la sexualité ou le fait de prôner l'abstinence ne fournissent aucun de ces critères. Une approche prohibitive et délibérément négligente maintient l'ignorance sexuelle; elle amène les adolescents à prendre de mauvaises décisions.

Certains parents craignent de dire une chose inadéquate ou d'en dire trop. Ils causent ainsi du tort à l'enfant qui n'est pas en mesure de comprendre. Mais vous savez déjà comment les enfants réagissent quand vous essayez de leur communiquer une information qui va au-delà de leur intérêt ou de leur compréhension: cela les ennuie, ils deviennent distraits et essaient de s'éloigner le plus vite possible. Voici exactement comment les enfants traitent les informations sexuelles qui leur passent au-dessus de la tête. Cela ne leur fait pas de tort, ils « décrochent », voilà tout.

Cela me remet en mémoire l'histoire d'une petite fille de cinq ans qui pose un jour la question proverbiale : « D'où est-ce que je viens? » Son père « moderne » s'était documenté, voulait savourer le moment et non le gaspiller. Pour bien faire, il lui fit une savante explication de physiologie reproductive. « Maintenant, dit-il en souriant quand il eut fini, as-tu d'autres questions? » « Juste une, répondit-elle avec attention, mon amie Jeannette dit qu'elle vient de Philadelphie. Alors, moi, d'où est-ce que je viens? »

Si vous croyez que la sexualité est source de danger, il est naturel que vous vouliez en protéger vos enfants. Toutefois, ce qui est dangereux avant tout, c'est l'incapacité de prendre des décisions sexuelles qui découle d'un *manque* de connaissance.

Comprenez que la meilleure façon de protéger vos enfants c'est de leur donner une bonne éducation sexuelle. Assurez-vous qu'ils recoivent une information de qualité et une attention bienveillante, de sorte qu'ils puissent faire des choix sexuels éclairés. Bien entendu, il vous faudra d'abord reconnaître et admetre que votre enfant éprouve des sentiments par rapport à la sexualité, que ce sujet est une source de questions de sa part et qu'il aura tôt ou tard à prendre des décisions sur sa propre vie sexuelle.

La douleur et l'adversité dans l'enfance

Les parents doivent reconnaître qu'il est impossible de préserver les enfants de toute expérience douloureuse. Bien que tous les parents souhaitent pouvoir agir en ce sens, cela s'avère tout simplement impossible. Selon les experts, il n'est même pas souhaitable de protéger les enfants ainsi. Ces derniers doivent apprendre qu'ils sont capables de faire face adéquatement à la douleur et à l'adversité: cela leur évitera d'être atterrés quand ils les rencontreront à l'âge adulte.

Et pourtant, certains parents irréalistes persistent à vouloir éviter à leurs enfants toute douleur associée à la sexualité. En agissant ainsi, ils apprennent aux enfants que la sexualité est dangereuse et ils leur inculquent un manque de confiance en leur capacité de composer avec cette dimension de leur vie. Paradoxalement, c'est précisément cet héritage qui provoque les problèmes sexuels, tels que le viol sur rendez-vous ou l'inhibition du désir sexuel, qui surviennent plus tard.

La volonté de prémunir un enfant de toute douleur dans la vie est en fait destructive. Si, par exemple, vous avez décidé que vos bébés ne tomberont jamais par terre, vous les empêcherez d'apprendre à marcher. Vous en ferez des handicapés fonctionnels. C'est une forme de mauvais traitement infligé à l'enfant. La même chose vaut lorsque l'éducation donnée aux enfants fait d'eux des adultes sexuellement handicapés.

LES CONSÉQUENCES DES SECRETS

Une des conséquences du maintien des secrets, c'est que les enfants entretiennent des idées inexactes et même dommageables sur la sexualité et sur eux. Ils apprennent que la sexualité est en quelque sorte mauvaise, même si on ne leur a jamais dit pourquoi. Ils apprennent à se sentir mal d'éprouver des sentiments sexuels, même si, une fois encore, ils ne savent pas pourquoi.

S'appuyant sur le raisonnement simpliste normal de l'enfance, les jeunes concluent qu'ils sont en quelque sorte fautifs. Ils apprennent à se sentir coupables d'être simplement ce qu'ils sont.

Certaines des idées erronées que se font les enfants sont drôles (certains croient que c'est le hoquet dont souffre la mère durant la grossesse qui provoque la naissance de jumeaux). D'autres sont beaucoup moins drôles, comme celle qui veut que la sexualité soit la manière de prouver à quelqu'un qu'on l'aime. Certains mythes sont même très dangereux, tel celui très répandu qu'une femme ne peut tomber enceinte si elle fait l'amour debout.

Le secret empêche les enfants d'apprendre ce qu'il leur faut savoir pour prendre de bonnes décisions sexuelles. Les parents apprennent à leurs enfants à faire de bons choix dans d'autres domaines, comme identifier et choisir des aliments sains ou choisir des amis affectueux et attentifs à leurs besoins.

Au lieu d'apprendre aux enfants à prendre de bonnes décisions sexuelles, ou bien nous leur disons de s'abstenir ou nous refusons tout court d'en parler. Aucune de ces attitudes n'est pertinente quand les jeunes sont aux prises avec des situations troublantes et dangereuses.

Nous apprenons aussi aux jeunes à ne pas nous parler de leurs problèmes sexuels. Nous jetons l'anathème sur l'intérêt sexuel, prétendons que *nos* enfants n'en ont pas et menaçons de les punir s'ils en ont. N'est-ce-pas naturel alors qu'ils cachent à leurs parents leurs problèmes relatifs à la sexualité, lorsqu'ils en ont? Un jour ou l'autre, les parents les découvrent et demandent: «Pourquoi n'es-tu pas venu m'en parler?» La réponse est simple: toute leur vie, les jeunes ont été instruits à ne pas le faire.

En fin de compte, le secret gardé par les parents accroît la vulnérabilité des enfants vis-à-vis l'exploitation sexuelle. Si l'enfant manque de fierté, n'a pas le sentiment d'être seul maître de son corps, s'il éprouve des sentiments de honte et de culpabilité envers son sexe, son pouvoir est considérablement réduit et il devient une victime potentielle pour qui veut l'exploiter sexuellement.

À moins qu'ils n'apprennent que leur corps et leur sexualité sont d'une nature saine, les enfants ont de la difficulté à dire non aux adultes qui cherchent à abuser d'eux sexuellement. En tant qu'adolescents, ils sont vulnérables à des pairs qui leur demandent de leur prouver leur amour en ayant des relations sexuelles avec eux. En tant qu'adultes, ils peuvent manquer d'estime de soi et se montrer incapables de résister à la pression qui donne parfois lieu au viol par une personne pourtant connue.

Et puis, les enfants normaux ont des questions et des sentiments sexuels et votre refus d'en tenir compte ou de leur répondre vous amène à être perçu éventuellement comme un ennemi. Cette situation contradictoire est la conséquence la plus triste de toutes.

Voici certains des messages courants que les secrets sexuels des parents envoient aux enfants:

- La sexualité est dangereuse.
- La sexualité peut te faire mal.
- La sexualité n'est que pour les filles «faciles».
- La sexualité est un grand problème entre les hommes et les femmes.

- Ton corps est source de mal.
- Il est mal de se sentir bien.
- Ton corps ne t'appartient pas.
- Il est mal de parler de sexualité ou de songer à faire l'amour.
- Les gens bien ne sont pas exploités sexuellement.
- C'est de ta faute si tu es victime d'abus sexuel.
- Les hommes ne pensent qu'au sexe.
- Les femmes ne sont pas vraiment intéressées par le sexe.
- Si tu éprouves des sentiments sexuels, c'est que tu es en amour.
- Ne te fie pas à tes sentiments.

LA RESPONSABILITÉ PARENTALE

L'éducation sexuelle familiale n'a pas vraiment de cesse.

Tout comme vos enfants observent vos manières à table chaque fois que vous mangez avec eux, de même ils observent les messages que vous leur envoyez sur la sexualité. Ils sont sensibles à leur environnement, recueillant les indices qui révèlent vos véritables sentiments et croyances.

Cela illustre bien ce qu'Emerson signifiait en disant: « Ce que vous êtes parle si fort que je ne puis entendre ce que vous dites. »

L'éducation sexuelle n'est donc pas un événement ponctuel mais un processus continu. Ce n'est pas une conversation que vous avez ou n'avez pas avec vos enfants; c'est une attitude omniprésente à la maison — entre les parents, entre les parents et les enfants, et dans le rapport que l'enfant entretient avec lui-même.

Voici quelques exemples typiques de scènes d'éducation sexuelle que les enfants vivent dans divers types de foyers:

Exemples positifs:

- Les parents se touchent l'un l'autre affectueusement, « sans raison »; les attouchements n'entraînent pas automatiquement une relation sexuelle.

- Un enfant voit parfois son père en sous-vêtements sans en faire toute une histoire.
- Un des parents taquine l'autre avec humour pour le séduire sexuellement.

Exemples négatifs:
- Un parent réprimande le chien parce qu'il s'est léché les parties génitales.
- Quand Papa boit, il essaie toujours d'embrasser mollement Maman qui le repousse.
- Les parents parlent toujours entre eux de certaines femmes « faciles » du quartier.

Les circonstances, entourant ces leçons si insidieuses semblent facilement oubliées avec le temps. Cependant, elles déterminent nettement la vision de l'enfant touchant la sexualité et les relations futures. Rappelez-vous que les parents sont les premiers éducateurs sexuels de leurs enfants, qu'ils le veuillent ou non.

La plupart des parents sont heureux d'avoir autant d'influence sur le développement des valeurs et de la personnalité de leur enfant. Toutefois, vous ne devez quand même pas oublier que vos attitudes domestiques et sexuelles influencent vos enfants.

Pour d'autres circonstances, l'idée est acceptée. Même si vous préférez des lampes de table en verre fragiles, vous achèterez plutôt des meubles en plastique ou en matériaux incassables pour offrir un environnement sécuritaire à vos jeunes enfants.

« N'ai-je pas le droit, demandent parfois certains parents, de décider moi-même s'il importe ou non de discuter de sexualité avec mon enfant? » La réponse est un *non* retentissant. Vous pouvez choisir ce que vous désirez partager avec eux, mais leur équilibre physique et psychologique exige que vous teniez compte, d'une manière ou d'une autre, de la dimension sexuelle de leur vie. Comme beaucoup d'autres responsabilités parentales, vous n'aimez pas forcément ça, mais vous le faites parce que cela fait partie de votre rôle de parent.

La condition de parent exige que vous donniez de l'information à vos enfants sur des sujets de base comme la santé, l'argent, l'alimentation et la religion. La sexualité ne fait pas exception. Il est irresponsable d'ignorer, de minimiser ou de rejeter l'obligation qu'ont les parents de donner une éducation sexuelle à leurs enfants.

LE SIDA ET LES PARENTS

L'éducation à donner aux enfants sur le SIDA est un bon exemple de responsabilité parentale. Selon le ministre de la Santé des États-Unis, vous devriez commencer à le faire dès que votre enfant a huit ans, en complétant tout programme de sensibilisation donné à l'école qu'il fréquente.

La plupart des parents ont besoin de mettre de côté leur propre malaise et de ne plus penser à eux. Toutefois, certains refusent. Au lieu de cela, ils expriment leurs propres sentiments en répondant à leurs propres besoins aux dépens du bien-être de leurs enfants.

Un homme que j'appellerai ici Alexandre illustre bien cette situation. Père de famille et membre d'une commission scolaire, il avait combattu chaque programme d'éducation sur le SIDA que le collège local avait voulu mettre sur pied, programme qui devait comprendre un cours destiné à former les enseignants.

Quand on lui demandait d'expliquer sa position, il avait l'habitude de répondre que les enfants n'ont pas besoin d'une telle information. « Les gens qui mettent ces programmes de l'avant sont malades, dit-il lors d'une entrevue. Ils mettent des idées sexuelles dans la tête des pauvres enfants innocents. »

Au plus fort de son engagement dans la controverse scolaire, Alexandre participa à un débat qui se termina en mêlée générale. Quatre personnes furent blessées et plusieurs autres arrêtées, dont Alexandre. L'une des conditions de sa remise en liberté fut qu'il suive une thérapie; il accepta de me rencontrer.

« Le fait de rencontrer un conseiller d'une autre ville me permettra de me sentir protégé, me dit-il lors de notre première rencontre. » Généralement, je n'accepte pas de cas envoyé par la cour, mais j'étais curieux de travailler avec un personnage public qui s'opposait si radicalement à la sexualité.

Lors de nos six rencontres, Alexandre et moi parlâmes de philosophie, de politique, de science. De lui aussi, autant qu'il me le permit. Un jour, il me parla de ses expériences étudiantes et me révéla que les deux compagnons qui partageaient sa chambre au collège et à l'université étaient homosexuels.

Selon toute apparence, ce n'était là qu'une coïncidence. Les deux ne se connaissaient même pas. « Mais ils étaient bien de la même engeance, dit Alexandre avec amertume. Ils n'eurent même pas la décence de me le dire dès le début. Non, ils se montraient amicaux, semblaient des gars normaux. Je passais du temps avec eux et je les aimais bien. Puis, le chat sortit du sac. »

« Cela me troubla, me fit peur, dit Alexandre, avec plus d'émotion qu'il n'en avait jusqu'alors exprimée. Comment se fait-il que je ne le savais pas? En fait, comment pouvais-je aimer ces tapettes, ces pervers? Quand je m'en rendis compte, je les mis à la porte de ma chambre. Que pouvais-je faire d'autre? »

Alexandre avait fini son histoire. Pas moi. « Qu'est-ce qui est arrivé alors? demandai-je. Vous ont-ils manqué? »

« C'est ça qui fut le pire, dit Alexandre d'une voix soudainement adoucie. Ils me manquèrent beaucoup. Paul avait été mon meilleur copain. Quentin était mon partenaire au bridge. Il me faisait lire les nouvelles qu'il écrivait. Je lui montrais mes poèmes. Oui, ils me manquèrent, dit Alexandre. Je pensais à eux et je les maudissais. Avec le temps, je m'en suis remis, bien sûr. » Son ton redevenait tranchant.

La perte d'Alexandre m'attrista. « Et l'un ou l'autre vous a-t-il manqué depuis? » demandai-je. « Oui, dit-il. C'est arrivé un an après que ma femme et moi sommes arrivés ici, il y a environ trois ans. J'étais seul. Je rêvai plusieurs fois à eux. Dans un de mes rêves, je leur demandais de m'emmener avec eux. Je me suis réveillé en me sentant honteux et dégoûté. »

« N'est-ce pas vers cette époque que vous vous êtes impliqué dans cette histoire de lutte contre l'éducation sur le SIDA? », lui demandai-je. Il me regarda d'un air méfiant, fit oui de la tête et se mit à pleurer. Il se servait de la question du SIDA pour exprimer ses propres peurs de l'homosexualité. Il causait du tort à ses enfants et à ceux des autres, mais ne pouvait s'en empêcher. Il ne pouvait même pas s'en rendre compte. Malheureusement, cela n'en faisait pas moins un homme destructif.

J'aimerais bien vous dire que cette histoire connut un dénouement heureux, mais ce n'est pas vrai. Alexandre n'était pas vraiment intéressé à mieux se comprendre lui-même. Il ne désirait pas se conduire de manière plus responsable envers sa famille et sa communauté. « Vous ne comprenez pas, me dit-il, quand il eut complété le nombre de rencontres requis par la loi. Vous tous qui aimez tant les tapettes, non, vous ne pouvez pas me comprendre. »

Il n'y a rien de mal à éprouver des sentiments confus vis-à-vis l'éducation sexuelle de votre enfant. Comme pour les autres sentiments, vous devez simplement trouver une façon de composer avec eux sans compromettre la santé et la sécurité de vos enfants et de votre conjoint. Cacher de dangereux secrets sexuels n'est pas l'alternative la plus productive de toutes.

COMMENT VOUS ACCOMMODER DE VOS SENTIMENTS

Comment devriez-vous composer avec les sentiments que vous éprouvez face à votre implication dans l'éducation sexuelle de votre enfant? Basez-vous sur l'approche dont nous avons parlé dans ce livre: prenez conscience de ces sentiments, acceptez-les et trouvez un soutien.

Tout d'abord, il vous faut reconnaître quels sont ces sentiments. Au début de ce chapitre, nous avons parlé des difficultés qu'ont la plupart des parents à accepter la sexualité de leurs enfants. Lorsque nous sommes confrontés à nos propres anxiétés sexuelles et à la douleur que nous éprouvons de vieillir, la séparation d'avec nos enfants peut nous causer un problème. Et, bien sûr, nous croyons que nos enfants en seront probablement blessés.

Il est très important de vous permettre d'avoir de tels sentiments, de ne pas les nier ou de n'en faire aucun cas. Voici des moyens pour accepter vos sentiments:

- Admettez à voix haute que vous avez des besoins et que ceux-ci sont normaux.

- Voyez où se situe votre douleur par rapport à l'ensemble de vos responsabilités parentales (vous faites déjà cela dans d'autres domaines, par exemple lorsque vous laissez participer vos enfants à des sports).

- Partagez certains de vos soucis avec votre enfant; dites-lui par exemple que vous avez de la difficulté à vous exprimer.

- Asseyez-vous calmement et imaginez ce que votre enfant attend de vous dans un domaine précis. Comment cela se compare-t-il avec ce qu'il vous fallait à son âge?

- Parlez de vos inquiétudes à votre conjoint ou à un ami intime.

- Joignez-vous à un groupe de parents pour partager vos victoires, vos défaites et vos idées.

- Cherchez une aide professionnelle; vous pouvez consulter un psychologue, un thérapeute du mariage ou de la famille, un prêtre, un médecin, un travailleur social ou l'orienteur de l'école de votre enfant.

- Et surtout, surtout, gardez votre sens de l'humour. Comme le dit Bill Cosby: «Ma petite fille de onze ans se morfond toute la journée en attendant que ses seins se développent.»

UN PARENT ABORDABLE

Un enfant doit pouvoir interroger ses parents. Ce parent est aux antipodes de celui qui garde des secrets. Comment devient-on un tel parent?

- En connaissant ses valeurs sexuelles.
- En étant capable de représenter ces valeurs honnêtement et sans s'excuser.
- En prenant conscience que la sexualité existe et que les enfants ont des sentiments et des problèmes sexuels.
- En faisant comprendre que toutes les interrogations sur le sexualité sont normales.
- En admettant que vous n'êtes pas forcément un expert en ce qui concerne la sexualité.
- En offrant à vos enfants de les aider à découvrir quels sont les faits « de la vie » et quelles sont leurs préoccupations sexuelles.

Si telle est votre attitude générale, vous serez vraiment un parent crédible pour vos enfants. Ils comprendront que vous voulez soutenir et non écraser leur épanouissement sexuel. Ils seront aussi plus ouverts sur la manière de faire des choix éclairés.

Les enfants qui disposent de parents réceptifs ont l'occasion de poser des questions et d'écouter les réponses. Ils seront disposés à être guidés. Le déni et le silence vont dans le sens contraire de cette démarche.

Les valeurs inhérentes au rôle de parent ouvert clarifient les choses pour vous. Ainsi, comment réagissez-vous si un enfant se masturbe dans un supermarché? Reconnaissez que sa sexualité existe, mais replacez-la dans le contexte de vos valeurs: « Oui, c'est agréable de faire ça, mais nous ne le faisons qu'à la maison, quand nous sommes en privé. »

Quand les enfants peuvent interroger leurs parents, ils ont moins tendance à se servir de la sexualité comme d'une arme parce qu'ils n'ont pas appris que la sexualité est mauvaise en soi. Ils ne la retournent pas non plus contre eux-mêmes, ne croyant pas qu'ils sont méchants et méritent d'être punis pour avoir eu de « mauvaises » pensées.

Voyons maintenant comment un parent ouvert aux questions des enfants peut traiter des questions sexuelles courantes.

COMMENT RÉPONDRE À QUELQUES QUESTIONS COURANTES

Même si chacun est unique, la plupart des enfants posent à leurs parents une série bien connue de questions sexuelles. Bien entendu, toutes ces questions ne peuvent être énumérées ici, mais, j'en donne plus loin quelques exemples. J'accompagne ces exemples des réponses qu'il convient de leur donner, si l'on est un parent réceptif aux questions et si l'on veut former positivement l'image qui se développe chez l'enfant vis-à-vis la sexualité et lui-même.

Les réponses suivantes ne sont pas conçues pour mettre un terme à vos conversations respectives. Tout au contraire, elles n'en sont que le commencement. Votre sourire et le ton chaleureux de votre voix devraient susciter d'autres questions et discussions sur chacun de ces sujets.

Question: La mère de Jason nous a dit qu'il est mal de se toucher « là » et que Dieu me haïra si je le fais. Ce n'est pourtant pas ce que tu m'as dit. Qui a raison?

Réponse: Parfois, ce qui est bien dans une famille ne l'est pas dans une autre. Ainsi, chez ton oncle Jean-Marie, chacun doit manger tout ce qu'il y a dans son assiette. Tu sais que cette règle n'est pas appliquée ici. Les croyances sur les attouchements sexuels sont comme ça elles aussi. Ton père et moi croyons que ton corps est une des plus merveilleuses créations de Dieu et que les sensations de plaisir que tu éprouves à le toucher sont un cadeau du ciel. Aussi longtemps que tu le fais en privé, nous sommes sûrs que c'est parfaitement bien. Au temps de grand-maman, beaucoup de gens croyaient ce que la mère de Jason croit aujourd'hui. J'imagine que les idées de certaines personnes changent plus vite que celles des autres.

Question: Qu'est-ce qu'un condom?

Réponse: Comme la plupart des adultes, ta mère et moi faisons l'amour parce que nous aimons ça. Quand nous ne voulons pas avoir d'enfant, nous devons nous servir d'une méthode de contrôle des naissances. L'utilisation du condom est une de ces méthodes. Le condom est placé sur le pénis quand on fait l'amour. Quand l'homme introduit son pénis dans le vagin de sa femme, cela empêche le sperme de l'homme de rejoindre l'ovule de la femme car c'est ainsi que se forme un bébé.

Question: Qu'est-ce qu'une personne homosexuelle?

Réponse: Une personne homosexuelle est une personne qui éprouve des sentiments romantiques et sexuels pour quelqu'un du même sexe qu'elle. Personne ne sait pourquoi certaines personnes éprouvent ces sentiments pour les gens de leur propre sexe tandis que d'autres les ont pour les gens de l'autre sexe, mais je suis d'accord pour dire avec les médecins et les hommes de science que les homosexuels sont au fond des gens normaux. Même s'il y a des millions et des millions d'homosexuels et de lesbiennes en Amérique du Nord, tu ne peux dire ce qu'ils sont seulement en les regardant ou en les écoutant parler. Malheureusement, certaines personnes croient que les homosexuels sont mauvais ou malades. Elles les traitent avec cruauté. Cela est aussi mal que de maltraiter des gens simplement parce qu'ils sont, disons, juifs ou noirs.

Pour d'autres exemples de questions pour les réponses sages qui s'y rattachent, consultez *Talking with Your Child About Sex* de Mary Calderone et James Ramey et *Raising a Child Conservatively in a Sexually Permissive World* de Sol et Judith Gordon.

«*Mais, tout de même, il y a des limites, non?*»

Comme l'a dit un jour l'humoriste Lenny Bruce: « Quand on a huit ans, rien ne nous concerne. »

La vérité, bien sûr, c'est qu'un certain nombre de choses que vous pensez, ressentez et faites ne regarde *en rien* votre enfant, peu importe son âge. Dans le domaine de la sexualité, ces choses peuvent être:

- Les positions que vous prenez pour faire l'amour.
- Combien de fois vous faites l'amour.
- Combien de partenaires sexuels vous avez eus avant de vous marier.
- À quoi votre femme ressemble quand elle est nue.
- Comment agit votre partenaire durant l'amour ou l'orgasme.
- L'aspect de vos parties génitales.

Oui, les enfants posent des questions sur ces choses. Poser des limites n'est pas ici approprié; c'est crucial. Vous avez besoin d'intimité sexuelle. En vous comportant ainsi, vous répandez la croyance que chacun a droit à sa vie privée.

Une question surgit souvent dans ce domaine. Que faire quand les enfants vous surprennent pendant que vous faites l'amour? N'hésitez pas à affirmer votre besoin d'intimité — rassurez rapidement votre enfant que tout va bien et dites-lui de s'en aller — immédiatement! Comme le dit Sol Gordon: «Vous pourrez dire « s'il-te-plaît » le lendemain matin. »

En choisissant quelles informations vous garderez secrètes et lesquelles vous partagerez, vous devez équilibrer votre besoin d'intimité avec le besoin d'éducation sexuelle de votre enfant. Idéalement, vos choix devraient être posés en fonction du sentiment positif de ce qui vous fait vous sentir bien plutôt qu'en rapport avec le sentiment négatif de culpabilité et de honte envers la sexualité que vous éprouvez peut-être.

Assurez-vous que vos enfants comprennent quand vous refusez de répondre à une information que vous jugez trop personnelle (un tel refus constitue en fait une bonne manière de leur apprendre la modestie). Bien sûr, si votre refus se base sur la croyance que le sexe est mauvais, vos enfants le ressentiront. Ils sauront que vous leur cachez un secret sexuel. Inévitablement, ils se demanderont ce qui ne va pas avec *eux*.

La requête inopportune d'un enfant vous donne aussi l'occasion de lui démontrer que, dans une relation intime, les gens peuvent se dire non l'un à l'autre sans se fâcher. Dire non ne devrait en aucune manière causer de tort à la relation que vous vivez avec votre enfant.

Il est sûr qu'il n'a pas à se sentir rejeté. Au lieu de cela, l'enfant peut apprécier votre empressement à établir les limites qui vous conviennent. Ces limites signifient qu'il peut avoir confiance en vous: elles lui font comprendre que lorsque vous répondez à une question personnelle, vous vous sentez à l'aise envers elle. Rappelez à vos enfants que cela prouve qu'ils peuvent vous poser n'importe quelle question.

L'EXPLOITATION SEXUELLE: CE N'EST PLUS UN SECRET

Existe-t-il quelque chose de pire que d'avoir été abusé sexuellement? C'est, après l'avoir été, de s'en sentir coupable et de se sentir obligé de le cacher. Il est bien évident qu'aucun parent lucide ne veut que son enfant cache une telle information.

Et pourtant, à cause de nos attitudes envers la sexualité, nous encourageons une telle réaction. Nous apprenons aux enfants à ne pas parler de sexualité; nous leur disons qu'être sexuel est mal, que les gens « bien » n'abusent pas les autres ni ne sont abusés par eux et qu'une certaine quantité de violence est inhérente à la sexualité. Aussi, quand les jeunes sont abusés (ce qui arrive dans une famille sur dix), ils savent qu'ils doivent vous cacher la chose. En réalité, ils sont alors doublement abusés.

Certains parents croient que les secrets sexuels empêchent l'abus. Tout au contraire, ils le favorisent. Quand nous brisons le secret en apprenant aux enfants à aimer et posséder leur corps, à tenir compte de leurs sentiments, ils apprennent à dire non et à prévenir les abus sexuels. Nous devons dire aux enfants que « si tu es abusé, ce n'est pas de ta faute et je ne serai pas en colère contre toi ».

LE SEXE ET LE PARENT CÉLIBATAIRE

En plus des problèmes sexuels auxquels font face tous les parents, ceux qui sont célibataires connaissent des problèmes particuliers relativement à l'éducation sexuelle familiale et à la garde des secrets sexuels.

Dans les familles monoparentales, les questions de mise en relation et de séparation sont couramment pénibles. La mort ou le divorce ont fait subir à l'enfant et au parent des pertes irremplaçables.

On remarque une dissonance entre les idéalisations de la société sur ce que devrait être la vie de famille et ce qu'elle est en réalité dans ces familles. Plus particulièrement, les ressources qui soutiennent l'intimité, telles que le temps, l'attention, l'énergie et l'intimité, font souvent cruellement défaut.

La plupart des parents célibataires aimeraient que leurs enfants parviennent à vivre des relations sexuelles enrichissantes. Pourtant, la création de telles relations représente une tâche difficile. Les obstacles sous-entendent la culpabilité et l'anxiété des parents tout autant que la jalousie et la colère de l'enfant.

« Le plus difficile, me dit un jour une mère célibataire, c'est de transmettre aux enfants le message qu'il est préférable d'avoir des relations sexuelles dans une relation solide et aimante. Comment puis-je leur inculquer cette valeur quand certaines de mes propres aventures sexuelles sont sans lendemain? Ou même quand elles sont sérieuses mais *ne semblent être* pour mes enfants que des aventures sans lendemain? »

C'est là une bonne question. Mais il n'y existe pas de réponse parfaite; la société ne s'est toujours pas arrêtée aux besoins sexuels et sociaux des parents célibataires. Les dirigeants religieux et gouvernementaux laissent entendre que ces adultes doivent demeurer chastes, ce qui est irréaliste et cruel. Cela n'apprend certainement rien de positif sur la sexualité aux enfants.

La meilleure solution, c'est de dire la vérité, de parler de ce que vous vivez à vos enfants. Prenez l'initiative et expliquez-leur le sens de vos choix, la manière dont vous les comprenez et les évaluez plutôt que de laisser d'autres personnes ou les institutions les définir à votre place.

Voici certains des messages que les parents célibataires désirent probablement transmettre à leurs enfants:

- Une personne seule a des amis des deux sexes.
- Une personne seule a besoin d'affection et d'intimité et considère que ce besoin est sain et légitime.
- Il y a une grande différence entre le sexe et l'affection.
- Il est important de prendre des décision sexuelles claires; parce que les choses ne sont pas toujours comme elles semblent l'être, nous devons réfléchir avant d'agir.
- Une personne seule a besoin d'intimité.
- Certaines choses ne regardent en rien l'enfant.

Rappelez-vous : votre attitude envers la sexualité, l'intimité et votre ouverture à leurs préoccupations sexuelles sont l'éducation sexuelle la plus significative que reçoivent vos enfants.

« Le plus gros secret sexuel que *j'essaie* de cacher à mes enfants, me dit un jour un ami, c'est que je suis pas complètement au-dessus de la sexualité. »

C'est probablement là le secret sexuel le plus courant gardé par les parents. Contrairement à ce que vous espérez, vos enfants ressentent cela à un certain niveau. Après tout, ils savent bien que vous êtes loin d'être parfait sur tout le reste.

Ainsi, la chose la plus importante sur la sexualité que vous puissiez apprendre à vos enfants, c'est qu'il est correct de ne pas tout savoir à son propos. La réaction convenable est de rire de votre embarras, de vous renseigner et de comprendre que la sexualité n'est pas un sujet ennuyant et sinistre.

Cette manière de voir met les gens aux commandes plutôt qu'à la merci de leur sexualité. Un parent ne peut pas faire de plus beau cadeau à son enfant.

UN REGARD VERS L'AVENIR

Tournez-vous vers l'avenir et imaginez quelles seront votre sexualité et vos relations futures. Vous avez mérité ce privilège; vous êtes maintenant mieux équipé pour le faire que vous ne l'étiez lorsque vous avez amorcé la lecture de ce livre.

J'espère que vous êtes conscient que:

- Vous êtes maître de votre sexualité et acceptez vos pensées, vos sentiments et vos préférences sexuelles. Vous comprenez que cette acceptation de soi est la pierre angulaire de vos relations sexuelles et relationnelles.

- Vous pouvez choisir de partager ou non une information que vous avez gardée jusque là secrète. Si vous décidez de ne pas le faire, c'est parce que vous l'avez *choisi*, non parce que vous vous sentez coupable, anormal ou forcé.

- Vous comprenez que les secrets sexuels contribuent souvent à créer et maintenir les problèmes personnels et relationnels qu'ils doivent, en principe, résoudre.

- Si vous êtes un parent, vous reconnaissez votre responsabilité de fournir une éducation sexuelle à vos enfants.

- Vous savez que vous êtes plus important que votre sexualité. Vous savez aussi que votre sexualité n'est pas dangereuse, qu'elle ne vous domine pas et qu'elle n'est qu'une partie de ce que vous êtes.

- Vous avez cessé de vous critiquer durement; vous savez désormais vous accepter et en retirer toute la satisfaction désirée. Vous avez bravé cette tempête intérieure des gens qui se sentent jugés ou anormaux.

Comme le dit le roi Salomon dans le *Cantique des Cantiques*:

« Mon bien-aimé m'a dit:

Lève-toi, mon amie,

Viens-t'en, ma belle.

Voici que l'hiver est passé,

La pluie a cessé, elle a disparu.
Les fleurs ont pointé sur la terre,
Le temps des chansons est revenu.
Dans nos contrées on entend déjà
La voix de la tourterelle.
Lève-toi, mon amie,
Viens-t'en, ma belle. »

BIBLIOGRAPHIE

Atwater, Lynn, *The Extramarital Connection*, Irvington, New York, 1982

Barbach, Lonnie, *Pleasures*, Harper & Row, New York, 1984

Bardwick, Judith, *In Transition*, Holt, Rinehart & Winston, New York, 1979

Berne, Eric, *Games People Play*, Grove, New York, 1964

Blum, Gloria et Barry, *Feeling Good About Yourself*, Feeling Good Associates, Mill Valley, California, 1981

Calderone, Mary et Ramey, James, *Talking with Your Child About Sex*, Random House, New York, 1982

Cassell, Carol, *Swept Away*, Bantam, New York, 1985

Colgrove, Melba et al., *How to Survive the Loss of a Love*, Bantam, New York, 1976

Friday, Nancy, *My Secret Garden*, Pocket Books, New York, 1983

Goldman, Ronald et Juliette, *Children's Sexual Thinking*, Routledge & Kegan Paul, Londres, 1982

Gordon, Sol, *The New You*, Ed-U-Press, Fayetteville, New York, 1980

Gordon, Sol et Judith, *Raising a Child Conservatively in a Sexually Permissive World*, Fireside/Simon & Schuster, New York, 1983

Hite, Shere, *The Hite Report on Male Sexuality*, Knopf, New York, 1981

Kopp, Sheldon, *An End to Innocence*, Bantam, New York, 1978

Levine, Linda et Barbach, Lonnie, *The Intimate Male*, Anchor Press/Doubleday, Garden City, New York, 1983

Miller, Alice, *The Drama of the Gifted Child*, Basic Books, New York, 1981

Mills, C. Wright, *Power, Politics and People*, Oxford University Press, Londres, 1967

The New Catholic Encyclopedia, T. Nelson, Nashville, TN, 1976 (vol. 14)

Nin, Anaïs, *In Favor of the Sensitive Man and other essays*, Harvest/Harcourt Brace Jovanovich, New York, 1976

Tennov, Dorothy, *Love and Limerance*, Stein & Day, New York, 1986

Viorst, Judith, *Necessary Losses*, Simon and Schuster, New York, 1986

Zelnik et Kantner, « Sexual and Contraceptive Experiences of Young Unmarried Women in the U.S. », *Family Planning Perspectives*, 1977 1X (2), p. 55-71

Zilbergeld, Bernie, *Male Sexuality*, Little, Brown, Boston, 1978

Zilbergeld, Bernie et Lazarus, Arnold, *Mind Power*, Little, Brown, Boston, 1987

Autres titres divers:

Adams, Jane, *Sex and the Single Parent*, Coward, McCann & Geoghegan, New York, 1978

Barbach, Lonnie, *For Yourself*, Doubleday, New York, 1975

Carrera, Michael, *Sex: The Facts, The Acts, and Your Feelings*, Crown, New York, 1981

Clark, Don, *The New Loving Someone Gay*, Celestial Arts, Berkeley, Californie, 1987

Dinnerstein, Dorothy, *The Mermaid and the Minotaur*, Harper & Row, New York, 1976

Dodson, Betty, *Sex for One*, Crown, New York, 1987

Ehrenreich, Barbara, *The Hearts of Men*, Anchor Press/Doubleday, Garden City, New York, 1984

Freud, Sigmund, *Three Essays on the Theory of Sexuality*, Hogarth, New York, 1965

Gordon, Sol, *When Living Hurts*, Dell, New York, 1988

Hite, Shere, *The Hite Report on Female Sexuality*, Dell, New York, 1976

Norwood, Robin, *Women Who Love Too Much*, Jeremy Tarcher, Los Angeles, 1985

Offit, Avodah, *Night Thoughts*, Congdon & Lattes, New York, 1981

Satir, Virginia, *Peoplemaking*, Science & Behavior Books, Palo Alto, Californie, 1972

Steiner, Claude, *Scripts People Live*, Bantam, New York, 1974

Achevé Imprimerie
d'imprimer Gagné Ltée
au Canada Louiseville